北南角力中的新秩序

遼金元史

陳昭揚——著
王汎森——主編

聯經中國史

總序

中央研究院院士　王汎森

在過去一百多年中，我們對中國歷史的認識經歷了翻天覆地的變化。這些改變，一方面源自於近代中國幾次重要的史學革命，從梁啓超在《新史學》「二十四史非史也，二十四姓之家譜而已」的批判，到胡適的國故整理運動、傅斯年創立歷史語言研究所、再到馬克思主義歷史學的興起。這幾波的史學革命，雖然彼此關注的重點各不相同，但對於歷史的定義、史料的範圍、解釋的角度等議題，都產生重大的影響。另一方面，我們也看到國際間對中國歷史的演變，無論是在歐洲、日本還是美國，一代又一代學者，不斷推陳出新，提出新的觀點與詮釋。

從第二次世界大戰結束以來，臺灣的歷史學者在這個領域，同樣取得了豐碩的成果，並發展出獨特的學術風格。他們既繼承了近代中國新史學的脈絡，又吸納了世界各地不同的學術潮流，加上引入社會科學的理論與方法，並在上個世紀末，接受到後現代主義的衝擊與洗禮。

幾年之前，有一位編輯朋友來信提及，臺灣已經很久沒有編寫成套的中國斷代史，聯經出版公司的發行人林載爵先生也與我談起，覺得有必要將這些累積起來的成果作一個整理。二〇二四年，適逢聯經出版公司創立五十週年，因此有了這項《聯經中國史》的出版計畫。

將近二十年前，我在中央研究院歷史語言研究所所長任內，爲了慶祝史語所成立八十週年，曾組織一項「集眾式」的工作，與史語所同仁共同完成《中國史新論》，當時也是由聯經所出版。不過，《中國史新論》是專題式的論文集結，旨在呈現臺灣學者對中國史研究所開展的新課題、新領域與新方向。

《聯經中國史》也是一項「集眾式」的工作，但定位截然不同。在策畫之初，我們便希望這套書是要服務大學生和對中國歷史感興趣的一般讀者。也因此，我們訂下了幾點寫作的基本原則：

第一、書寫方式採取敘事型的手法，而非純粹學術論述或理論分析，引文也只限於必要的範圍。

第二、必須融入近年來新研究之成果，但並非研究回顧，而是以新研究爲基礎，融會貫通而成的新通述（synthesis）。

第三、反映近年來新研究之趨勢，避免只聚焦於上層政治、宮廷政治，而多著墨社會經濟、日常生活、菁英與大眾文化（high culture and popular culture）之交流、性別、地方社會的多樣性等議題。

第四、重視非漢族群與非漢字中心的觀點，以及不同朝代與亞洲其他地域互動的關係，從世界史的角度來理解中國史。

第五、在參照融會新近研究時，注重中文（特別是臺灣）學界的研究，以期與其他相類似叢書在見解與框架上有所區別。

爲了完成這項計畫，我們邀請了精熟各個時代的資深歷史學者擔綱作者。我要在此感謝各冊作者，承擔起這項不容易的工作。每一代人都有自己認識和書寫歷史的方法。我們期待這套叢書，能代表這個時代對於中國歷史的認識，聯結起過去與現在，並爲所有想要了解中國歷史的人，提供一個全面而深入的視野。

目次

總序 003
導言 009
一、初步的印象——009
二、觀察的基礎——021
第一章 北國的進化——大契丹國 031
一、開國前的契丹——032
二、祖宗創業——044
三、盛世榮光——058
四、晚期發展——066

第二章 多元體制下的北國生活——075
一、中央體制——076
二、大族與百姓——088
三、經濟與文化——099

第三章 從松漠到中原——大金——119
一、建國與征服——121
二、內憂與改造——133
三、由盛而衰——149

第四章 復古的風貌——163
一、政治制度——164
二、族群與社會——175

三、經濟——190

第五章 中原文化的傳承與創新 205

一、金代前期的士人——206

二、學術風格——220

三、宗教與方伎之學——232

第六章 世界征服——大蒙古國 249

一、開國前的蒙古——250

二、世界征服——262

三、傳位紛爭與國家體制——280

第七章 國家的轉型與兩難——大元 295

一、世祖肇業——296

二、中元時期——314
三、惠宗時期——326
第八章 漢制框架中的蒙古統治 337
一、集權與分權之間——338
二、官員任用途徑——352
三、治民之道——365
第九章 統一與統合之間 381
一、漢地內外的文化交流——382
二、漢地的文化交流——397
三、民間的生活——409
參考書目 423

導言

一、初步的印象

各自的面貌

十至十三世紀之間，契丹、女眞、蒙古等族相繼於中國北方建國，開始向外擴張。隨後，南方的漢人世界遭受波及。漢人的國家——尤其是宋朝——面對著北方的挑戰，短期來看是一波波的衝擊，長期來看則是持續的進逼，終於在西元一二七九年被完全征服。蒙古的征服宋朝，傳統觀點中是北族國家首次全面入主漢人世界，傅斯年在〈中國歷史分期之研究〉一文中便指出，宋朝滅亡後，中國「全爲胡虜之運，雖其間明代光復故物，而爲運終不長矣」，中國歷史進入了下一個階段。最初，南方的漢人極力抗拒這些侵略，試圖否定北方族群入主中原的資格，但在這三個北族國家的努力下，被統治的漢人也逐漸認同了他們。另一方面，在曾經統治過部分或全部的中國之後，這三個北族國家深受中國影響，他們將有類近中國王朝的表現，有了「大遼」、「大金」、「大元」等中國風格的國號，並在日後被視爲中國朝代的一部分，「遼朝」、「金朝」、「元朝」因此得名。

本書將介紹遼、金、元三國的發展及其時代。在此之前，先說明本書的介紹重點與遼、金、元這三國的基本樣貌。首先，雖然以遼、金、元這三國的歷史爲敘述範圍，然而爲了解釋他們的建國歷程，本書將會追溯他們的開國族群，也就是契丹、女眞、蒙古三族的早期活動。只是因爲仍以三國而非三族的歷史爲主，本書便未繼續說明這三族於其國滅亡後的活動，如女眞、蒙古在明代的發展等。此外，「大元」國號乃是西元一二七一年由忽必烈汗所建，此前蒙古本以成吉思汗所建的「大蒙古國」（Yeke Monghol Ulus）之名爲號，學界常以「蒙元」合稱這兩個階段的蒙古統治時期，因此本書也將連同介紹大蒙古國時代的史事。

再者，本書屬於中國史的系列叢書之一，敘述重點乃爲中國歷史，此一角度既使遼、金、元的歷史可被視爲中國歷史的「時代」，也使本書對於部分距離中國歷史較遠的三國活動，例如遼國後人在中亞的復興，以及大蒙古國在中亞、西亞、歐俄等地的統治等情形，便無法描述過多。這種取捨既是結合叢書體例的規劃，也凸顯出這三國與中國漢人王朝之間的差異。

最後，遼、金、元雖然先後相承，可是這三國的疆域與轄內百姓實是各有樣貌，不少各國當時的歷史現象其實是透過不同的人地條件而展現。例如疆域，如以極盛時期來看，遼朝的東西統治範圍約是今日的中國東北地區到蒙古共和國西緣之間，金朝則是從日本海沿岸到中國內蒙古自治區之間。至於北、南界，兩國的北界一向模糊，南界則較清楚，其中遼朝已達中國河北、山西的北部，金朝則以秦嶺、淮河與宋爲鄰。整體而言，金朝疆域的位置比起遼朝更往東、南兩方偏移。關於元朝，其前身的大蒙古國在蒙哥汗的統治期間，西界已達歐俄草原與西亞，東、南兩界則與金朝略同。到了元朝，其西界大幅退縮，南界則大幅推進，實際統治之處已近今日中國，西、南界遂與今日中國相當，而東界如果算入設立征東行省的高麗，或許還能推得更遠。

在這種疆域形勢下，雖然三國皆能統治漢地，但遼朝僅得幽燕，金朝已轄漢人半壁江山，元朝則是混一漢人世界的南北。雖然皆有北方經營，但金朝一直無法有效控制蒙古草原，遼朝與元朝不僅可以，還能自本族原居地一路往西推進，而元朝前身的大蒙古國甚至能將統治範圍延伸至草原以外的西方世界。這種疆域形勢的差別所造成的影響不言可喻。百姓部分，三國的人口規模相去甚遠，估計在極盛期間，遼朝約有九百萬人，金朝約有五千六百萬人，元朝則可能達到九千萬人。又在疆域形勢的影響下，三國所轄百姓的族屬成分與各族人口比例也有差異。這些現象提醒我們，即便這三國有著一些類近的特徵，時代相承下似可一體看待，但當三國的人地格局落差如此之大時，各國將有許多因應各自環境而生的獨特表現，貌同而因果有別的情形也是不少，討論時便需謹慎斟酌。

共同的特徵

但若將視野拉高，還是可以看到一些三國歷史的共相，這也是許多討論能將此三國視爲一組論述對象，將其歷史視爲一個階段的原因。雖然歷史共相的歸納容易造就一些刻板印象，卻不能放棄，畢竟這是探究長期變化趨勢的線索，而歷史也需要從宏觀到微觀而層次各異的理解。稍後簡單整合一下這三國的歷史，先說明遼、金、元的共相及異於其他時代或政權的特徵，作爲深入介紹的基礎。

即便被視爲中國的朝代，遼、金、元這三個北族國家的樣貌終究與一般認識的漢人國家有著相當的差距。這些差距大致可以歸納出以下數點：第一，北族國家的統治者，其族屬皆非漢人，均是來自北亞；第二，當這些政權擴張到本族以外的地區，三國的開國族群，即「統治族群」，其數量將少於被征服的族群，即所謂的「被統治族群」，此時的國家將呈現出「少數統治」（minority rule）的形態；第三，爲了延續少數統治並維護統治族群的利益，國家政策將有特別考量，族群分際的強調會是施政原則；第四，少數統治的局面，加上征服過程中的衝突經驗，北族國家將會致力保持武力的優勢，統治手段因而相對殘暴，軍事管理風格強烈；第五，統治族群雖然強勢，被統治族群卻是多數，加上被征服地區的文化常能比本族文化更能協助在地管理，也有部分內容能在全國的範疇中具備更好的統治效能，國家遂難專尊本族，兼容並蓄的文化政策甚是顯目；第六，在百姓治理的場合中，既是北方長期以來的政治傳統，也爲了安撫被統治族群，北族國家相對尊重被統治地區的習慣做法，願意維持各地社會原有的權力秩序，以「因地制宜」、「因俗而治」爲原則所設定的地方管理措施因此普遍。就初步印象所見，我們可以很快地分辨出他們與傳統漢人王朝的不同。

這三國又與早期中國歷史的一些北族國家不同。對於遼、金、元，也包含十一世紀建國的夏，不少宋人常以「胡虜」、「夷狄」等語詞統稱他們。這種說法呈現了華夷區隔，也使遼、金、元看來就與更早之前的匈奴、柔然、突厥、回鶻等北族國家一般。不過，已有部分宋人察覺到了這些「夷狄」的新特性，擔心這種一體涵蓋的說法會輕忽了這些新興「夷狄」的威脅，他們有了新觀點。對此，早在宋初，宋太宗便曾指出「今之獯狁，群眾變詐，與古不同」。類似說法，後代宋臣繼續發揮，富弼（一〇〇四—一〇八三）或爲代表。

富弼多次出使遼國，對於國際局勢瞭解甚深，在宋仁宗慶曆三年（一〇四三）任職樞密副使時所上奏的〈河北守禦十二策〉中，他便指出遼和夏已非「上古之夷狄」，因爲他

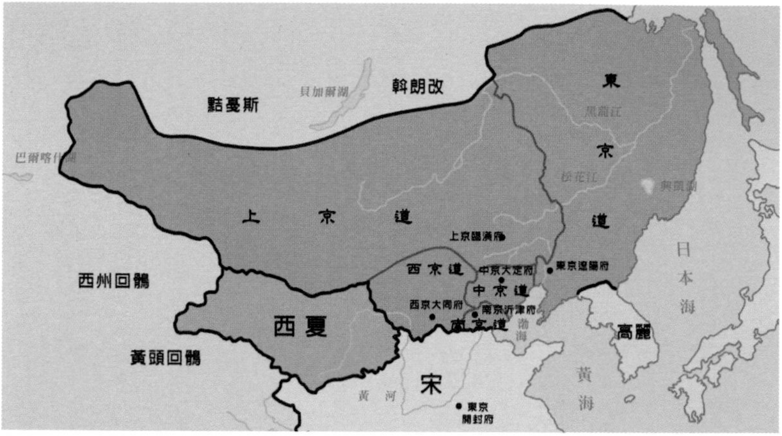

圖 0-1　遼朝疆域圖。

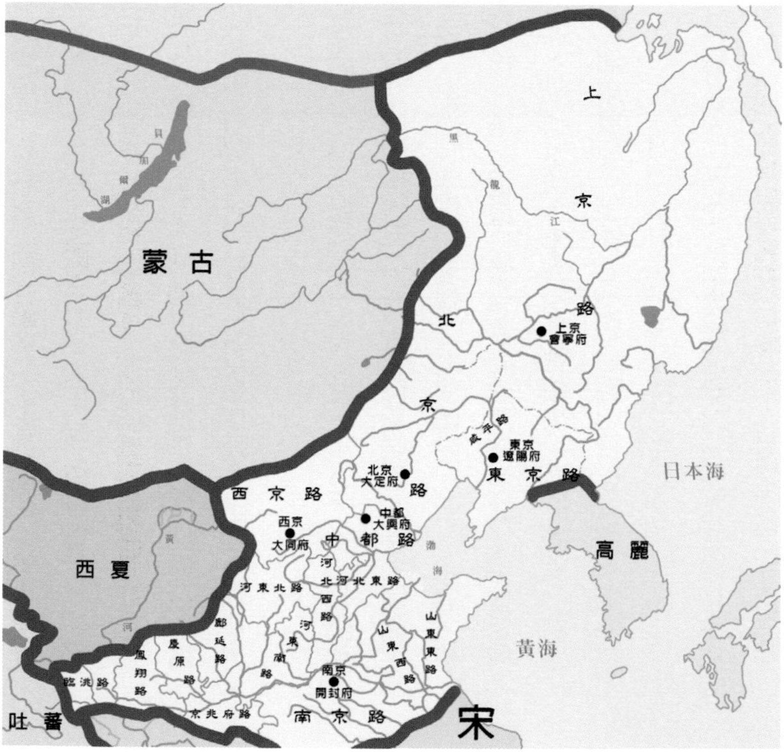

圖 0-2　金朝疆域圖。

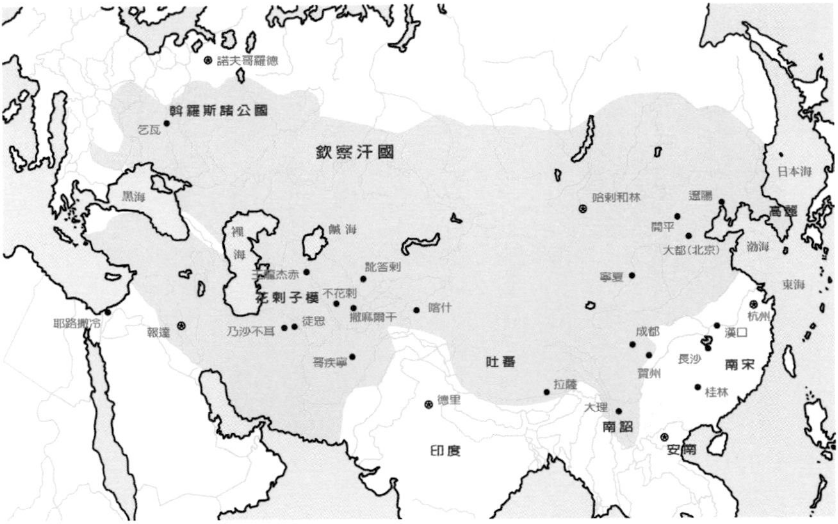

圖 0-3　大蒙古國疆域圖。

們「得中國土地，役中國人力，稱中國位號，仿中國官屬，任中國賢才，讀中國書籍，用中國車服，行中國法令。是二敵所爲，皆與中國等。而又勁兵驍將長於中國，中國所有，彼盡得之，彼之所長，中國不及」。富弼明言遼、夏兩國是宋朝需要謹慎面對的大敵，與「上古夷狄」不同。這些不同，富弼逐一陳說，但關鍵也許是最後的總結，即兩國已是「中國所有，彼盡得之」。這個說法當然有些偏失，無論如何學習，在現實需求與本族情感的考量下，北國君臣總對中國事物多有取捨，北族國家並未盡得「中國所有」。然而即便未能盡得，仍可看到這些新型北族國家學習中國事務的成就，他們與漢人政權的樣貌更加接近，而與先前的北族國家有所差別。

中國事務的學習

學習中國事務的動力，最初大概是來自於現實的需求，此即遼、金、元需要統治大量的漢人地區。當擴張告一段落後，國內漢人的數量，在遼約占全國人口半數以上，在金、在元甚至多過北族人口的十倍以上。這種人口的基本格局使得漢地管理成了北族國家的統治要務。管理漢地，直接沿用北族舊慣是種選項，然而經過一些實驗，也發現這種做法的缺失甚多。由於不易適應，北族舊慣常令漢人排拒，如果牴觸到漢人生活的基本利益或核心價值亦是容易催動漢人的反抗。長期發展後，漢人制度已是管理農耕定居社會的有效工具，相對而言，北族舊慣不是因此而生，對於漢地的管理便有風土不宜的問題。經過長期實驗，先以漢人制度爲底，再添入一些臨機應變的構思，或是延續一些北族舊慣，或是根據時勢創建新辦法，一種北族國家管理漢地的基本章法便慢慢成形了。爲了鞏固漢地的統治，北族統治者不但需要瞭解，也要使用漢人世界的制度及其周邊配套的文化價值，漢地統治的現實需求成了北族國家學習中國事務的關鍵動機。

還有一些學習中國事務的機會。經過千年來的發展，到了十世紀左右，中國已經逐步建立了一些基本的政治運作原則，尤其是透過皇帝制度來強化統治者的權威，利用更多的中央集權措施與官僚管理規章來提升統治的效能。另一方面，北族國家所要面對的挑戰，既有外敵，也有自家人。早期的政治傳統常令北族之內分分合合，君長輪換也比同時的中原政權相對激烈。這種紛擾有其歷史背景，但對多數的北族君長而言，無論是何族屬，或是為了鞏固統治者的權位，或是希望減少本國力量的內耗，強化領導權威與提升管理效能都是可以努力的方向。

在經濟生產部分，雖然自古以來北族在牧業經營上有其獨到之處，但是受限於自然人文條件，有許多其他的生產技術仍是不如南方，尤其是較能穩定提供糧食的農業，以及技術門檻較高的礦冶業與民生用品製造業。無法自給的物資，早年可以透過貿易或者劫掠周遭農業地區取得，但如能在本族居地自行穩定生產，對於國家與百姓都是件好事。似乎就在唐朝的影響下，北方世界比起過去更加熟悉了漢人世界的種種，看了南方的示範後，參考漢人辦法解決本族在政治與經濟生產中的問題也是不錯的選擇。最初的學習帶有現實目的，無論是為了解決本族問題或強化漢地統治，中國知識是個好工具。

經由與漢人世界的長期接觸，對於中國知識的理解與情感，部分北族的態度也有了變化。無論是統治者、社會優勢群體、抑或平民百姓，各類的北族人群所能接觸到中國事務的機會一直不均勻，需求也不一致。有些人的生活環境不太需要中國的知識，他們繼續過著北方風格的生活，但對部分北人而言，尤其是涉入較多國家事務、接近漢人生活圈、能從漢人資源得到更多利益的北人，他們將有更多意願學習這些中國事務。維持本族傳統或是學習中國事務都是選項，看來也需要一些信念合理化他們的選擇。逐漸地，選擇學習中國事務的北人也將以實踐中國的生活方式視爲一種價值，進一步積極推動北族國家對於中國事務的學習。長期下來，由上而下，由現實到信念，就在北族國家強化了南方統治時，南方的影響也在北人內部加深加廣，這些現象都在緩慢地改造著這些北族國家的面貌。

中國事務的學習，使得遼、金、元與較少涉入中國事務的匈奴、突厥等北族國家相較，其中國風貌相對濃重。不過就所有涉入中國歷史的北族國家而言，早在中古時期創建的拓跋魏等「五胡」國家也有類似的發展。但除了拓跋魏外，其餘的「五胡」國家都無法長期且緊密地控制他們的本族原居地，而北方的「祖地」一直都是遼、金、元的國家重心之一。此外，所有「五胡」國家也都沒有本族的文字，契丹、女真、蒙古則皆有。「祖地」的保有與本族文字的運用，使得契丹、女真、蒙古等族雖然受到漢地的深刻影響，卻依舊可以持續與本族的文化傳統保持聯繫，隨時接受著本族文化對於本族乃至於整體國家一直都有其重要性的提醒。這些現象，造就了一些現今或許可以視爲北族風格的做法與思維的生成，避免過分漢化與維持本族主體性的立場便也長期存在於這些新型北族國家的活動中。最後，雙核心的政權形態與多元的文化政策，都將共構成爲十世紀以後北族國家的新樣貌。

誰的國家？

不可諱言，爲了快速地建立一組說法，以上對於遼、金、元樣貌的介紹，只是一種由後世的角度，將複雜的歷史現象簡化爲一些概念的做法。這些說法中的共相與特徵，回歸到歷史實況後絕對會有大量的例外，而變換角度或深入觀察後，很多的現象也將另有解釋。像是將遼、金、元三國說成「北族政權」，又或是三國的族群權力關係有著「少數統治」的形態，國內可有「統治族群」與「被統治族群」之分等等的解釋，深究之後自然還能商榷。

具體而言，遼、金、元三國雖然分別爲契丹、女眞、蒙古等三族所創，然而在擴張告一段落後，三國國內將有許多開國族群以外的人民。確實可以同意在整體的國家族群政策上，這三國對於開國族群與後加入的族群之間有著分別待遇，尤其是在政治權力的施授上，於是就後世宏觀的角度而言，可以得到這些國家存在著「統治族群」與「被統治族群」的說法。只是要提醒的是，這些分別待遇都未能在國內所有的場合，包括政治場合，製造出清楚而嚴格的族群等級，統治與被統治的關係也非涇渭分明。

以在此三國均能被視爲「被統治族群」的漢人爲例，雖然機會有多有少，但是已有漢人能夠加入遼、金、元的統治核心，可以擔任政府最高層的宰執官員，在遼國甚至已有大族子弟能與契丹皇族通婚。加上大量的漢人可以任官參政，單就數量而言，金、元兩國的官員主體甚至就是漢人，漢人的政治地位不會只是「被統治者」而已。即便所處位置外圍些，他們也是「統治者」之一，而國家對這些漢人的官員或大族，尊重優禮的程度也普遍高於開國族群的一般平民。而在民間百姓部分，到了自幼成長於本朝治下的第二代以後，大部分的「被統治族群」其實皆已接受自己已是本朝臣民的身分，他們也是大遼、大金、大元的子民。

換言之，「遼人」、「金人」、「元人」並非是契丹、女眞、蒙古人的別稱，而是所有遼、金、元治下不分族群的官民共稱。就此所見，遼、金、元不僅是北族所有，而爲包括漢人在內的國內各族所共有，也因此就有學者認爲不宜以「異族政權」或本文所稱的「北族國家」來稱呼遼、金、元等國。

不過本書的敘述仍然會使用「北族國家」這個詞語。之所以如此，一是方便敘述，二是此一用語仍能基本表現出遼、金、元三國的一些特色。說到方便敘述，主要是很多的說明仍然需要一個通說用語，目前看來「北族國家」仍較合宜。再者，縱使強調多族參與、各族盡心等現象，還是可以看到許多這三國的君主與開國族群中的權貴，繼續努力維護著他們的本族面貌及權利，這些努力使得遼、金、元三國終究保留著濃淡不定的北方風格。維護本族的努力也會影響到北族以外的人群，無論是出自現實利益或長期互動的潛移默化，漢人的行爲與觀念也會有些「契丹化」、「女眞化」、「蒙古化」的表現，最終又會回頭強化這些北方風格。

整體而言，遼、金、元這三國的統治與被統治的關係很難用族屬簡單劃分，國內不分族群的人們也都已自視爲本國臣民，先前提到的一些簡單說法，進入到比較細緻的觀察後，就需要另外一種層次的詮釋了。

二、觀察的基礎

「正史」

歷史材料是認識歷史的基礎，史料的留存狀況也影響著今日對於過去的理解。以下將簡單介紹今日是透過哪些史料來認識遼、金、元三個時代的歷史，而這些史料的分布與內容又會如何影響我們對於遼、金、元歷史的理解。

如同一般的中國史研究，如果想從傳統文獻認識遼、金、元歷史，考量到內容的全面性，一般都是從「正史」開始。遼、金、元各有一部後代官方編修的「正史」，即《遼史》、《金史》、《元史》。《遼史》與《金史》，連同《宋史》，三書皆是在元惠宗（一三三三—一三七〇，一三三三即位）時期完成。《元史》則是明太祖（一三二八—一三九八，一三六八即位）時期完成。《金史》的品質較好，體例章法相對完善，《遼史》與《元史》

的問題就較多，主要是敘事簡陋、錯誤繁多。

由於官方的修史制度不完備，民間的撰述也有限，遼代的文獻原本就不多。《遼史》的編修又在遼朝滅亡的兩百年後，史料多已散佚。以上背景，使得元朝史臣難以取材，許多史事僅能一筆帶過。更有部分內容因為史料的殘缺，想要完整說明，元朝史臣只能自行拼湊。最後，終究有些無法拼湊之處。無法拼湊的內容，元朝史臣常會利用自己的想法自圓其說，然而從今人研究所見，這些想法常是臆測，有些甚至已經證明並非遼代事實，只是一種元人的想像。

《元史》的問題則是來自兩項原因。一是迫於明太祖「速成」的旨令，《元史》的編撰工作全部僅用三百三十一日，於是就無足夠的時間收集資料與考辨校對；二是明朝史臣多是南方文士，在元多未入仕，他們對於蒙文與朝政都不熟，無法掌握元朝的人事與制度。在此情形下，《元史》的誤謬極多，具體而言像是譯名不統一、年代史實誤記、一人分兩傳、多人之事歸為一人等比比皆是。清代學者汪輝祖便找出了三千七百餘條《元史》的疏漏，後來整理為《元史本證》。這些問題使得雖然正史一般是認識中國歷史的基本材料，但如欲由《遼史》、《元史》認識遼、元歷史，就要另外費心辨識其中的誤僞。

不過即便疑慮甚多，由於敘述還是相對有系統，也保留了許多的信實描述，有些遼、元的史實目前也僅兩書得見，《遼史》與《元史》仍有一定的史料價值。像是《遼史》的書寫，元朝的史臣有些創發，爲了說明其他時代未見的遼代現象，書中創立了正史中獨一無二的〈營衛志〉，以專門篇章特別說明斡魯朵、捺鉢等制度，以及國內部族的分屬名單。這是元朝史臣的巧思，也方便我們快速地掌握這些遼代現象。至於《元史》，由於沒有時間消化，許多的內容中，明朝史臣就直接抄錄了各朝實錄、官修傳記，以及元文宗時期所編，今日已經亡佚的元朝典章全書《經世大典》等元代文獻。如有修改，大概就是一些刪節，但沒有全面改寫了。照抄的結果，《元史》反而保存了許多元代文獻的原貌。倉促成書也有些意外的好處。

相對而言，《金史》的敘事詳實而筆法嚴謹，錯誤也較少，一般評價甚高。趙翼、施國祁等清代學者均指出，在遼、宋、金三史中，《金史》的品質遠勝其他兩部正史。所以如此，一是金朝國史制度完善，民間撰述相對豐富。二是金亡之初即有用心保存金朝史實之人，先有漢軍將領張柔在金亡後便從汴京史館找出了金代的各朝實錄與「秘府圖書」並將之安全儲藏，後有元好問、劉祁、王若虛等金末遺士努力地收集金代史料，撰寫了多部與金代歷史相關的著作，這些金朝官方資料與私人撰述成果都成爲日後元朝編修《金史》的主要史料。三是元世祖時，前爲金代正大元年（一二二四）狀元而時任翰林學士承旨的王鶚曾經完成了一部《金史稿》，該書爲日後《金史》的修撰打好了基礎，也成爲《金史》部分篇章的底本。由於資料的豐富與長期的多人參與，《金史》的品質因此較佳。這種較佳品質所帶來的影響也不全然是正面。由於不斷地改善，《金史》的記述相對整齊，有些錯誤的說法就更容易深埋在完善的敘述結構之中。對於這些錯誤，讀者反而不容易一眼察覺問題所在。

遼金史料

基於正史乃是後人撰成，研究遼、金、元歷史更好的文獻史料應該是當時人的著作。遼人著作部分，由於目前僅見《焚椒錄》、《龍龕手鏡》、《續一切經音義》等三書，而且前書僅記遼末宮闈鬥爭，性質類近小說，後兩書又屬於佛教字書，因此這三書對於理解遼代全史而言用途有限。甚至《焚椒錄》一書，清代以後多有學者認爲該書疑是晚明文人假託遼人王鼎所撰。換言之，如果單看傳統文獻，遼亡兩百年後成書的《遼史》竟是許多遼代史事唯一與最原始的史料，其價值無可取代。

金人著作部分，其數量較豐富，類型也相對多元，朝廷政書、野史筆記、士人詩文集等皆有，已能提供認識金朝的多元視野。此外，金代文獻又有一個特色，即道教史料的份量龐大，這是因爲金朝多有文士出家入道，他們既開創了當代道教的新風貌，也如一般文士留下了許多書寫，其中除了道法思想外，還有許多史事記錄。

然而無論遼或金，相對於同時的兩宋，其文獻的數量與類型都是遠遠不及。以詩文數量爲例，現今已有學者盡力蒐集各代的詩文編成總集，遼金成果分由《全遼金詩》與《全遼金文》所收，兩宋成果則由《全宋文》與《全宋詩》收錄。其中，《全遼金詩》錄詩一萬一千六百六十二首，另殘詩三百九十八則，作者七百一十五人，總字數約二百八十一萬五千字，《全遼金文》收三千三百五十六篇文，作者七百八十六人，約二百一十五萬字；《全宋詩》則錄詩二十餘萬首，作者八千九百餘人，近四千萬字；《全宋文》收文十七萬餘篇，作者近萬人，約一億一千多萬字。遼金詩文數量的不及，自與其士人規模與藝文風氣的不如有關，可是文獻有限的情形也是明顯的，史料不足的問題也一直是遼金史研究者最爲棘手的挑戰。

面對著殘缺稀少的史料，遼、金、蒙元的研究還有個雪上加霜的挑戰，那就是文獻的版本問題。眾所皆知，文獻的留世，除了透過古本原件的保存外，也包括文獻內容的複製，或是整份文獻的重新抄寫與刊印，或透過其他書寫場合對古代文獻文句的引錄。以上辦法，自以整份文獻的全部保留，也就是古本保存或新本抄印爲佳。新本抄印，每次傳抄刻印的成果就是一個新版本，但或因疏忽，或人爲故意，新版本不見得可以完全複製前一個版本。

清代有次大規模的新抄工作，此即四庫全書的編修。在此編修中，四庫館臣針對了中國古代北族的記載，進行了一次劇烈的刻意調整，許多古書的文句因此遭到改動，而改動文句的主要對象就是遼、宋、金、元的文獻。對於這些文獻的文句，四庫館臣的調整目標大致有二。一是修正「不雅」的詞彙，例如「虜」、「狄」改作「人」、「敵」。此外，清人認爲鄙俗的音譯用字也是修正重點，包括人名、地名、官職名銜等，如金朝名臣完顏兀朮，「兀朮」就被改成「烏珠」。二是改寫刪削其中的貶抑性敘述，主要是漢人對外族的描述。

關於四庫全書的調整結果，可以舉例介紹。南宋有部《三朝北盟會編》，這是一部記載宋徽宗、欽宗、高宗三代歷史的史書，書中摘抄了許多時人著作，也留下許多當時的女眞記載。卷二四四中，編撰者徐夢莘便抄錄了大約是宋孝宗時成書的《金虜圖經》。其中有段對於金初開辦科舉的描述，經四庫館臣的改寫後，其文句是「金人初處邊隅，未嘗振興文教，自侵遼後，所在處以科舉取士」，但在四庫館臣改寫前，這段敘述的原貌其實卻是「金虜雖夷狄中至賤者，初無文物，自侵遼後，所在處以科舉取士」。後兩句沒問題，前兩句改得面目全非。關於史料的利用，遼、金、元史的學人大概都有一些共識，需要特別小心史料版本的挑選，除非沒有更好的版本，否則就不要使用四庫全書及其後續的版本。如果有種文獻現在還看得到古本卻用了四庫全書本，除非有特殊原因，否則就要對這種史料運用手法的研究成果保持高度的警覺了。

面對傳統文獻的不足，學界藉由開發新史料加以突破，目前已有兩大類型的資料可以協助遼金歷史的研究。第一種是考古資料，包括碑銘文字、石刻墓葬文物實體、遺骸遺址等，其中有部分的詩文已被《全遼金詩》、《全遼金文》所收；第二種是「外人」的記載，主要由周邊世界，尤其是南方漢人所提供。這兩類資料有很多內容均是遼、金著作所未見，然而利用時仍要有些準備。考古資料部分，一是其中消息通常比較零碎，需要更多的分析與整合；二是非文字性的史料需要更多的解讀技術，操作門檻較高。外人記載部分，除了記錄者的親身見聞外，由於許多消息常經多次轉傳才能被記錄者所知，多傳一次就有多一次改寫、傳錯的機會，部分內容不免失眞；加上記錄者自有本國情懷，以本國好惡作爲敘事立場與記事取捨標準的現象也是常見，以上皆使外人記載需要謹愼利用。

遼金歷史的研究，尤其是遼史，如何運用相對稀少的史料將是尋找新議題與建立新論述的重要挑戰。同時，即便透過發掘各類的新史料而使現今對於遼金歷史的認識已有長足進展，但是仍有許多歷史現象，至今尚難清楚得知。以遼史爲例，看來目前較能清楚理解的，大約是以政治範疇與菁英層級的史事爲主，至於基層社會的活動，包括經濟生產、漢人與北方各族群的百姓日常生活等，我們現在還是只能得到一些模糊的印象。

蒙元史料

到了蒙元時期，雖然還是不如兩宋，但比起遼、金，文獻的數量與類型就豐富許多了。再就詩文數量比較，彙收蒙元時期詩文的《全元詩》與《全元文》，前書收錄約十三萬餘首詩，作者近五千人，約二千二百零八萬字，後書收有三萬三千四百餘篇文，作者三千一百四十餘人，約二千八百萬餘字，雖然詩文的總字數僅及兩宋的三分之一，卻是遼金合計的十倍。蒙元史料的類型亦相當多元，至今仍可看到大量當時的史書、政書、傳記、行記、地理圖志、詩文集、筆記等的著作，能有史料記錄的史事類型也就更多元。

以上所說乃是針對漢地史料，蒙元研究更值得留意的是漢地以外的史料。由於蒙古的征伐遍及歐亞世界，許多以當地流行文字書寫的記載因而留下，部分成於當時，部分稍後追述，有的爲外人記載，有的爲大蒙古世界之內各族群所留。傳存至今，這些漢地以外的史料便是蒙元研究的重要依據。這些史料所使用的文字，目前可見多達二十餘種，部分以漢文書寫，主要是出自漢字文化圈的高麗與安南，部分以各式的歐洲文字，以及波斯文、阿拉伯文、亞美尼亞文、敘利亞文、畏兀兒、藏文等中、西亞文字書寫。其中最重要的是波斯文史料，由於蒙古征服了所有的波斯語文地區，該地文化發達，知識群體龐大，便留下了大量的文獻記載，與漢地史料相較，其數量的豐富與類型的多元均是不遑多讓。現今的蒙元研究中，波斯文獻與中國文獻可說是兩大史料淵藪。

蒙古也有自己的文字，亦有著作留世。這些蒙文書寫也是蒙元研究的重要史料，最重要者正是《蒙古秘史》。《蒙古秘史》約於西元十三世紀前半葉成書，爲大蒙古國官方所修的本國史，書中留下了從成吉思汗先世、蒙古諸族源流等開國前古史，一直到窩闊台汗統治前期的歷史。《蒙古秘史》原用畏兀兒體蒙文書寫，今日已佚，現存最早版本爲明初的漢字音譯本，目前已有多種文字的譯本，包括中文。蒙文文獻是蒙古人的自我書寫，從中不僅可以得知許多蒙古的史事，更重要的是呈現了蒙古對於自己歷史的認知。相對之下，契丹、女眞也有自己的文字記錄，可是目前所能看到的書寫多爲以人物傳記、大事紀要爲主的石刻碑銘，所述針對特定人事，內容較爲專窄，尚無對於本國或本族歷史的長篇系統性書寫。

對於蒙元研究而言，如何利用多種語文的史料是一項重大的挑戰，如欲掌握整體大蒙古世界的歷史發展，語文學習不免耗費心力。可是這種史料的分布情形使得蒙元研究更有資料本身的多元立場，同一件事可以有不同文化角度的描述。在這些史料中，也有許多涉及中國情事的描述，很多內容都與漢地文獻不同，而這些外地語文的史料之間也常有各自出入的描述。多種語文眾說紛紜的現象是中國史其他時代比較少見的狀況。另一方面，非漢文的文獻雖然可以補充漢文記載的不足，然而各地書寫自有本地關懷，對於中國事物也難留下太多有系統的說明。關於各種語文的史料與其記載對象的空間關係上，整體而言大概就是所有語文的史料都能留下豐富的在地記錄，基於蒙古統治所造成的世界各地密切交流，各種語文的史料總能提供一些對於外地的觀察，進而無論是何種語文的史料，都能夠留下對於蒙古的描述，尤其是大汗周遭事蹟、大蒙古國征服功業等等。

這些說明相當粗淺，用意是想讓大家認識今日所知的遼、金、元歷史的建構基礎。可以得知，對於遼金，想要利用相對殘缺的史料拼湊出當時的歷史全貌並不容易，有些在其他時代清楚可知的現象，在遼金史中不容易給出一個清晰的圖像。加上蒙元，雖然大量的外人記載與多種語文的史料留下了許多來自不同角度的消息，也讓我們能有更爲豐富的論述層次，可是就有許多的現象，我們很難建立一些比較具有共識的解釋，甚至是描述。這些模糊不清、眾說紛紜的情形，在稍後進入到史實說明時，我們將有許多案例可見。

第一章

北國的進化——大契丹國

大契丹國的建國早於宋朝，在宋朝創建之際，契丹已是大國。契丹建國後，其國力迅速成長，在遼宋對峙期間，更是東亞第一強權，國際地位崇高。契丹的人口雖然遠不及宋朝，但軍事力量強大，也有優秀的政治組織與經濟資源，這使得在與宋朝對峙期間，契丹並未落入下風。這些成果乃是長期的經營所得，契丹國家終將成爲在東亞歷史上，第一個嘗試全面整合北方草原傳統與南方中原新知的政權。整合的過程需要時間，就後世所見，成果也未能完美，可是契丹即將走出一條他們自己的路，並爲日後東亞諸多強權的示範。

一、開國前的契丹

青牛白馬

契丹是個相當古老的族群，西元六世紀中葉的史料已有他們的蹤跡。關於契丹開國之前的歷史，或可稱爲契丹古史，目前我們所知有限。現存史料對於契丹古史的記載大致有兩種形態，一種是神話般的傳說，一種是接近歷史實況的描述。神話般的傳說當然是虛幻的，但也虛中有實，因爲其中既有許多探求契丹早期歷史的線索，也因這類的傳說主要是契丹自己的留記，於是就能藉此得知契丹對於自己歷史的說法。至於接近歷史實況的描述，雖然貌似眞實，但是其中比較早期，大約是中唐以前的記載，由於絕大多數是由南方漢地的「外人」所留，是這些「外人」將當時收集到的點滴消息以自己的角度及敘述方式編織而成，這就不免摻入了一些「外人」的解釋與想像。最終，現今可知的契丹古史就在這兩方資料的虛實交疊之中，暫時被重建而出。

先談契丹自己提供的故事。《遼史》是現今僅存較能系統記載遼人自說歷史的傳統文獻，不過這不是說所有的《遼史》內容都是來自遼人的看法。由於《遼史》的編修已在元代末年，於是元末史臣也能參考元代以前的「外人」觀察與意見。回溯《遼史》內容的最初，其來源約有三種，一是以契丹人的認知爲主體的遼人看法，二是以南方漢人的認知爲主體的外人描述，三是金、宋、元史家的再詮釋。此時，對於契丹的古史，《遼史》的記載就有兩大重點，一是解釋契丹起源的「青牛白馬」故事，一是相對現實的歷史情節，前者就屬於契丹人的自我述說。

「青牛白馬」的故事，《遼史》完整的說明載於〈地理志〉，篇幅不長，只有六十個字。其中提到相傳很久以前，有一名騎白馬的「神人」與一名駕青牛車的「天女」，兩人分別沿著土河與潢河順流而下，在兩河交會處的木葉山相遇了，他們結婚後生下八子，而後八子後人繁衍興盛，終於有了日後契丹的八大部落。目前看來，這個故事大約是西元八世紀以後成形，並且透過遼朝官修的國史而存留。這個故事留下了一些早期契丹歷史活動的蛛絲馬跡，例如神人與天女的婚配就象徵了契丹內部兩大集團的世婚制傳統，青牛與白

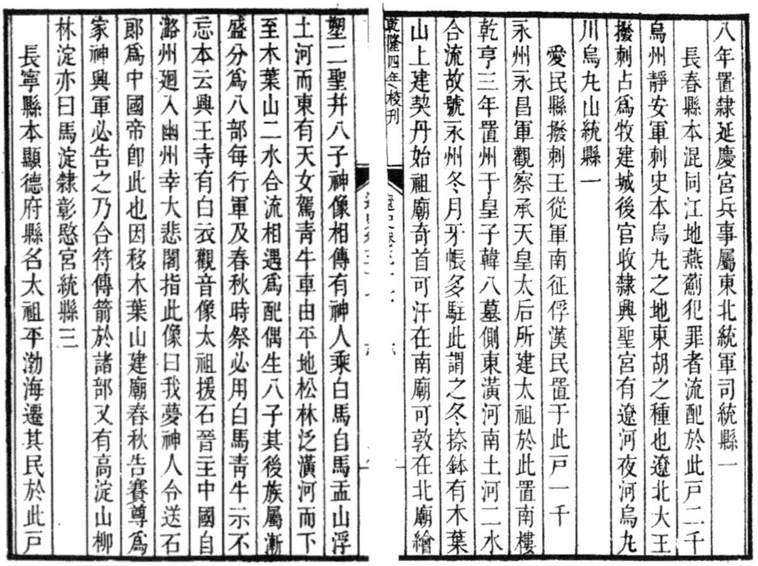

八年置隸延慶宮兵事屬東北統軍司統縣一
長春縣本混同江地燕薊犯罪者流配於此戶二千
烏州靜安軍刺史本烏丸之地東胡之種也遼北大王
撥剌占爲牧建城後官收隸興聖宮有遼河夜河烏九
川烏丸山統縣一
愛民縣撥剌王從軍南征俘漢民置于此戶一千
永州永昌軍觀察承天皇太后所建太祖於此置南樓
乾亨三年置州于皇子韓八墓側東潢河南土河二水
合流故號永州冬月牙帳多駐此謂之冬捺鉢有木葉
山上建契丹始祖廟奇首可汗在南廟可敦在北廟繪
乾隆四年校刊
塑二聖并八子神像相傳有神人乘白馬自馬盂山浮
土河而東有天女駕青牛車由平地松林泛潢河而下
至木葉山二水合流相遇爲配偶生八子其後族屬漸
盛分爲八部每行軍及春秋時祭必用白馬青牛示不
忘本云興王寺有白衣觀音像太祖援石晉主中國自
潞州迴入幽州幸大悲閣指此像曰我夢神人令送石
郎爲中國帝卽此也因移木葉山建廟春秋告賽尊爲
家神興軍必告之乃合符傳箭於諸部又有高淀山柳
林淀亦曰馬淀隸彰愍宮統縣三
長寧縣本顯德府縣名太祖平渤海遷其民於此戶

圖 1-1　《遼史．地理志》關於「青牛白馬」的記載，武英殿本書影。中國哲學書電子化計劃，public domain。

馬則是契丹早期社會的兩大圖騰。再者，這個故事的情節元素也是契丹後世的禮儀或文化觀念的基礎，例如以青牛白馬祭拜天地將會是遼朝的隆重大典，木葉山則是契丹的聖地而在遼代可被稱爲「帝山」，土河與潢河等兩河流域地帶就被視爲契丹的祖先之地了。

西元十一世紀中葉，「青牛白馬」的故事傳入了南方。宋仁宗慶曆元年（一〇四一），有名遼人趙英投奔宋朝，他自稱曾任遼朝的中書舍人，由於得罪遼興宗而南逃。這位趙英，在宋改名爲趙至忠（一說趙志忠），他知道許多遼朝掌故，包括契丹古史，他南來後寫下了一些介紹契丹的著作進呈宋朝，很多內容是過去南方世界未曾聽聞的。此外，在與宋朝文士的往來中，趙英也留下了一些契丹故事，如范鎮（一〇〇七—一〇八八）就因此得知了青牛白馬之說，並在《東齋記事》記下了這個故事，指出此事來自趙英，「志忠嘗爲契丹史官，必其眞也」。在趙英的介紹下，青牛白馬的故事傳入南方。不清楚是趙英講錯還是宋人傳錯，《東齋記事》等宋地文獻一直都把「青牛」記成「灰牛」，於是宋地所說總是「灰牛白馬」，而「灰牛」又成爲這個契丹故事的宋地流傳譜系的辨識標籤。

趙英的著作現今都已亡佚，所提供的契丹知識則是影響深遠。苗潤博先生便指出，北宋中期以後宋人對於契丹知識的大量更新與擴充，趙英的介紹是可能的關鍵。趙英的介紹，有些片段至今仍見傳承經過，如范鎮的記載；有些片段經過了輾轉流傳後，雖然一時遺失了來源說明，然而幾經勾索，已能回溯出相關敘述應是脫胎自趙英的介紹，《遼史・營衛志・行營門》的敘述主體應該就是趙英的《陰山雜錄》。

源流與記載

《遼史》另一類對於契丹古史的敘事便是接近實況的描述，這些敘事主要記在〈世表〉，以及〈營衛志〉第三部分的「部落」門中。根據學者比對，已知這兩處的內容很多是元朝史臣雜鈔《魏書》、《隋書》、《北史》、《新唐書》、《新五代史》等南方漢地早期文

末不絕
契丹國在庫莫奚東異種同類俱竄於松漠之間登國
中國軍大破之遂逃迸與庫莫奚分背經數十年稍滋
蔓有部落於和龍之北數百里多為寇盜真君以來求
朝獻歲貢名馬顯祖時使莫弗紇何辰奉獻得班饗於
諸國之末歸而相謂言國家之美心皆忻慕於是東北
羣狄聞之莫不思服悉萬丹部何大何部伏弗郁部羽
陵部日連部匹絜部黎部吐六于部等各以其名馬文
皮入獻天府遂求為常皆得交市於和龍密雲之間貢
獻不絕太和三年高句麗竊與蠕蠕謀欲取地豆于以
分之契丹懼其侵軼其莫弗賀勿于率其部落車三千
乘眾萬餘口驅徙雜畜求入內附止於白狼水東自此
歲常朝貢後告饑高祖矜之聽其入關市糴及世宗肅
宗時恒遣使貢方物熙平中契丹使人祖真等三十人
還靈太后以其俗嫁娶之際以青氈為上服人給青氈
兩匹賞其誠款之心餘依舊式朝貢至齊受禪常不絕
烏洛侯國在地豆于之北去代都四千五百餘里其土
下濕多霧氣而寒民冬則穿地為室夏則隨原阜畜牧
多豕有穀麥無大君長部落莫弗皆世為之其俗繩髮
皮服以珠為飾民尚勇不為姦竊故慢藏野積而無寇
盜好獵射樂有箜篌木槽革面而施九弦其國西北有
完水東北流合于難水其地小水皆注於難東入于海
又西北二十日行有于已尼大水所謂北海也世祖真
君四年來朝稱其國西北有國家先帝舊墟石室南北
九十步東西四十步高七十尺室有神靈民多祈請世
祖遣中書侍郎李敞告祭焉刊祝文於室之壁而還
史臣曰夷狄之於中國羈縻而已高麗歲修貢職東藩
之冠榮哀之禮致自天朝亦為優矣其他碌碌咸知款
貢豈牛馬內向東風入律者也
乾隆四年校刊

圖 1-2　《魏書．契丹傳》，武英殿本書影。中國哲學書電子化計劃，public domain。

獻的成果。這使得目前的契丹古史討論，就常可跳過《遼史》而直接利用至今仍能看到的南方文獻，這也使得包括《遼史》在內，目前能夠用以探討契丹古史的文獻記載，幾乎全是南方「外人」的描述。外人所說當然有些疑慮，現在也知道這類記載有些道聽塗說、夾附偏見的缺失，只是契丹本身並未留下太多的敘述，南方文獻也是基於「紀實」、「存史」的立場而編寫，所述內容也多合乎情理，因此今日在重建契丹古史時，還是要從這些南方文獻出發。

目前可以找到最早擁有契丹記載的南方文獻，乃是北齊魏收（五〇六—五七二）主筆的《魏書》。《魏書》的卷一百有篇〈契丹傳〉，簡單地介紹了契丹的起源與北魏時期的活動狀況，內容來源可能是北魏的《國書》、《起居注》等官修史書。據《魏書》所述，契丹本是庫莫奚的

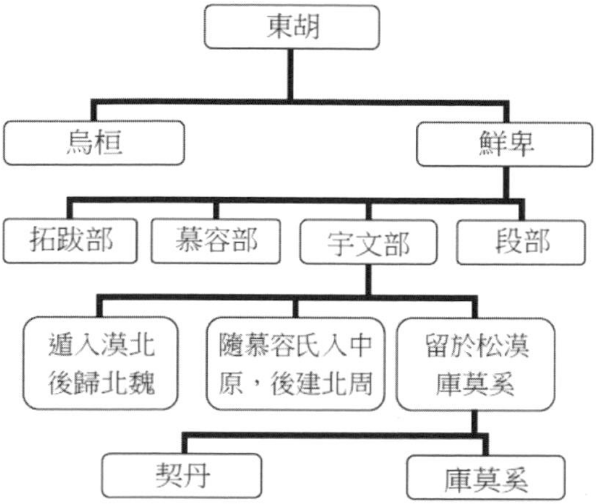

圖 1-3　南方文獻中的契丹源流。

一部分，兩族關係是「異種同類」，在北魏道武帝（三七一—四〇九，三八六即位）於登國三年（三八八）北伐重創庫莫奚後，契丹從中獨立而出，稍後自成一族。《魏書》的卷一百也有〈庫莫奚傳〉，其中記庫莫奚的祖先乃是「東部宇文之別種」。宇文，即鮮卑族宇文部。從契丹追到庫莫奚、鮮卑，而後再以其他南方文獻一路回追所涉族群，透過這種辦法，南方文獻中的契丹源流就完成了。

匯集這些南方文獻的記載，契丹源流大致如下：東周有東胡，以居於匈奴（胡）之東而得名；漢初匈奴強盛，冒頓單于大破東胡，東胡分成烏桓與鮮卑兩支；東漢時期，北匈奴西遷，鮮卑南遷入據匈奴故地，並吸收部分沒有西遷的匈奴人，也逐漸分化為西、中、東三部；曹魏以後，西部鮮卑有拓跋部較強，東部鮮卑則有慕容、段、宇文等三部較強；西元四世紀中，前燕慕容皝擊潰宇文部，宇文部分成三支，一隨慕容氏入中原，一遁漠北，後歸北魏，一支留於松漠，即庫莫奚；西元四世紀末，北魏道武帝擊敗庫莫奚，有群人脫離庫莫奚自立門戶，源自東胡系統東部鮮卑宇文部庫莫奚的契丹自此登場。由於指出契丹乃是源自東胡，所以這套說法可被稱爲「東胡說」。另外，有些南方文獻如《新五代史》則記契丹爲「古匈奴之種」，所以也有一種契丹源自匈奴的「匈奴說」。「東胡說」是現在比較流行的說法。

現實中的契丹起源，情形自然較爲複雜。學界已多提醒，北亞族群的發展本來就有許多異於南方的形態，他們的人群移動分合與族群記憶調整常是更加快速，族群的成員範圍與身分認定也更不穩定。在這種情形下，他們很難一整批人全部一起轉變族屬，而各族也常不斷有新成員加入，舊成員也常自立門戶，人的來去相對自在，分合之後的身分認定也容易調整。目前學界都已大致同意，契丹這個族群，無論是人與文化，長期以來都不斷地有各種「外族」的加入，包括匈奴、回鶻、奚、室韋等。

另一方面，由於這些契丹古史主要是外人所記，多少也會擔心其中對於北亞族群身分歸類的描述是由外人建構而成。現今便知，有時候外人會用這些「族群」之中比較強盛或比較常接觸的人群名稱，或來自特定部落，或來自某個部落聯盟，來含括整群被外人認定體貌語言類似的「族群」。於是目前也不清楚早期被南方文獻記爲「契丹」的人們，是否都已同意自己屬於「契丹」，而他們又是何時開始肯定彼此具有「同類」、「同族」的自家人關係。不過這種自家人的想法，常是經由比較了體態、語言、生活習慣等條件更爲不同的外界人群而生，也能透過外人的言行觀感而強化。或許多一點時間與外界交往，在得知了別人都是這麼看著他們的時候，外人看法也能成爲這群「契丹」人建構本族意識的基礎之一。

古八部

透過外人的敘述，契丹在西元四世紀末有了本族的歷史。目前的說法，契丹古史約有三大階段，即古八部時期、大賀氏時期、遙輦氏時期。「古八部」之稱來自《遼史・營衛志・部族門》，其名得自當時的契丹有八個部落，而八部的名單應是出自《魏書・契丹傳》。但回查原文，《魏書》其實並未明言此時契丹僅有八部，只說當時契丹曾有八個部落以名馬進貢北魏。或許這個數目剛好可以配合「青牛白馬」故事中八子變八部的傳說，元朝史臣就直接將此時的契丹稱爲「古八部」，也繼續解釋此八部就是八子之後。

另一方面，《魏書》則透露了當時契丹的一些現象。首先，這些部落向北魏朝貢與求援時，看起來更多是個別部落或部分契丹人的行爲。略可推測，此時的契丹可能已有部分的部落相互結盟，但是這些結盟部落的組織關係應該不會太緊密，各部的地位也基本相當，尚未出現其權威長期凌駕於各部部長之上的領導人或組織。再者，常見契丹無力自行解決天災、外患所帶來的傷害，他們常需北魏援助；文獻中也看到有契丹部落向北魏朝貢時，雖然典禮位置被安排在「諸國之末」，可是他們回到北方後卻津津樂道，其他部落聽聞後就爭相進貢。這些敘述都能感受到當時契丹的力量與國際地位的有限。

進而對照《魏書》卷一百到一百零三對當時「外國」的敘述篇幅，高句麗、百濟、氏、吐谷渾等用了大約千餘字到數千字，西域諸國，有些如高昌、于闐等也用到了上千字到七、八百字，至於契丹則是三百餘字，其字數大約是少於庫莫奚的近四百字，多於烏洛候的二百餘字。也就是說，這些篇幅的多寡，不管是可以解釋為代表著當時諸國的強勢程度，或是中原認識諸國的深淺，就北魏或魏收的認識而言，此時的契丹大概就比烏洛候重要些，可是不及部分西域諸國，更不用說跟高句麗這些大型國家相比了。一個想像，如果沒有後世的「大契丹國」，此時的契丹是否就如烏洛候、地豆于一般，只在史料中一瞥即隱？當然，契丹最後還是成為歷史要角，《魏書》的簡短敘述就成為現今認識契丹需要反覆解讀的資料。

當古八部時期的契丹正在各種天災外患之中緩慢地成長時，更大的危機降臨了。西元六世紀中葉，突厥迅速崛起，隨即四處征伐，不但取代了原有的草原霸主柔然，也打擊了契丹。一時間契丹人四散瓦解，部分歸順了突厥，部分則逃入了高句麗，「古八部時期」告終。就在此時，西元五八一年隋朝建國了，草原與中原的兩強相爭給了契丹一線生機。可能是隋朝的招攬，離散四處的契丹人重新匯集，他們回到了老哈河流域一帶展開新生活。不久，中原再度大亂，原受隋朝分化而分裂的東、西兩部突厥各自興盛。隋唐更替之時，中原群雄受制於北方，東突厥趁此空檔一度統治了契丹。但因突厥統治過分嚴苛，部分契丹部落投奔唐朝，希望再得南方相助對抗突厥。契丹開始與唐朝密切交往，南方文獻也留下了更多的契丹事蹟，此後的契丹歷史在唐人的筆下更清楚了。

大賀氏與遙輦氏

重聚後的契丹，部落的力量與組織都有了新發展。首先，史料中出現了不少契丹軍力的記載，特意留記的現象似乎顯示了契丹軍事力量的快速提升。再者，部分的契丹部落有了緊密連結，開始有被南方稱爲「君長」的領導者，久居領導地位的正是大賀氏家族，這階段的契丹歷史也就被稱爲「大賀氏時期」。最後，契丹與周邊強權的互動也更多，可是受限於力量的不足，互動的表現更多是成爲特定強權的附庸，面對唐朝、突厥、回鶻等周邊強權，常見契丹偕同一方對抗另一方。對周邊強權而言，契丹立場搖擺不定；對契丹而言，他們正在列強之中爭取得來不易的生存空間。

依附強權增加了契丹生存的機會，也給了契丹新的危機。在大賀氏的領導下，契丹已有穩定的權力高層，團結諸部的力道更強。但大賀氏內部的競爭也一直存在，爲了取得權位，大賀氏子孫多方尋求援助，除了爭取契丹諸部的支持外，周邊強權正是拉攏的對象。

這種局面不但讓大賀氏以外的契丹部落能夠參與政爭，也讓周邊強權能有機會插手契丹事務。

西元八世紀前半葉，衝突到達最高峰。西元七一八年（唐開元六年）大賀氏領導者失活逝世，其弟娑固繼位。可突于（應該是當時契丹的一名部落領袖）趁機發動政變，驅逐了娑固。之後可突于陸續推立了幾名大賀氏子孫，但隨即罷廢。由於可突于仰賴突厥力量崛起，所廢諸人則與唐朝親善，唐朝遂支持可突于的反對者蜀活部領袖過折反制，可突于後被過折所殺。在可突于被殺的隔年，也就是西元七三五年（唐開元二十三年），過折又被可突于同黨揑里（《遼史》稱「雅里」）所殺。混亂中可見唐朝與突厥兩方的角力，也可見契丹內外情勢的連鎖互動。

過折被殺後，局面已被揑里控制，但揑里並未自立爲主。先前可突于的廢立中，最後所立已非大賀氏後人，而是遙輦氏的屈列，只是屈列後與可突于一同被殺。推立遙輦氏爲契丹君長似乎是可突于、揑里等人的共識，最終揑里也就立了遙輦氏的迪輦俎里，此後契丹進入了「遙輦氏時期」，迪輦俎里也就是祖午可汗。另一方面，之前的契丹記載主要得自南方文獻，在遙輦氏時期之後，契丹已經能夠擁有自我描述的歷史敘事了。

遙輦氏的時期長達一百七十餘年，內部局勢穩定，新發展再出現。生產技術的部分，除了舊有的畜牧與農耕外，晚期也看到了冶鐵、紡織等手工業技術的生成，多樣的生產技術提供了契丹更爲充足的資源。政治活動的部分，則有三項發展可以注意。第一，已見契丹君長使用「可汗」之名。雖然目前不清楚迪輦俎里的「可汗」之名是當時的自稱或後人的追稱，但是「可汗」最終成爲遙輦氏時期契丹領導者的稱呼。「可汗」之名源自柔然，後來廣爲北亞強權領袖所用，契丹的使用既是承繼北亞習慣，也展現了對於自己國際地位的信心。

第二，契丹內部的權力關係更加分化，貴族、平民、奴隸等身分界線愈發明確。貴族之內也有分化，揑里立功後，當遙輦氏子孫世代繼承可汗之位時，揑里子孫也將世代承繼迭剌部領袖之位，爾後迭剌部總是遙輦氏時期最爲強勢的部落，其領袖的地位一直都是可汗以下第二人。第三，契丹的政治組織、法律規範、生產技術均是日益發達。因應內部權力關係的分化，契丹加速建官設制。比較具體的建制有早期出現專司刑罰的「決獄官」，以及晚期出現而能總攬全契丹軍國大事的「于越」，契丹的政治運作藉由這些職務的設定加以分工與分層，官僚組織初步成形。又有晚期所建而直轄於中央的「撻馬」軍，這支部隊增加了中央控制諸部與對抗外患的力量，提升了中央的權威。

除了契丹自身的創發，這些發展也是吸收周邊人群而得。如手工業與農耕的技術提升就應與漢人有關，或是學習，或是接收漢人而由漢人操作。更重要的來源則是西方的草原文化。除了「可汗」之名，契丹另有許多採借草原文化的官制。早在大賀氏依附突厥之時，便見契丹採用了突厥名號「俟斤」稱呼各部領袖，此詞在遙輦氏時期轉成「夷離堇」，捏里所任即爲迭剌部夷離堇。此外，畜牧技術的提升應該也是受惠於草原人群的示範與指導。在西元九世紀回鶻衰亂時，大量的回鶻人加入了契丹陣營。與同期加入的漢人多爲平民不同的是，這批來附的回鶻人中有貴族。回鶻貴族曾是北亞世界的菁英，熟知草原的生活技術與北族國家的運作辦法，他們帶給了契丹大量的資源與知識。稍後，契丹貴族也跟這些回鶻人聯姻，阿保機（八七二—九二六）之妻述律月理朵（八七九—九三五，後世常稱「述律后」）可能就是來附回鶻人的第五代。

二、祖宗創業

建國

遙輦氏晚期，國際局勢有了極大的變動，契丹周邊的舊強權在百餘年間進入了崩解階段。南方的唐朝自不待言，西元七五五年（唐天寶十四載）之後的安史之亂與藩鎮割據令之元氣大傷，西元八七五年（唐乾符二年）至八八四年（唐中和四年）間的王仙芝、黃巢反唐後，唐朝治下各區更已分裂爲十數個政治實體，衰亡指日可待。在北方，取代突厥稱雄大漠南北的回鶻汗國，西元九世紀中葉被所屬部族黠戛斯滅亡，但黠戛斯未能承襲回鶻霸業，草原世界進入無主狀態。在東方，長期干預契丹的新羅王國與渤海國，前者於八世紀末後陷入混亂，於九、十世紀之交更是一分為三，後者則在九世紀時逐漸衰弱。西、南、東等三方的強權均已一蹶不振，這是契丹壯大的機會。

但在此之前，契丹仍有自身問題要解決。在遙輦氏後期，整體契丹持續成長，迭剌部的成長更快，不但拉開了與契丹其他諸部之間的實力落差，迭剌部夷離堇的權威也逐步攀升到快要與可汗相當，甚至超越的程度。約於九世紀末，類似大賀氏末期的大規模政爭再度出現，不同的是此時所爭乃是迭剌部夷離堇之位。激烈衝突之後，阿保機脫穎而出。

阿保機是捏里的第七代後人，迭剌部夷離堇多由其父系祖先擔任，因此阿保機乃是出自捏里家族中的核心支系，家世尊貴。據《遼史》記載，阿保機的文略武功亦是傑出，叔父釋魯在擔任于越時常與他議事，時任夷離堇的堂叔偶思更誇讚他「神略天授」。阿保機又有神力，能拉弓三百斤，附帶一提，《宋史》亦記岳飛能「挽弓三百斤」。阿保機後任「撻馬狘沙里」，應是契丹中央侍衛部隊的長官，立下了許多戰功。一切的種種都讓阿保機甚得人望。在收拾了政爭的殘局後，西元九〇一年，痕德堇可汗任命阿保機為本部夷離堇。西元九〇六年，痕德堇可汗逝世。至此大局已定，《遼史》記眾人奉痕德堇可汗的「遺命」共同勸進阿保機登位，西元九〇七年，阿保機即位，遙輦氏時期正式告終。

前述對於阿保機的即位，雖然引用了《遼史》作為根據，但卻不是完全依照《遼史》

的說法，差別在於《遼史》記阿保機「即皇帝位」，而我們前面只說阿保機「即位」。這個差別牽涉到一些學界的爭議，即西元九〇六年至九一六年之間，阿保機政治名分的演變，以及契丹的國家面貌與政治衝突等現象，其情究竟爲何？討論此之前，或可先藉一些研究彙整出一套此時歷史發展的簡單說法。基本上此時的歷史也許是：西元九〇七年，阿保機即位，所即之位乃是「可汗」。稍後，阿保機不斷面對著契丹內部的挑戰，或來自迭剌部以外的其他契丹諸部，或來自阿保機的自家成員。西元九一六年，由於已能壓制國內各方勢力，阿保機在此年再次即位，但名號是「皇帝」。同時，阿保機又稱「天皇王」，其妻述律月理朵則稱「地皇后」，另有「神冊」年號、「大契丹」國號的建立。

這是取捨眾說的結果，至今仍有其他的說法。諸說眾多之因，主要是各種史料對於此時的契丹史事經常各自表述，內容落差甚大，加上研究者對於各種史料的價值也有不同見解，於是用此便有此說，重彼便有彼說。史料內容的差異，劉浦江先生便指出大致可以歸納爲北方與南方的兩大文獻系統之間的落差。

經由比對重整，關於阿保機初次即位的名號，由於源自遼人自述的北方文獻，現知的最早記載已是遼朝中期以後的追述，開國之事多有修飾與誇言，於是如西元九〇七年阿保機所即之位就以後世覺得較爲隆重的皇帝名號追稱，而前述初次即位所任乃是可汗的說法，則是以點滴南方文獻與現今所知相對合理的契丹歷史場景重建而成。稱帝與建元的時間，一是《遼史》本有清楚敘述，二是南方的敘述雖然有些對不上《遼史》所說，但也有許多可以印證《遼史》說法的記載，因此最終便以《遼史》爲據。至於「大契丹」的建號時間，則是得自一些五代十國文獻與出土石刻資料的線索。最後，關於西元九〇六年至九一六年間契丹內部的激烈衝突，南方文獻總指阿保機的挑戰者乃是契丹各部領袖，《遼史》則僅記阿保機諸弟的反叛而未言各部領袖的抗爭，北南文獻各有說法，詳情或可再議。

稱帝建元之舉，可以看到阿保機採借了漢地的統治策略，而且似乎也顯示了阿保機對於皇帝體制的嚮往。只是南方體制並非一蹴可及，此時的契丹也有不少問題並非南方策略可以解決。無論是諸部或諸弟的挑戰，都透露著阿保機的權位依舊不穩。除了直接壓制反抗勢力外，阿保機試著解決問題的源頭，他將嘗試改造契丹部落社會的舊有結構。

契丹傳統社會，部落是重要的權力單位，部落領袖可以藉由部落資源對抗敵對力量，而這個敵對力量可以是外患、契丹他部，也可以是可汗。無論阿保機是皇帝還是可汗，契丹社會的舊權力結構就是潛在的威脅。對此，阿保機發動了一次部落組織改造工程，以親疏關係或部落實力爲原則，或升降各部地位，或合併、拆解舊部落，同時也將自己的親近族人獨立升爲新部。阿保機又設法建置新型官制管理諸部，並透過職務或官署的位階確認諸部地位的高下。

這次的改造，目標應在完成一個以契丹君主爲中心，以部落爲單位，核心明確而層級森嚴的新型權力圈。雖然這些努力並未全於阿保機在世時完成，但是基礎已經打下。在尚未達到類似南方世界中央集權、編戶齊民的皇帝體制前，就先改良北國體制，以重組結構、再造核心的方式鞏固阿保機及其後人的永續統治。以契丹傳統爲底保留其部落結構，再藉中原習慣強化統治者與中央的權威，一種新型的契丹國家體制誕生了。最後，也差不多在這時候，阿保機爲全契丹人設定了兩種姓氏，耶律與蕭，此後我們就可以稱他爲「耶律阿保機」了。

擴張

耶律阿保機在逐步穩定契丹內部秩序之餘，也展開了征服大業。後世所見，契丹此時對外擴張的成就斐然，應是理所當然地以成爲東亞霸主爲發展目標。但在耶律阿保機即位，到其子耶律堯骨（漢名德光，九〇二—九四七，九二七即位）一度征服中原，這段約四十年的時間中，契丹其實危機叢生，變數猶多。或許在這過程中，有智者如阿保機，已經設定計畫準備稱霸天下，而後也依照藍圖逐步實踐。可是回歸到當時的情境，對這些契丹領袖而言，更重要的事應該是先解決一個現實問題，那就是要如何不再重蹈過去不斷受到強權擺布的困境。畢竟契丹的過去，稱霸天下從未出現，外強肆意欺侮卻是相當實在的經驗。此外，契丹的對外征戰也非阿保機即位後才發動，先前已有，因此阿保機最初軍事行動的動機，就比較接近是爲了解決遙輦氏晚期所留下的問題。但就在陸續解決舊問題，並開始處理新問題時，新時代也順勢到來了。

在阿保機即位之前，契丹已經四方動武。對北與對西等兩大方向，從遙輦氏後期到阿保機在位期間，過程都算順利，奚人被征服了，蒙古草原的游牧民族暫時臣服了。但對南與對東這兩個方向就比較棘手。南方部分，契丹交手的對象是中原政權，前期則以藩鎮爲主。在遙輦氏後期，就算是個別藩鎮都能給予契丹沉重的打擊。唐末五代之際以河北東北部爲基地的盧龍藩鎮，便曾在劉仁恭、劉守光父子的領導下多次大勝契丹，據說痕德堇可汗有十年不敢靠近邊界。

對此不利局面，阿保機即位後開始扭轉，他發動了幾波猛烈的軍事攻勢，劉氏父子遭到壓制。另一方面，這些軍事成果又是得力於外交手段。契丹本有聯此制彼的外交傳統，當時的周邊政權也多如此操作，國際間一直都充滿著各種算計，阿保機既有文略，自是體會深刻。阿保機先是聯絡後梁朱溫（八五二—九一二，後梁太祖，九〇七年稱帝），後則與最初友善但一度交惡的河東李存勖（八八五—九二六，後唐莊宗，九二三年稱帝）結盟，與後梁的聯絡是爲了打擊劉氏父子，與河東的結盟則是欲由後梁與河東之間的衝突中伺機壯大。

契丹在這些過程中漁翁得利，不但爭取到了南方盟邦的支持，也提升了國際地位。這段經驗應該給予契丹不少啓發，後世的契丹君臣對於外交策略的運用也越發熟練，從現在到往後，契丹的壯大其實就是透過軍事與外交兩方面的傑出表現而完成。最終，由於李存勖擒殺了劉氏父子，也建立了後唐並於西元九二三年滅了後梁，阿保機與李存勖的結盟又轉成契丹與後唐的親善，阿保機對南經營的最終收穫就是建立了與南方的穩定關係。這項收穫將使阿保機可以全力經營東方，征討渤海國。

渤海國建於西元六九八年，疆域大約東抵日本海，西至大興安嶺，北達黑龍江北方地區，南至朝鮮半島北部，極盛期人口保守估計可達百萬以上，是一個雄峙東方二百餘年的大國。同時，經由本身的創發與中原文化的引進，渤海已有完整的官僚系統與社會組織，農業、手工業、商業等活動均相當興盛，文化亦頗發達。渤海也與四鄰互動頻繁，但關係有好有壞，與西南的唐朝及東方的日本比較親善，與南方的新羅時有衝突，與契丹的關係則是日漸惡化。現有資料不多，但可略見契丹常會「劫掠」渤海邊區，渤海也常出兵征討契丹。另外，也能看到一些雙方人民友善往來或經濟文化交流的記載，唯就後世所見，這些交往提供了契丹充分認識渤海情勢的管道，成爲征服渤海的準備。

天贊四年（九二五），阿保機決定進攻渤海。得利於此時渤海已經內亂不斷，無法全力抵抗，契丹進攻極爲順利。天顯元年（九二六）年正月，契丹攻下渤海首都忽汗城，戰事告一段落，契丹征服了渤海。同年，阿保機將渤海改名爲「東丹」，意即「東方的契丹」。統治渤海乃是契丹歷史上的重要大事，除了宣告契丹正式邁入大國行列外，更重要的是，這是契丹大規模統治定居社會的初次嘗試。

雖然契丹境內早有許多漢人移居，早已擁有統治定居百姓的經驗，可是這些漢人皆是零散前來，也是寄人籬下，相對服順。相對而言，渤海卻是一個自成體系的社會，既有自己的統治階層，人口又多，文化也高，他們相當敵視契丹的到來。舊經驗明顯難以因應，爲了統治渤海，契丹規劃了一些辦法。管理原則上，契丹沿襲了北方因俗而治的風格，具體策略是保留渤海的法律與官僚體制，並給予東丹國相對獨立的政治運作空間，包括官員任用、內政管理，甚至能夠擁有自己的國王與年號。

這次的統治也導入新做法，主要是東丹的政府高層多由契丹人擔任，首任的東丹國王即是阿保機長子耶律圖欲（漢名倍，八九九—九三七），此使東丹終究受到契丹的實質掌控。對於契丹的統治，渤海原有的統治群體甚是不滿，加上契丹的賦役徵收頗爲嚴苛，渤海百姓因而憤恨。終遼一世，渤海人抗爭頻傳，而且遼朝的壓制越嚴，渤海人反彈就越激烈。這種惡劣關係一直延續到遼末，當完顏阿骨打起兵反抗遼朝時，許多渤海人投奔女眞陣營，其中不少是渤海的知識分子，他們成爲女眞陣營智囊團的首批主要成員，將以謀略結合女眞人的武勇，一起敲響了遼朝的喪鐘。不過這是二百年後的事，在此就先按下了。

南進中原

完成征服渤海的大業後，天顯元年（九二六）七月，阿保機在歸程途中染疫病逝。阿保機的逝世極爲突然，政治風暴因而展開。阿保機與其妻月理朵有三子，依序爲圖欲、堯骨、李胡（九一二—九六〇）。李胡的能力有限，圖欲與堯骨卻各有才華。圖欲溫文儒雅，漢人風格濃重，被視爲早期契丹人漢化的代表，他留有繪畫與詩文，所畫「騎射圖」至今仍藏於國立故宮博物院中。堯骨文采不如其兄，但武功過之，謀略亦較高明。阿保機逝後，圖欲與堯骨爭奪帝位，最終堯骨在其母月理朵的支持下勝出，圖欲則投奔後唐，死於中原。

這段過程，學界仍在討論，很多現象與解釋至今也沒有完全的定論。其中或有兩個較大的爭議。一、阿保機生前是否已有屬意的繼任者？如有，是圖欲或堯骨？二、月理朵爲何會支持堯骨？是否因爲月理朵的文化立場更爲傾向草原文化，在不滿圖欲漢風過重的情形下支持了同樣親近草原文化的堯骨？圖欲、堯骨、月理朵的文化風格又爲何？這些爭議現在尚難完全解答，現存的遼代史料並無足夠拍版定案的證據。

不過此次皇位傳承的風波，倒有兩個現象可以留意。第一，競爭行爲的合理性。阿保機逝世之際，契丹的皇帝傳承制度應無明確章法，而契丹傳統的「世選」制，也就是合乎資格的繼位候選人們，在一個由諸部或國家高層的重要人士所參與的場合中，經由實質或形式的推選過程而完成的傳位制度，「競爭」原則在其中又還保留著影響力，於是圖欲與堯骨的競爭行爲便是此時契丹政壇一般認同的合理做法。這次的傳承過程將繼續啓發著後人，雖然日後遼朝皇位的傳承過程逐漸平緩，但總是存在著大小不等的衝突。

第二，后妃影響力的深刻。堯骨的即位，月理朵疑無是關鍵人物，她的各種計謀迅速地壓制了圖欲及其黨人。月理朵原就雄才大略，阿保機在世時曾經多次建議國政，常被接納，事後也證明判斷準確。而月理朵的活躍也有背景條件的支持。首先，契丹傳統並未約束女性參政，高層女性常有積極作爲；再者，契丹高層長期施行「世婚制」，也就是特定家族世代聯姻，而家族配對自是門當戶對，后族也會是契丹的權勢家族，此使后妃參政更有家族資源，而后妃參政也會是大族政治的表現。由於后妃參政與大族政治一直是契丹政治或北族政治的特色，稍後遼朝各代君主的傳位，后妃也會持續地有所作爲。

天顯二年（九二七）十一月，堯骨，也就是太宗耶律德光即位了。太宗在撫平爭位期間的混亂之後，繼續承接了太祖阿保機的事業，用心於內政改造與對外擴張的工作，取得幽燕則是太宗最大的成就。就在唐明宗李嗣源（八六七—九三三，九二六即位）逝世後，中原局勢陷入混亂，後唐出現三大勢力，分別爲皇帝李從珂（八八五—九三七，九三四即位）、盧龍節度使趙德鈞（？—九三七）、河東節度使石敬瑭（八九二—九四二，後晉高祖，九三六稱帝），三方都想結盟契丹壯大聲勢。最終，石敬瑭獲得了契丹的支持，西元

圖 1-4　耶律圖欲〈射騎圖〉。臺北國立故宮博物院提供。

九三六年建立了後晉，但也付出了稱臣、稱兒、割讓幽燕、每歲輸帛三十萬匹的代價。四事中，稱臣、稱兒、輸帛等三事止於後晉滅亡，幽燕之地則被契丹持續統治近二百年，如果連同金、元，此地被北族國家統治達四百餘年。就有一種說法，幽燕乃是北族南進的灘頭堡，給了北族國家統治漢地的經驗與征服中國的希望，於是割讓幽燕的影響深遠，對中原國家造成了長久後患。

「幽燕」，早期又稱「幽薊」，北宋末年又稱「燕雲」，交割當時原設十六州，因此又有「燕雲十六州」之稱，其地約為今日河北、山西兩省的北部，今日的北京正在其內。對於中原國家，幽燕乃是東北邊防要塞，失之則無險可守，價值在於國防；對於契丹，幽燕人口繁多，物產豐富，可為國家根本。幽燕對於兩方

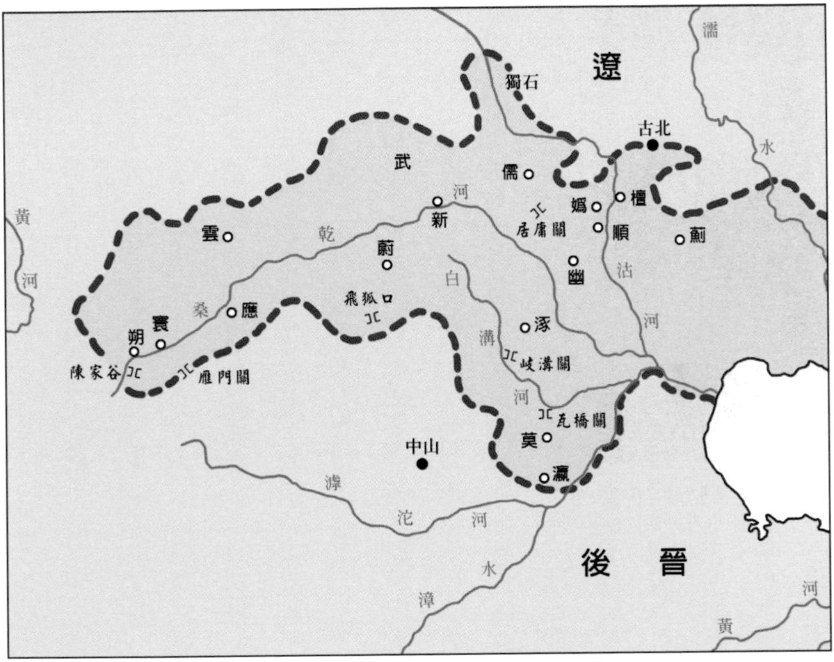

圖 1-5　燕雲十六州圖。

的重要性不同，而取得幽燕也是契丹繼占領渤海以來，國力升級的再次關鍵。

對於幽燕的統治，一如渤海，契丹採取了因俗而治的統治原則，繼續維持當地原有的管理措施。與渤海不同的是，幽燕原非獨立政權，於是契丹在接收初期並無整套體制可以挪用，該地完整的官僚組織要到遼世宗、穆宗時期才漸成形。此地早在唐代即已多族混居，漢人常與契丹、突厥、回鶻、粟特、沙陀等北族頻繁往來，也曾接受北風濃重的安史陣營與唐末藩鎮的管理，幽燕百姓不難適應契丹的統治。事實上，接收之後雖有動盪，但比起渤海，幽燕態度相對服順。對此，看來契丹頗爲滿意，後續投注了更多資源建設幽燕，也任用了大量的當地漢人爲官，更有不少漢人因此進入遼朝的統治核心中，少數漢人大族也能與契丹貴族聯姻，這些互動都加速了幽燕百姓對於契丹統治的認同。

幽燕交割既令契丹國勢快速提升，也令契丹一度對南進過分樂觀，不久，契丹就遭遇到建國以來對外經營的最大挫敗。石敬瑭過世後，後晉的繼任皇帝改變了原先順服契丹的做法，這引起了太宗的不滿，契丹遂於會同七年（九四四）發動南征。經過了三年的戰爭，後晉投降，會同十年（九四七）正月初一，太宗進入開封。

後晉滅亡後，當時契丹對於統治中原的做法可有兩種選擇，一是扶立傀儡政權，二是直接治理，前者可循後晉先例，後者則可參考幽燕管理的經驗，而太宗選擇了後者。只是對於統治中原，契丹準備尙未充足。十年的幽燕經驗畢竟有限，而且面對著人地規模與環境條件皆有極大差別的中原，瞬間遭遇的事務又是過多過雜，契丹既難以照搬運用，也未能即時應變解決。此外，太宗又有些錯誤的決定，例如未能約束一些中原相當反感的北族舊慣，像是放任軍隊劫掠戰利品，又例如把中原各地投降藩鎭的領袖留在開封，本欲就近看管，結果反而導致地方另推領導人反抗契丹。很快地，各地叛變有如燎原，不到一年的時間，太宗被迫回師，放棄了中原的統治。整體而言，契丹在祖宗（太祖太宗）時期對於定居地區的統治，對幽燕算是成功，對渤海難稱良好，對中原則是徹底失敗了。

最後，太宗在位期間，契丹制訂了新的國號，即「大遼」。一般認爲這個國號應是爲了統治漢地而設，因爲比起「契丹」的北國風格，「遼」的單字樣貌比較符合漢人習慣，也因爲「遼」字可能是得自潢河與土河會流後的遼水，以開國君主原初據地爲國名也是符合漢人的傳統做法。不過「大遼」國號的制訂時間與使用場合，學界仍有討論。

關於使用的場合，現在看來，首先，「大遼」國號最初應該是用於契丹國內的漢人地方，或幽燕，或一度征服的中原，但在後期也在契丹全國使用。再者，現存契丹文字文獻始終是以被譯爲「大契丹」或「哈剌契丹」的名號自稱己國，「大遼」則是特定時期或範圍的漢文國號，這使得不同文字的場合中，契丹同時擁有著不同的國名稱法。復次，相較於契丹文國號的穩定，漢文國號則時有變動，大約是太宗建號後，幽燕地區使用「大遼」，契丹本土使用「大契丹」，乾亨五年（九八三）後一度改爲皆用「大契丹」，咸雍二年（一〇六六）後則是全國皆用「大遼」。國號的兩元性與變動，呈現了契丹國家的多族文化格局。

至於「大遼」國號何時出現，由於史料的說法很多，《資治通鑑》記爲九三七年（晉天福二年），《新五代史》與《東都事略》記爲九三八年（晉天福三年），《遼史》記爲九四七年（會同十年），學者們也因此眾說紛紜。但可以確認的是，上述的時間點皆在占領幽燕與征服中原這兩大事件之間，可見「大遼」創制與漢地統治的關係，無論是哪一說，「大遼」終究是太宗時期的創制。

三、盛世榮光

世穆蓄積

結束中原統治後，在北返途中，太宗病逝了。突如其來的變局使得皇位繼承又有狀況，兩派人馬起而競爭，一方是圖欲的長子兀欲（漢名阮，九一九—九五一，九四七即位），一方則是李胡。在圖欲南逃中原後，兀欲繼續留在契丹，太宗待他不錯，兩人關係親近，兀欲也隨太宗南征，在太宗逝世後就成為契丹南征部隊的領袖。李胡在太宗南征時則留在北方，他有皇太后月理朵的支持。雙方一度僵持，後在時任惕隱，也就是契丹宗室管理長官的耶律屋質（九一五—九七三）的調解下，李胡與月理朵放棄對抗，兀欲即位，是為世宗。

世宗頗為堅持太宗的南進政策，在位期間用心準備南征。但因太宗的失利已使契丹元氣嚴重耗損，世宗又是積極推行可以強化中央控制與方便南征動員，卻會縮減諸部領袖原有權力空間的改革，反對南進與世宗的聲音因而四起，陰謀者日增。天祿五年（九五一）

九月，就在南征途中，世宗被暗殺。當時太宗之子述律（漢名璟，九三一—九六九，九五一即位）也在南征軍中，他在耶律屋質的協助下迅速弭平了叛亂，並於稍後即位，是爲穆宗。穆宗調整了對南政策，不再積極南進，契丹的軍事活動因此收斂，非必要便不主動出擊。但同時，契丹的外交活動仍是積極運作，主要的策略是藉由結盟南唐與扶立北漢來牽制後周。

就結果所見，契丹的南進在穆宗即位後停止了。這個現象可以有很多解釋。曾有一個說法提到，由於世宗更願親近漢人文化，於是樂於向南擴張；穆宗則較喜愛草原文化，就較無興趣統治中原。不過實際的情形可能要再複雜些，因爲無論是世宗、穆宗，如同先前提到的太宗、述律月理朵與耶律圖欲，現有資料都能找到他們親近漢文化與喜好本族文化的表現，他們的文化傾向其實不易簡單判定。值得留意的倒是背景條件，也就是此時的契丹內外局勢。現在看來，穆宗在位初期之所以放棄南進，主要是爲了先解決國內紛亂，但在亂事逐步平定後，南方卻也強大了，遼朝的向南擴張因而受到制約。最終，契丹南進的機會不再，北南對峙的局面也成形了。所以，穆宗時期契丹南進活動的結束，更多是因爲整體國際局勢的變化。

契丹在世宗與穆宗之時，對外擴張已無太祖、太宗時期的進展，內政卻有再次的改革。如果說太祖對於部落社會結構的改造是第一波改革，世宗、穆宗時期對於國家組織的重整或許可說是第二波的改革。第二波的改革中，最爲顯目的措施當是北南兩樞密院的創設。太宗入汴之際，曾經仿照晉制設立了樞密院作爲日後管理中原的最高機構。世宗即位後，樞密院之制改於國內設置，在天祿元年（九四七）的八月與九月，記載上首見世宗任命了北樞密使與南樞密使，兩職乃是樞密院的最高長官，各由契丹人耶律安摶與漢人高勛擔任。兩樞密院後來成爲遼朝北南兩大地方的最高管理機構，遼朝政治因此有了後世所稱的「兩元體制」，而世宗的建置就可以說是此一體制的源頭。

但在統領北南兩地事務前，世宗最初對於兩院樞密使的設置其實別有用意。在中原，樞密使原以內朝職務嶄露頭角，代表著皇權的延伸；世宗創制之初，北院樞密使原是用以監管契丹權貴，南院樞密使則是爲了節制幽燕舊藩鎮勢力。這些背景使得世宗最初設置樞密使便有提升皇權、強化國內控制的作用，樞密使的出現便代表著君主建構新秩序的意圖。因此「兩元體制」應非世宗建置樞密使之初的構思，這是日後長期發展後的結果。

穆宗也有類似改革。他透過了設立不受地方長官控制的南京統軍司，以及將幽燕部隊的指揮權獨立化與中央化等做法，削弱了在地的漢人力量，也在弭平叛亂後，持續清除能夠威脅君主權位的宗室力量。從太祖到穆宗，契丹一系列的改革大致就循著逐步提升中央權威的方向前進。最終，世宗、穆宗時期的契丹雖然未能繼續對外擴張，國家秩序卻得到重整，領導中心將更加穩固。

對於穆宗的認識，現今已經留意到他在治國上的貢獻，但在過去，穆宗主要是以暴君的形象爲人所知，這與他在位後期的酗酒濫殺有關。大約在應曆十三年（九六三）後，《遼史》出現了大量穆宗酒後殺人的記載，《資治通鑑》則記穆宗不理國政，半夜就寢中午才醒，遼人稱爲「睡王」。到了應曆十九年（九六九），當時常被穆宗濫殺的內廷侍從，有人終於難以忍受，趁穆宗酒後熟睡刺殺了他。只是穆宗雖然濫殺，但對象主要是內侍，反而在《遼史》中還能看到一些穆宗在此時優禮官員或愛護百姓的描述。看來穆宗即便不是明君，也不宜簡單地只是將他視爲暴君。

穆宗無子，生前養世宗之子明扆（漢名賢，九四八－九八二，九六九即位）。明扆在穆宗被殺後即位，即景宗。南宋李燾在《續資治通鑑長編》中提到，世宗被暗殺時，九歲（《遼史》作四歲）的景宗被人用毛毯包裹藏在薪柴中逃過一劫，因此景宗長大後就有「風疾」。由於身體狀況不佳，在位時國事多由其妻蕭綽（九五三－一〇〇九）決斷。景宗的健康一直沒有起色，在乾亨四年（九八二）便以三十五歲的壯年辭世了。

景宗逝後，長子文殊奴（漢名隆緒，九七二－一〇三一，九八二即位）接任，時年十一歲，即聖宗。聖宗年紀還輕，時年三十歲的蕭綽便以太后身分臨朝稱制。從穆宗晚期到聖宗初年約二十餘年中，可以看到遼朝君主的狀況甚多，無論是心不在此、身體不好、年紀過小，都無法正常治理國家，但是卻無挑戰者成功藉機取代現任君主。雖有陰謀造反，但仍被逐一解決，即便穆宗死於暗殺，也是內侍操戈，不及政變。這些現象似乎可以看到世宗與穆宗的改革成效，遼朝政治秩序的穩定程度已非開國初期可比。

聖宗聖政

聖宗即位後，國際情勢再有新變數。後周於西元九五一年建國之後就積極對外擴張，四方攻伐日漸頻繁。九五九年，周世宗柴榮（九二一－九五九，九五四即位）率領大軍進攻幽燕，成功取下了瀛、莫兩州。雖然周世宗隨即病逝，隔年趙匡胤（九二七－九七六，廟號太祖，九六〇即位）也推翻了後周，建立了宋朝，中原政局一度混亂，情勢暫時和緩，可是南方依舊強勢，新興的宋朝也能延續著後周的策略，除了併吞漢人諸國，收復幽燕也是目標。太平興國三年（九七八），吳越被收併了，宋朝完成了南方世界的統一，將目光轉向北方，遼宋戰爭一觸即發。

從後周建國到宋朝開始大舉進攻遼朝的三十餘年中，或因用心於內政，或因察覺了南方的強勢而不願輕率對抗，面對著南方的挑戰，遼朝的應對頗為克制。對部分宋人而言，遼朝的表現是種畏縮，他們受到鼓舞，認為此時已是個重建天下秩序的好時機。西元九七九年，正值遼景宗在位期間，宋朝攻滅了依附遼朝的北漢，並趁勝進攻幽燕，遼宋正式展開大規模戰爭。期間雙方多次接戰，終於在高粱河對決，史稱「高粱河之役」。這場戰爭以宋軍失利告終，親征的宋太宗（九三九－九九七，九七六即位）甚至在前線中箭受傷，然而遼軍也只是慘勝，大將耶律休哥亦是身受重傷。這場戰爭並未改變既有的國際格局，幽燕並未易主，但是遼宋進入了爲期二十五年的戰爭狀態。

聖宗即位後，宋朝得到邊境官員上奏，稱遼主年幼、太后擅政，契丹民心動盪，可以乘機收復幽燕。宋太宗得知消息後，遂於九八六年發動大軍北伐，遼宋第二次戰爭爆發。遼朝成功地阻止了宋朝這波的進攻，但也憤恨宋朝的強橫，此後積極侵擾邊界。一〇〇四年，遼朝起兵攻宋，遼宋第三次戰爭爆發。這場戰爭換由遼朝發動，戰場則由邊境轉入宋朝境內。遼軍的前鋒勢如破竹，快速地直入黃河北岸，一時間汴京似乎岌岌可危。但是宋朝也有反攻，宋軍不斷地集結使得深入敵境的遼軍陷入了被包圍的危機。就在遼宋各有疑懼，又都未取得關鍵戰果的情形下，雙方展開和談。同年冬天，遼宋達成協議，此即「澶淵之盟」。此後遼宋即便仍有紛爭，然雙方均能克制，皆以外交手段溝通解決，和平局面維持了百餘年，兩國正式進入盟約關係。

澶淵之盟是遼宋關係的里程碑，後續成形的外交互動也極具意義。確認盟約關係的誓書，以及後續增補的交聘禮儀、邊境貿易規範，其背後的平等精神乃是中國歷史上罕見。另一方面，百年和平也令雙方都能開展各自的盛世。對遼而言，澶淵之盟帶來的收穫有三：一是宋朝不再成爲嚴重威脅，遼朝毋須時刻備戰，軍事負擔不再沉重；二是遼朝的國際地位獲得了南方強權的正式認可，百年努力終於得到回報，這對遼朝乃至於契丹人的情感將有極大的鼓勵；三是稍後熱絡進行的邊境貿易將使遼朝更加繁榮，在能長期穩定地獲得南方物資後，這些物資，尤其是高級織品與宋朝的銅錢，既能補足遼朝國內的不足，也能作爲遼朝與北亞、中亞等周邊地區的貿易商品。

聖宗時期是遼朝的盛世，在此之前，就在景宗即位到聖宗初期這段時間中，遼朝仍是內外皆憂。能夠完備國家體制，進而超越困境並開創盛世，領導有方的蕭綽應是關鍵。蕭綽在這段時間中一直都是遼朝政治的核心，景宗時期便已活躍，聖宗即位後更是實質上的國家領導人。《遼史》對於蕭綽的描述並未與其事功相當，她在〈后妃傳〉中的個人傳記僅二百餘字。倒是傳記最後有著其他后妃所沒有的總評，說她「明達治道，聞善必從」、「習知軍政」、「賞罰信明」，又說聖宗能爲遼朝盛世之主，多賴蕭綽教訓。只是這段總評雖然講出了蕭綽的英明，卻不太能夠看清楚她對遼朝的貢獻。

現今對於蕭綽影響力的認識，更多來自於南方的文獻。舉例而言，蕭綽對於遼朝國政的掌握究竟何時告一段落，《遼史》並無明言，但在南方文獻中，《續資治通鑑長編》就記下了蕭綽是在逝世前不到一個月才「歸政」於聖宗，此說後爲《契丹國志》承繼，這也是現今常見的說法。如果南方文獻記載正確，那蕭綽就是直到統和二十七年（一〇〇九）逝世之前才交還國政，此時聖宗已經三十八歲，而聖宗過半的在位時間也都由蕭綽主掌國政。

南方文獻還有許多《遼史》未見的描述，例如蕭綽曾在澶淵之役時親自於陣前擂鼓督軍，曾因寵愛聖宗之弟耶律高七（其漢名《遼史》記爲「隆祐」，宋人文獻多記爲「隆裕」）而與聖宗有些摩擦，曾與當時遼朝第一重臣韓德讓（九四一—一〇一一）有著超乎正常的親密關係。不僅在史書，文集、筆記，甚至是稍後流傳民間的宋人話本，都能看到許多「蕭太后」的身影。

「蕭太后」故事能在南方大量流傳，自然與其功業有關，但因蕭綽的功業又是建立在宋朝的挫折上，南方的流傳也會加些宋人的敵意。一般而言，越是官方的敘述，態度就越中立，多是平實地說明她的所作所爲。但越是民間或私下性質的紀錄，即便不會諱言她的傑出表現，也會有更多的流言緋聞，用字遣詞也著重於她的「邪惡」。南方的描述豐富了蕭綽的形象，但也使得現今如要確實認識蕭綽，總要層層剝除可能是宋人誤傳、誇大、想像的描述。又因南方描述多無北方記載可供對勘，這些說法是否可信，就見仁見智了。

四、晚期發展

內憂外患

蕭綽過世後，遼朝繼續強大，內外隱憂卻也浮現。對外部分，結束了對宋戰事後，遼朝轉向東西兩方用兵。統和二十五年（一〇〇七）後，遼朝多次征討甘州回鶻，並出兵壓制阻卜諸部的反抗。在這些西北戰爭中，遼軍多次戰敗。統和二十八年（一〇一〇）後，遼朝又是多次東征高麗，其戰況亦不佳，開泰六年（一〇一七）的茶陀之役被認爲是聖宗時期最大的敗仗。國內部分，因爲不堪沉重賦稅，渤海人於太平九年（一〇二九）起事造反。這場亂事的領導者是渤海國開國君主高王大祚榮的七世孫大延琳，他建國號「興遼」，建年號爲「天慶」。經過一年的征戰，遼朝平定了這場亂事。但也擔心渤海遺民再次集結作亂，平亂之後，遼朝調整了渤海地區的統治策略，並將部分曾經參與亂事的渤海人搬遷至上京一帶就近看管。「甘州之喪」與「茶陀之敗」被《遼史》指爲乃是聖宗施政的敗筆，大延琳之亂則是規模浩大，重創了遼朝在渤海地區的統治。不過，這幾場戰爭雖然沉重地打擊了聖宗的威信，也耗損了不少國力，但整體而言，這些戰事尚未動搖到遼朝根本。

聖宗逝後，其子夷不堇（漢名宗眞，一〇一六—一〇五五，一〇三一即位）繼立，即興宗。興宗在位時期，與宋保持和平，與夏關係則生變化。夏於建國之前，為求自立，其君長李繼遷（九六三－一〇〇四）曾經前來遼朝尋求保護，遼朝遂封繼遷為夏國王，雙方建立關係。稍後，繼遷傳位德明（九八一－一〇三二），德明傳位元昊（一〇〇三－一〇四八，廟號景宗），元昊於西元一〇三八年稱帝，建國「大夏」。李元昊的建國觸怒了宋朝，宋以廢盟施壓，夏則出兵攻宋，宋夏戰爭爆發。

宋夏衝突之際，遼朝一直助夏，也欲收漁翁之利。重熙十一年（一〇四二），遼朝遣使要求宋朝歸還周世宗所取的關南地。對此要求，宋朝提議以增加歲幣十萬交換關南地，接著再增十萬請遼阻夏興兵。遼朝接受宋朝提議，隨後遣使制止夏出兵。此次折衝，後世稱為「增幣交涉」。夏對遼的背叛感到不滿，在對遼態度上轉趨強硬。遼不滿夏的態度，重熙十三年（一〇四五）出兵攻夏，雙方爆發大戰。遼朝一度大敗，此後雙方衝突不斷。直至興宗逝世，繼立的道宗查剌（漢名洪基，一〇三二－一一〇一，一〇五五即位）有意改善雙方關係，新立夏主毅宗李諒祚（一〇四七－一〇六七，一〇四八即位）也有共識，兩國重歸戰前的和平狀態。

道宗即位後，遼夏戰爭平歇，然而與阻卜又有戰爭爆發。大安五年（一〇八九），磨古斯取得阻卜的領導權；八年（一〇九二），磨古斯叛遼，遼朝發兵征討；九年（一〇九三），阻卜對遼發動大規模進攻。稍後的戰況相當激烈，遼朝不斷增援，終於在壽隆六年

（一一〇〇）捕獲磨古斯，阻卜戰事告終。

興宗與道宗的七十年在位期間，對外大動干戈，對內則是文風日盛。遼朝文風的推廣，頗有君主的支持。興宗愛好詩文，喜歡書畫，能親試進士。《遼史》中記聖宗常賦詩贈賜官員，《契丹國志》也說他「善丹青」，曾以所畫的鵝、雁賞賜宋朝。道宗承襲父風，亦好詩文。清寧六年（一〇六〇），曾有大臣請求彙編道宗所作詩賦成書，可見道宗詩作應多。在國家政策方面，道宗增加了科舉錄取名額，每榜錄取人數由興宗時的五十餘名增至百餘名。又有官學之建，清寧五年（一〇五九）遼朝始設州縣官學。最後，興宗與道宗皆曾改革法律，改革方向均是採借漢法調整遼法，讓懲處辦法更寬和，並令法律系統更為完善。

但此同時，興、道兩帝的年代還是被後世認為是遼朝衰敗的開始。此時的國家財政已有惡化，主要原因在於龐大的軍費開銷與過多的禮佛行為。興宗以後，三代遼主皆是好佛，在他們的引領下，遼朝崇佛風氣達到高峰。此時影響國家財政的崇佛作為主要有二，一是朝廷過多的大規模贈賜，二是放任百姓出家。遼朝高層多有賞賜佛教或供養僧侶的活動，興宗大康四年（一〇七八）七月時，便有地方報告說已向三十六萬名僧侶布施齋飯。不清楚「三十六萬」之數是否屬實，也不清楚此一布施數量是人數還是人次，但如屬實而以人數計算，相較於宋朝於熙寧十年（一〇七七）有僧侶二十三萬餘人，元朝於至元二十八年（一二九一）有僧侶二十一萬餘人，因爲遼朝的全國人口總數遠少於宋元兩朝，遼代的僧侶數量便是相對龐大。君主與政府的大量贊助增加了國家的開銷，過量的僧侶也影響了國家的生產，由於興宗以後的佞佛之風，國家也在此後滅亡，後世便有「遼以釋廢」的說法。

禍起蕭牆

影響遼朝晚期國家發展更大的關鍵事件，應是高層的政治鬥爭。這些政爭在萌芽的最初階段，看來就是一些內宮紛爭，當時的遼人大概也不會想到這是亡國的徵兆。但是隨著時間推演，這些紛爭陸續引發了一連串大規模的政治衝突，遼朝高層在興宗之後陷入不斷的黨派鬥爭，直到遼朝滅亡。表面上，這一切的開始似乎是來自於當事者的私人恩怨，現在看來，問題的癥結應與遼朝的政治結構有關。以下先整理這些政爭的經過。

聖宗正宮爲蕭菩薩哥（九八三—一〇三二），無子，遂養興宗爲子。興宗即位後，其生母蕭耨斤對於親子遭奪甚是不滿，意圖報復蕭菩薩哥。興宗爲蕭菩薩哥所養，兩人感情較深，加以蕭耨斤盛氣凌人，興宗維護蕭菩薩哥的態度頗爲明顯。興宗的態度令蕭耨斤更加憤恨，累積到最後，蕭耨斤終於派人殺害了蕭菩薩哥。蕭耨斤餘怒未消，有意推翻興宗，改立另子孛吉只（漢名重元，一〇二一—一〇六三）爲帝。孛吉只不願配合，將蕭耨斤的計謀告知了興宗。興宗知情後拘捕了蕭耨斤，也極爲感激孛吉只，既授予要職，更封之爲「皇太弟」，略有傳位之意。但興宗最後還是傳位給其子道宗。

道宗即位後，或是感到愧疚，或是爲了籠絡，除了繼續優寵，也冊立了孛吉只爲「皇太叔」。一時間孛吉只似無不滿，但其子涅魯古（一〇四三—一〇六三）卻有怨恨，意圖謀反。孛吉只父子周邊聚集了一批親信，勢力正在集結。清寧九年（一〇六三），孛吉只陣營發動了叛變，史稱「灤河之變」或「重元之亂」。道宗陣營處置得宜，很快地弭平了這場亂事，涅魯古在戰爭中被殺，孛吉只在稍後自殺，從聖宗晚年到興宗中期的紛爭告一段落。但這僅是遼朝晚期政爭的第一階段。

灤河之變後，道宗酬庸有功，功臣之一的耶律乙辛獲得重用。耶律乙辛多方連結，漸成勢力。耶律乙辛黨人的壯大引人側目，與之對立的一方是道宗皇后蕭觀音（一〇四〇—一〇七五）與太子耶魯斡（漢名濬，一〇五八—一〇七七）。關於雙方對立的原因，由於道宗逝後由耶魯斡之子阿果（漢名延禧，尊號天祚，史稱「天祚帝」，一〇七五—一一二八，一一〇一—一一二五在位）繼立，此時所完成道宗末年政治衝突的敘述，其立場不免會偏向蕭觀音陣營，而天祚帝時代的敘述成果又是現今認識這段歷史的唯一根據。在此情形下，目前所見記載便總是強調衝突的導火線乃是耶律乙辛的邪惡作爲。這裡就先用此一說法介紹這段過程。

根據《遼史》與《焚椒錄》的描述，耶律乙辛先是以擢奸黜善之術壯大他的陣營，這引起了正直的皇后及太子的不滿，皇后與太子周遭因此聚集了一批忠良之臣，意圖壓制邪惡的乙辛黨人。對抗逐漸升高，耶律乙辛先是多次搆陷皇后，最後終於透過假造〈十香詞〉作為皇后與伶官私通的證據，誘使道宗賜皇后自盡。皇后逝後，耶律乙辛再誣告太子謀反，並趁太子遭到囚禁時加以殺害。當耶律乙辛意圖斬草除根，準備進一步謀害年僅六歲的阿果時，道宗突然恍然大悟，開始調查內情。在發現耶律乙辛的諸多罪惡後，道宗清除了乙辛黨人，並在大康九年（一〇八三）捕殺了耶律乙辛。

耶律乙辛之死並非第二階段的結束。雖然狀況並不是很清楚，可是直至道宗逝世前，耶律乙辛的黨羽應未完全清除。於是在天祚帝即位後，一方面大舉平反當年遭到耶律乙辛迫害的太子黨人，一方面則繼續追究乙辛黨人。但在《遼史》的敘述中，主持平反與追究的太子黨人耶律阿思與蕭得里底均是奸邪之輩，他們藉機收賄或清除政敵，而他們的政敵又多忠良之臣，朝政因此敗壞。許多有識之士反對這些窮治根除的政策，黨爭持續激烈。就在紛亂之際，女真起兵反遼，遼朝無法全力對付來勢洶洶的金朝。最終，遼朝的滅亡才是第二階段政爭的結束之日。

由於乙辛黨人與太子黨人的「忠」、「奸」屬性在前後期有了轉換，兩派人物孰好孰壞便也不易簡單判定。如果放棄追究誰是好人誰是壞人，或許可以看到此時政爭的另外一面。根據一些線索，興宗後的內宮紛爭，除了源自涉事者的私人恩怨外，蕭氏后族內部的爭權奪利或許是更重要的結構性背景。世婚制之下，契丹后妃皆是出自蕭氏后族，后族的家系頗多，各家常有權力之爭，后妃角力遂是家系鬥爭的表現形態之一。此外，即便同一家系，各家支系也有衝突，他們未必同心。在遼代前半期，蕭氏略有兩大勢力，一是太祖后述律月理朵之家，一是景宗后蕭綽之家，兩家多有競爭。聖宗朝晚期，在蕭綽逝世後，其家隨之失勢，述律后弟阿只古的後人蕭和之家崛起，此後便由蕭和家人得勢，蕭耨斤即是蕭和之女。

蕭耨斤勢盛之時，也是其家權勢高峰之際。蕭耨斤雖然一度因爲意圖謀立孛吉只而遭興宗拘禁，但囚居數年後即獲釋放，釋放原因可能就與后族施壓有關。蕭耨斤共有五名兄弟，分別是孝穆、孝先、孝誠、孝友（九九一－一〇六三）、孝惠，其家與耶律皇族姻配深結。其中，蕭耨斤爲聖宗妃、興宗母；蕭孝穆之女蕭撻里爲興宗妃、道宗母，曾孫女蕭坦思曾爲道宗后，蕭坦思之妹蕭斡特懶則是先適耶律乙辛之子綏也、後歸道宗；蕭孝先的兩名孫女蕭奪里懶、蕭貴哥分爲天祚帝的皇后與元妃；蕭孝誠之女乃是孛吉只妃，孫女則爲道宗弟和魯斡之妃。至於蕭孝惠，其女便是道宗后蕭觀音。此外，蕭家男子也是多娶耶律皇族，孝先娶聖宗女南陽公主耶律崔八、孝友娶平陽公主、孝惠娶聖宗女越國公主耶律槊古。附帶一提，耶律槊古是蕭耨斤之女，因此蕭孝惠與耶律槊古便是舅甥婚，而兩人之女蕭觀音與道宗的婚姻便有表兄妹婚、姨甥婚、姑姪婚等三種關係。蕭和後人與皇族的關係盤根錯節。

從重元之亂、耶律乙辛與蕭觀音之爭，到天祚帝時期的黨爭，蕭和後人都在其中參與甚深，並於各場鬥爭中的對立兩方皆有族人。這種情形使得鬥爭之後無論何方勝利，終有族人可以保留元氣，繼續維持家族興旺。然而這種各自支持的現象，也反映了蕭和後人各支系為了爭權奪利，已經是互不相讓。他們參與了所有可以壯大自家勢力的場合，從后位爭奪到皇位繼承，皆有他們的蹤跡。

在這過程中，遼朝君主也有警覺，像是興宗在拘捕蕭耨斤之後，便有意壓制后族勢力。不過壓制后族最大的為難在於，大族政治一直是遼朝政治運作的根本，朝中的人事、制度全是據此生成，而后族勢力也是深植其中。最終，在無法建立一種新形態的政治結構徹底剷除后族勢力前，興宗只能退讓，只能回歸歷代遼主的基本做法，採用拉攏此家對抗彼家的合縱連橫之術，只是這種做法也使后族得以繼續纏鬥動盪政壇。最終，大族政治的結構就不僅是政爭的溫床，也是遼朝滅亡的根源。

第二章

多元體制下的北國生活

無論是國家活動還是百姓生活，大契丹國醞釀出一種可以連結北方草原傳統與南方中原知識的多元體制。在這套多元體制中，無論是政府的管理措施還是朝野的言行理念，基本上是同意各族文化可以共同並存。雖然經過了兩百年的發展，南方元素的影響逐漸增加，可是受限於自然環境，以及行政管理、產業經營、科技知識等各種時代條件的局限，乃至於契丹國家的自覺，北方元素一直有其重要性。相較於前後時期的東亞政權，大契丹國的特色也許在於總能長期保持著北南元素的兼容平衡。

一、中央體制

四時捺鉢

約於元代中期，有南方書商彙整了先前宋人的記載，編寫出一部介紹金代歷史的《大金國志》，其中講到了金熙宗曾經「循契丹故事四時游獵」。關於「四時游獵」，《大金國志》認爲這是遼朝滅亡的原因，稱：「契丹主有國以來，承平日久，無以爲事。每歲春放鵝於春水，鉤魚於混同江；夏避暑於永安山，或長嶺豹子河；秋射鹿於慶州黑嶺秋山；冬射虎於顯州。四時無定，荒於游獵，內耗郡邑，外擾鄰封。由是內外騷然，禍亂斯至，所以亡也。」在這段描述中，「無以爲事」以前與「四時無定」以後的敘述是南方漢人的解釋，誤會頗多。目前看來，「四時游獵」並非僅是貪圖享樂，遼朝也非因爲「荒於游獵」而滅亡。這些誤解反映了南北文化的隔閡，不過其中對於遼主四季活動的說明，倒是扼要整理了一些當時的歷史實況。

遼朝君主不像一般漢人君主總是長居都城內宮，他們一年四季不停地移動。這種現象，現今學界稱之爲「四時捺鉢」。「捺鉢」是契丹語的漢字音譯，當時又有「納拔」、「納鉢」、「剌鉢」、「納寶」等音譯。如爲漢語意譯，則有「行在」、「行宮」、「行帳」、「行營」之名。遼朝君主一年當中不斷地移動居住所在的做法乃是北族國家的傳統，這項傳統來自於四季游牧的草原舊風。

四季之中遼主四處遷徙，爲了方便生活物資的準備與君主安全的維護，捺鉢路線與駐蹕地點逐漸形成規律。捺鉢的路線與地點約有一些發展過程。目前所知，捺鉢的路線在遼代前期比較不固定，聖宗以後則逐漸固定爲兩組類型，一組地偏東北，一組則偏西南。東北組路線的駐蹕地點，一般是春天在混同江、魚兒濼，夏天在永安山或納葛濼，秋天在慶州諸山，冬天在廣平淀，移動範圍約在松花江到遼河之間；西南組路線的駐蹕地點，一般是春天在鴛鴦濼，夏天在炭山或納葛濼，秋天在炭山，冬天在南京或西京，移動範圍約在遼河至今日北京之間。上述的駐蹕地點是長期居處，另在移動途中休息時，亦會定點紮營，只是文獻便無太多紮營位置的描述。兩組路線中，東北組較爲常見，西南組則在聖宗

圖 2-1　契丹氈帳形陶骨灰罐，現藏於巴林左旗遼上京博物館。Fotoe提供。

前期與宋互動頻繁、天祚帝末年被迫往西自保等兩個時期比較常見，其餘時期多是五、六年一行。也需指出，上述路線的重建相當倚重《遼史・營衛志》，現今便有學者提醒，〈營衛志〉多是元代史臣拼湊史料而得，現實未必如此。因此日後如有更多研究，我們對於遼朝捺鉢路線的認識可能需要重新調整。

從《大金國志》可以看到，駐蹕之後，遼朝君主有些「游獵」活動。這些活動四季不同，大致而言，春天有鉤魚與捕鵝，夏天有障鷹與避暑，秋天會射鹿，冬天則會獵虎與避寒。鉤魚、捕鵝多在有水之處，射鹿則在山林曠野，駐蹕之地需要配合這些活動，春天因此選擇魚兒濼、鴛鴦濼等河川湖泊之地，秋天則會選擇炭山等林木茂密之地，而四時捺鉢就有「春水秋山」的雅稱。這些漁獵行爲，原來均是草原的日常生活，在轉爲朝廷的活動後，雖然也是君主貴族的休閒娛樂，但其性質已如漢人的拜天祭地，是一種國家典禮，也有傳承契丹文化的作用。

捺鉢中，游獵只是君臣諸事之一，更重要的工作是國家的治理。由於國家大政需要群臣協力，捺鉢時便有大批貴族官員隨著君主四季移動。在此情形下，捺鉢中移動的不僅是君主，而是政府，於是遼代的政治中心便非地方上的五京，而是捺鉢，捺鉢即是遼朝的政治中心所在。四時捺鉢時，貴族與中央政府的重要官員都會跟隨。除了重要或臨時的事務需要在移動時辦理外，遼朝似乎多在夏、冬兩季的駐蹕之處集中處理一般朝政。大量的官員，連同隨行的幕僚與扈從，捺鉢人馬數量龐大，停止時會有星羅棋布的帳篷駐紮在營盤上，移動時則有絡繹不絕的車隊蜿蜒在草原之中，場面相當壯觀。

長期來看，遼朝的政治中心在於捺鉢。不過最近的研究也指出，隨著官僚體制的強化與中原風氣的影響，遼代中期以後，京城在遼朝政治運作中的地位已經有所提升。大概是學習唐朝或渤海國之制，遼朝先後設有五座京城，分別是天顯十三年（九三八）改制的上京（今內蒙巴林左旗林東鎮）與東京（今遼寧遼陽），約於天顯十三年前後改制的南京（今北京），統和二十五年（一〇〇七）建成的中京（今內蒙古赤峰市寧城縣），以及重熙十三年（一〇四四）改制的西京（今山西大同）。諸地雖有京城之名，但在遼代前期，諸京

圖 2-2　遼上京遺址碑，作者自攝。

應當僅是地方行政中心。此時的捺鉢會在京城停駐，然而諸京駐蹕僅是捺鉢的一段過程，難說此時的京城已有首都的作用。

在遼代中期以後，五京，尤其是上京與中京，性質似有轉變。有三點現象可以留意。一是京城及其周遭地區已爲君主捺鉢的主要駐蹕所在，二是國家的重大典禮，包括祭祀、禮樂、交聘等，已經多在京城舉行，道宗、天祚帝時又以中京爲主。金朝滅遼時，便從中京取得遼朝的儀仗、圖書、文冊等各種具備重要政治功能的禮器與檔案。三是遼朝國家的財貨與珍寶，逐漸以上京與中京爲主要的庫藏地點，兩地已是全國的財政中心。就此所見，隨著時間的發展，京城所能承擔的首都任務越來越多，亡國之前，遼朝政治中心的位置與性質似乎已經到了轉型的前夕。

遼朝改良北族舊風而成的捺鉢制度，金元時期仍見發展。金熙宗以後的金朝諸帝在蒙古入侵前都有「春水」、「秋山」的活動，春山秋水也會巡迴四境。君主離開首都時，群臣常跟從，期間亦有國政治理。與遼朝不同的是，金朝捺鉢的規模較小，「秋山」也非僅指秋天活動，約是所有春水以外夏、秋、冬三季的避暑、圍獵等活動的合稱。至於蒙元時期，大蒙古國深刻地承繼了游牧傳統，君主貴族四季遷徙甚是常見，此時的政治運作類如遼朝，亦有捺鉢之貌。到了元代，漢風雖已濃重，但君主仍是定期在上都、大都之間往返，亦見草原風格的延續。看來遼朝的統治，給了後代的北族國家一個在漢地統治之時，透過政治中心的移動來保存、彰顯北方本色的示範。

四時捺鉢是遼朝政治的特色，捺鉢的長期運作使得遼朝始終保留著草原的風格。加上其他的北方特色，大契丹國—遼朝的樣貌便與漢人國家大異其趣。有學者就認爲，大契丹國是個北族國家，其歷史不屬於漢人世界，而是屬於北亞世界，其發展應與匈奴、柔然、突厥、回鶻等北族國家並列合觀。

兩元體制

遼朝另一處北國風格濃重的現象是「兩元體制」。兩元體制的說法源自《遼史・百官志》，其中提到在太宗之後，遼朝是「官分南、北，以國制治契丹，以漢制待漢人」。根據此處描述，加上從其他資料彙整出的現象，有學者繼續發揮，他們同意遼朝政府有「北面官」、「南面官」等兩大系統，兩大系統各以北樞密院與南樞密院爲最高管理機構。地方上，遼朝對燕雲地區設置了相對獨立的管理機制，其官署配置、職掌功能、百姓的管理辦法等，都基本沿襲漢人之制。由於以兩種官制，利用兩種統治方式管理契丹人與漢人的事務，因此遼朝便有兩元體制。

不過，《遼史》的記載矛盾甚多，這也造成學界對於遼朝的政治體制仍有許多不同的看法，深入研究後也能發現部分《遼史》的敘述有誤。《遼史・百官志》曾稱：「凡遼朝官，北樞密視兵部，南樞密視吏部，北、南二王視戶部，夷離畢視刑部，宣徽視工部，敵烈麻都視禮部，北、南府宰相總之。」這段敘述以漢人的六部之制比擬遼朝官署的職能，並將北樞密院視爲兵部，南樞密院視爲吏部。但若眞像《遼史》所述，兩樞密院就會與其後所述的「北、南二王」、「夷離畢」等機構的地位平行。目前看來，這段敘述應是元人的附會，學界多已不採此說，樞密院的地位應是高於其他的機構。

《遼史》中除了北樞密院與南樞密院外，曾在多處出現了「漢人樞密院」與「契丹樞密院」的敘述。更在系統說明遼朝官制的〈百官志〉中，在北面官之處列出了「契丹北樞密院」與「契丹南樞密院」，在南面官之處列出了「漢人樞密院」。基於這些記載，有學者便認爲遼朝應有三樞密院，即「契丹北樞密院」、「契丹南樞密院」、「漢人樞密院」。兩樞密院與三樞密院之說，目前各有支持的學者，兩樞密院之說則有較多的學者支持。支持兩樞密院之說的學者，大致認爲「契丹樞密院」與「漢人樞密院」原來各是北樞密院與南樞密院的別稱，但因遼代北面官多分南北，元人撰寫時並未詳細考證便直覺推論北面官的樞密院當是如此，遂將資料中常見之南樞密院挪爲北面官，將南樞密院之別稱「漢人樞密院」放回南面官，錯誤因此生成。

隨著對遼代歷史認識越多，也越覺得「兩元體制」的說法不夠完善。北面官與南面官是遼代中央政府的兩大體系，但並非所有的政府設置都在這兩大體系之內。爲了管理捺鉢與行宮斡魯朵，約在聖宗時期，出現了總領其事的「行宮都部署」。行宮都部署之中，契丹之事由「契丹諸行宮都部署」所掌，漢人與渤海人之事則由「漢人行宮都部署」所掌，其上又有「諸行宮都部署」總領其事。由於行宮都部署主掌行宮斡魯朵，斡魯朵乃是遼朝君主的軍事與經濟力量的主要來源，行宮都部署的地位因而甚高，也在兩樞密院之外獨立運作。不過，雖然並非所有的職務與機構皆在北面官與南面官這兩大系統之中，但因相關設置與所治之事仍是略分兩種，於是「兩元體制」之說在中央政府的範圍中似可沿用。

在行宮都部署之外，目前所見，中央機構多屬北面官與南面官等兩大系統。遼代的北面官以北樞密院爲首，長官爲北院樞密使。北樞密院之下再有幾處重要機構。夷離畢院，長官爲夷離畢，掌部族刑政，亦得參議朝政；大林牙院，其內有各等林牙之職，掌文翰，機構性質類如中原的翰林院；敵烈麻都司，長官爲敵烈麻都，掌禮儀與祭祀之事；北、南宰相府，長官爲北、南府宰相，各掌北府、南府部落之軍、民政務；宣徽北院，長官爲北宣徽使，掌朝中禮儀與御前護衛；大內惕隱司、大國舅司、大常袞司，分掌皇族、后族、舊遙輦部諸事務。北面官系統中的高級職務多由契丹貴族擔任，部分職務又從特定家族的成員中選任，選官的標準保留了北方重視家世的精神，再加上「夷離畢」、「林牙」、「敵烈麻都」、「惕隱」等北方名稱，可知北面官是一套保留大量契丹傳統的設置。

南面官以南樞密院爲首，長官爲南院樞密使。樞密院之下設有吏、戶、兵、刑、廳等五房分管諸事。其中之廳房即工部，因此諸房功能類如六部，但無禮部，因爲在遼代禮部之事已改由中書省所掌。就此分司狀況所見，遼代的南樞密院略與唐代的尚書省相當。另有中書省、御史臺、殿中司、宣徽南院、太常寺、司天監等南面官機構，其內的職務設置與職掌功能多仿唐宋。這些機構中，中書省的地位較高，約是主掌漢地民政。南樞密院與中書省之間並非單純的轄屬關係，然而中書省地位應是次於南樞密院，中書省長官也需帶有樞密院高級職務之銜，才能參加冬、夏捺鉢時君主召集的高層會議。

多元管理

到了百姓治理的範疇，「兩元體制」的說法就更爲不足了。基本上，遼朝的國家百姓乃由政府，也就是北面官、南面官這兩大系統的地方機構所管理，其中北面官系統主掌北方部族事務，南面官系統主掌定居百姓的事務。然而遼朝另有不屬於政府，卻屬於君主與貴族的百姓，他們不受政府管轄，不爲北南面官系統所治，其管理機制獨立，人數也頗眾多。

南面官系統治理定居百姓，主要是漢人，也含渤海人，其管理以漢式的州縣制度爲基礎。其中，燕雲之地主要承襲中原之制，渤海地區則於東丹國仍在之時沿用渤海國舊制，以後可能改採遼朝改革後的中原之制。由於遼朝的地方管理系統原以百姓的族屬與生活方式作爲規劃的依據，有漢人則由南面官以漢法治之，有北人則由北面官以北法治之，於是在基層的制度中，即便州縣之制主要設於南部漢人與東部渤海人的聚居區，也就是燕雲與東丹之地，但如北部地方有漢人聚居區，該地亦能設立漢式州縣。唯因定居百姓主要集中居住於遼朝的東南部，因此州縣之設仍以東南部爲主，其他地區則較少設置。

北面官系統治理北方部族，以北族舊制爲主要的管理原則。遼代的北方部族，其族屬、生活、文化等狀態相當複雜，政治地位落差頗大，管理機制因此相當多元。這些北方部族的分類，在阿保機之後，國家以親疏關係或部落實力調整部族編制並設置專職管理機構，這使得遼代的「部族」也有政治編組的性質。遼代主要有四大部族，分由四大王府，也就是北院大王府、南院大王府、乙室王府、奚王府所管。至於中小型的部落，遼朝另外設制，其領袖之職原稱夷離堇，阿保機後改稱令穩，聖宗時改稱爲節度使。各部主管機構除節度使司外，尚見司徒府、詳穩司等。

原初對於北方部族，遼朝給予不少的自主空間，大致採取因俗而治的管理原則，此使部族百姓的管理保留了許多當地與部內的習慣，也使北面官系統下的治理方式，雖然在漢人的觀點中全是北方風貌，但在北族眼中實是多樣。隨著時間的進展，當集權中央與強化地方管控成爲趨勢時，大約在遼代中葉以後，部落原有的自主空間被陸續收回而縮減，朝廷對於部內領袖的任命更強勢主導，部族領袖對於部民管理方式也受到朝廷更多的節制。

與前期相較，北面官系統下的地方管理有日趨一元化的發展。

屬於君主的子民是由斡魯朵制度所管理。斡魯朵，原意為「宮殿」，稍後也能作為君主私屬人員的總稱及其管理機制之名。為了強化君主力量，太祖從部落中提取部分百姓組成「算斡魯朵」，由自己直接領導。「算」，原意為心腹。這種做法後來成為遼朝傳統，歷代君主皆會設置自己的斡魯朵。斡魯朵是遼朝君主的軍事與經濟力量的基礎，其中選出「騎軍」作為君主的禁衛部隊，其他人員則為君主供應生活資源。除了九位君主外，述律月理朵與蕭綽等二位執政皇后、聖宗弟耶律普賢奴（漢名隆慶，九七三—一〇一六）、大臣韓德讓亦有斡魯朵。韓德讓的斡魯朵稱「文忠王府」，其餘皆稱「某某宮」，如太祖的斡魯朵便稱「弘義宮」，因此遼代便有十二宮一府等十三個斡魯朵。

斡魯朵人員的戶籍與一般百姓有別，他們自有「宮籍」，因此又被稱為「宮分戶」、「宮分人」。依其身分性質，宮分戶略分三種。第一種是「契丹正戶」，其身分類於一般平民，在宮分戶中地位最高，能被選為騎軍。第二種是「著帳戶」，他們的地位較低，身分略屬皇家奴隸，專門服侍君主從事宮中雜役。第三種是「蕃漢轉戶」，他們多為漢人，後被轉入斡魯朵中，其地位亦低，身分略如佃農甚或農奴。其中，著帳戶與被選為騎軍的契丹正戶需要跟隨遼帝捺鉢，其餘的宮分人則在規範地點內負責生產，契丹正戶從事部落舊業，蕃漢轉戶則務農。蕃漢轉戶以州縣之制管理，因此遼朝也有屬於斡魯朵的州縣。

北族的習慣同意貴族可以擁有私屬子民，契丹君主因此能有斡魯朶與宮分戶，契丹貴族則可擁有「投下軍州」與「投下戶」。投下戶以軍、州之制管理，其地可稱「投下軍州」。「投下」，又稱「頭下」，部分學者認爲其名源自漢語，部分學者則認爲來自契丹語，其原意與來源目前學界尚無共識。

約在契丹建國前後，對南征戰使得契丹貴族得到了大量的漢人俘虜。收納了這些漢人俘虜後，爲了集中安頓，便爲他們設置城寨，所置城寨即爲「投下城」。建國後，朝廷以贈賜「軍」、「州」名號的方式編管這些投下城，得號者即是投下軍州。還有一些投下城未獲朝廷賜號，雖然依舊保留，可是該地就只能以「寨」、「堡」爲稱。無論名稱爲何，投下百姓是貴族的私屬人戶，投下財富也爲貴族財產，這也使得遼朝境內存在一處朝廷之外的力量。

相對於斡魯朶是君主權力的來源，投下則是貴族勢力的基礎，這使得對於國家與君主而言，投下是種威脅，投下勢力越大，貴族越有能力可以挑戰中央。理論上隨著集權日盛，遼朝對於投下的管理應該會越嚴格，只是資料有限，目前尚難論述這種變化的具體發展。

二、大族與百姓

皇族與后族

在遼代各層面的歷史中，大族具有舉足輕重的地位，既是統治高層，也是社會菁英，「大族政治」與「門第社會」便為遼代歷史的特色現象。遼代的大族中，皇族與后族居首。皇族地位又最高。皇族的範圍，目前學界仍多解釋，其中相對合理的說法或是阿保機高祖耨里思以下子孫皆屬皇族。由於皇族成員與遼朝皇室之間的關係親疏不等，成員身分因此再分高下，皇族內部也有等級結構。

建國後，阿保機重新調整契丹人的組織結構。首先，將契丹人分為二十部，其成員約是舊時的一般部落百姓。再者，對於地位較高的家族或部落，如后族、遙輦氏、迭剌部，他們被特別析出另行管理，因而有國舅帳、遙輦九帳，而迭剌部則被分為五院部、六院部。復次，對於地位更高的阿保機族人，阿保機先在遙輦九帳之外另設第十帳安置，皇族自此獨立而出。而後為了強化迭剌部的管理，阿保機又將關係較疏的皇族分配到五院部與六院部之中。此後，契丹之中的各族各家有了各自相應的歸屬及其政治地位。

調整後，皇族之內可有「橫帳三父房皇族」與「二院皇族」等兩大系統，前者為阿保機祖父匀德實的後人，後者則為匀德實後人以外的耨里思後人。「橫帳三父房皇族」之中再分三房，「孟父房」爲阿保機二伯父巖木的後裔，「仲父房」爲阿保機三伯父釋魯的後裔，「季父房」爲阿保機父親的後裔，包括阿保機及其諸弟的子嗣。「二院皇族」之中則分「五院皇族」與「六院皇族」，前者是阿保機伯曾祖洽昚的後代，後者是前述以外的耨里思後人。有點複雜，但其血緣親疏與分類設定的關係頗爲清楚。如果以阿保機爲準，各支系的血緣關係由親而疏，大約是季父房最親，孟父房與仲父房次之，二院皇族最疏遠，而三父房與二院皇族之間又有清楚的地位落差。最後，遼朝皇位皆由阿保機的子孫所掌，其後人也是日漸繁衍，到了遼代晚期，阿保機子孫似乎已在皇族中自成一系，其地位更高，加上原有的三父房，此時便有「四帳皇族」之稱。

相對於皇族的系出同源，后族則是源出多系。能與皇族世代聯姻的大族皆屬后族，而早期的后族乃是契丹人大族，內有乙室已氏與拔里氏兩大家族。在回鶻人加入契丹而能與皇族聯姻後，后族又有回鶻人大族，即述律氏。乙室已氏、拔里氏、述律氏等三家便是契丹建國時的三大后族。關於后族在遼代的發展，前章已有敘述，在此便不多言了。

皇族與后族都是契丹中的貴族，備受國家禮遇，朝廷設有專職機構管理。其中，三父房系統由大惕隱司掌管，二院皇族由北、南院大王府掌管，后族則由大國舅司掌管。這些契丹貴族身處遼朝政權核心，能在政壇叱吒風雲；部分貴族也能因爲擁有投下，投下的人戶與財富便是他們的經濟基礎，既可蓄積大量財富，社會上也有龐大勢力。

「世選制度」是契丹貴族得以長期處於政權核心的重要制度依據。遼朝的選官制度中有一世選制度，此制略似世襲，也是特定家族擔任特定職務之制，但不同的是，世選制度並非逕以家世身分任職，貴族子弟需要透過選拔程序，由其中符合資格的優秀人才繼承職務。世選制度本爲契丹舊制，原爲部落諸職的繼承之法，但到遼代，部分涉及北方事務的職務依舊用此選官。例如北府宰相與南府宰相，便各有分由后族、皇族擔任的習慣。此外，北面官系統的高層官員，如北院樞密使、北南院大王等，也大約是以皇族、后族爲主要人選。

契丹貴族與民間百姓互動時，部分應是尊重國法、謹守分寸，但也見一些貴族仗勢欺人的記載。太平六年（一〇二六），聖宗曾下令嚴禁「內族」、「外戚」在犯法後的行賄脫罪之舉；咸雍五年（一〇六九），道宗則禁皇族「恃勢侵漁細民」。這部分宋人有觀察，描述相當具體。路振（九五七－一〇一四）在宋大中祥符元年（遼統和二十六年，一〇〇八）使遼返國後，曾經留下一部《乘軺錄》記下他的見聞。《乘軺錄》指出，幽燕百姓在苦於「虜政苛虐」之餘，還要承受「耶律、蕭、韓三姓恣橫」，這三姓貴人每年都會強娶良家婦女，所以家中女兒有美貌者，父母就要刻意掩藏，令她們穿破衣，不施脂粉，不與親族往來。

當然，宋人的遼事記載常有強調遼國亂政與漢人辛苦等兩個傾向，所以路振所言可能也有誇大。另一方面，並非所有的皇族、后族之人都是有錢有勢。重熙十一年（一〇四二），興宗就曾下令賑濟三父房中的「貧者」。理論上，隨著世代繁衍，應該也會有不少窮途潦倒的貴族子弟，只是目前較少看到這類落魄王孫的記載。

燕京五大家

安史之亂後，中原戰亂頻傳，爲了逃避戰禍，百姓四處遷徙。原居於今日河北、山西兩地北部的漢人百姓，由於當地多族混居，他們對於北方的文化與環境並不陌生，遂有部分移居至相對安定的契丹地區生活。在契丹逐漸壯大後，透過招攬與俘虜，更多的漢人移居北地。漢人加入契丹的高峰期是在契丹取得幽燕之時，不過此時幽燕漢人的加入並非是居住地的遷移，而是政治身分的轉換。

這些加入契丹的漢人，他們的活動形態相當多樣。被俘者的待遇最差，他們多淪爲奴隸，主動投附者與幽燕居民就能維持原有的生活方式。如爲平民或奴隸，他們就是契丹國家物資的重要生產者，或務農，或從事手工業，而平民之中亦有商賈。如以軍人身分加入，如晚唐五代時期便常有軍將帶領兵卒集體降附，他們就會成爲大契丹國的漢人部隊。又有少數有意建功立業而主動投靠契丹的才智之士，其中多有文士，他們便能擔任契丹權貴的幕僚，協助高層管理國家。

隨著時間的發展，無論最初身分為何，少數漢人憑藉著機緣與自身的才幹發展其權勢。契丹權貴對於能有貢獻的漢人頗為歡迎，亦是特意拉攏，遂有漢人在契丹政壇中嶄露頭角。有些漢人得到長期恩寵，子孫世代為官，他們在進入政壇高層後，也在大族政治的環境中建立了屬於自己的大族勢力。最終，遼代就出現幾個勢力極大的漢人大族。

金末蒙初時，中原對於遼代的漢人大族有些說法，總結其說，皆同意當時曾有韓、劉、馬、趙等「燕四大族」。只是對這「燕四大族」的具體名單，各家說法有所出入，後世學界也有討論。目前所見，「燕四大族」不僅四家，金蒙時人所稱的劉、馬、趙三家應是昌平劉氏、醫閭馬氏、盧龍趙氏，而韓家則可有二，分別是玉田韓氏與安次韓氏。除了這四姓五家外，曾被金蒙時人與後世學者列入遼代漢人大族名單的，還有營州馬氏與漁陽韓氏，其族人亦有良好發展。

四姓五家在遼代各有境遇。昌平劉氏與醫閭馬氏歸附契丹的時間相對較晚，兩家首名歸附契丹之人分別是劉守敬與馬胤卿，劉守敬可能是在天顯十一年（九三六），隨著趙德鈞、趙延壽父子一同投降契丹，馬胤卿則是在後晉青州刺史任上，於會同七年（九四四）契丹伐晉時被俘。昌平劉氏的前三代守敬、景（九二二—九八八）、慎行皆得高官，慎行已能仕至例由后族擔任的北府宰相。第四代進入興盛階段，慎行有子六人，分為一德、二玄、三嘏、四端、五常、六符，其中二玄、三嘏、四端已與聖宗親戚聯姻，分別娶了聖宗弟耶律普賢奴的遺孀蕭氏（一〇〇一－一〇六九）、聖宗的第九女八哥、十一女擘失。六符事功更是卓越，多次參與遼宋外交事務，「增幣交涉」即由他所負責。相對而言，醫閭馬氏則是五家之中較爲沉寂的一家，但從馬胤卿開始，也是連續五代皆有高位，第五代馬人望更於遼末仕至南院樞密使。

兩韓一趙歸順契丹的時間較早。盧龍趙氏的在遼始祖是趙思溫（八八一－九三九），他是武將，西元九二二年投降後，在契丹進攻渤海、後唐、後晉的戰爭中均率漢軍從征，功業豐偉。天顯十三年（九三八）契丹取得幽燕後，趙思溫獲任南京留守，是契丹治下燕京的首任最高長官。安次韓氏的在遼始祖則是韓延徽（八八二－九五九），他是文人，在西元九一三年奉劉守光之命赴契丹求援時被留下，因「有智略，頗知屬文」而被賞識。他爲契丹制禮儀、定賦稅，也提供治理漢人的辦法，是太祖、太宗、世宗時期最重要的漢人謀臣，世宗時甚至被命爲例由皇族擔任的南府宰相。趙思溫與韓延徽一武一文，在遼朝前期貢獻極大，後世子孫也被持續重用。進一步比較兩家發展，相對於安次韓氏多有後人擔任中央高職，第四代韓紹雍、第五代韓逑更皆仕至行宮都部署，盧龍趙氏雖然也是累世仕宦，唯因所任均屬地方職務，興旺程度略有差異。

四姓五家中，最爲顯赫的家族乃是玉田韓氏。相較於其他四家原皆燕京一帶的官宦世家，玉田韓氏歸附契丹之前的家世較爲隱晦。然而此家歸附最早，也與皇室關係最爲親密。玉田韓氏的首代爲韓知古，他於西元八九九年以前被述律月理朵之兄欲穩俘虜，後爲述律氏的家奴。月理朵嫁給阿保機後，韓知古隨之成爲阿保機的宮分人。韓知古最初並未見用，要等到其子匡嗣被阿保機賞識後才被連帶關注，以善於謀劃被重用。韓知古與韓延徽的政治角色類似，皆能引入漢人禮法與協助漢地統治，後來韓知古更是擔任了當時主管漢人事務的最高職務中書令。

由於宮分人的身分，玉田韓氏深受契丹帝后的信賴，尤其是韓匡嗣，他被述律后視爲己子，也是景宗好友，這些關係使得他的父親、諸弟、子姪因此受用。韓匡嗣或許才幹有限，他的父親與子姪卻多有不錯的能力，玉田韓氏的發展蒸蒸日上。韓家在第三代最爲興盛，權勢在聖宗前期達到巔峰，其中的關鍵人物是韓匡嗣的次子韓德讓。韓德讓的才智出眾，他擁立聖宗即位，與蕭太后一同走過中樞不穩、強敵進襲的時代，對內主持各項改革強化中央集權，對外壓制宋朝的進逼。由於功業豐隆，韓德讓一度同時身兼北、南兩院樞密使，並得出宮籍，改隸橫帳季父房，賜姓耶律、賜名隆運，可設置投下。

韓德讓權勢最高之際，也正是路振使遼之時，在他的筆下，當時遼朝就有三大家，除了耶律皇族與蕭氏后族外，再一便是玉田韓氏。在這興盛的時代，玉田韓氏與后族大量聯姻，這進一步推高了韓家的權勢。從第二代開始，韓家四代之中共娶蕭氏八女，韓氏女也有三人嫁入蕭家。同時，韓家子孫多爲高官，第四代最知名者爲韓德讓之姪韓制心（九七一一〇二四，又作「直心」，賜名耶律遂貞），曾任上京、中京、南京等地留守、漢人行宮都部署、惕隱、南院大王。第五代則有韓滌魯（一〇七一—一一四四，賜名耶律宗福），曾任北院宣徽使、南府宰相。然而禍福相倚，因與契丹高層連結過密，等到興宗以後的政爭之時，韓家也捲入了宮廷鬥爭。由於主要依附蕭綽一系，興宗時受到蕭耨斤攻擊的蕭菩薩哥則是蕭綽姪女，也是韓德讓的外甥女，玉田韓氏便被波及，韓滌魯一家甚至遭到籍沒。一連串的打擊後，至道宗時期，玉田韓氏已無昔日風采。

燕京五大家是遼代漢人權勢發展的極致，他們的得勢在於能與契丹高層合作。漢人大家與契丹高層的合作顯示出遼朝並非契丹人專有，擔任要職、相互聯姻等現象則見漢人融入遼朝的深刻。另一方面，漢人大家的得勢受惠於大族政治、門第社會的環境，這些發展也凸顯出遼代社會與宋代社會不同的發展方向，同為漢人之地，當中原已經逐漸完成科第社會的轉型時，幽燕卻仍然保有古樸的門第社會風氣。

貴庶之間

除了皇族、后族、燕京五大家族之外，舊日的渤海王族大氏與奚王一族也皆有可觀權勢。此外，遼代尚有許多規模較小、記載較少的大族，他們各種族屬均有。有些家族得以世代仕宦，唯其整體的政治地位有限，或是僅有少數的一兩代能得高官。又有一些家族並無成員從政，但能擁有相當的田產或財富，家境優渥。這類權勢較次的大族，在早期僅能透過《遼史》認識遼代歷史的年代，他們的生活難以細究，今日加入了大量的考古墓葬資料協同觀察後，至少在漢人地方豪強的部分，其活動日漸清楚。

西元一九七五至一九九三年間，河北省張家口市宣化區下八里村一帶陸續出土了九座遼墓，此即「宣化遼墓」。宣化遼墓在遼代考古史上的地位甚為重要，因為繪於墓室牆上共計九十八幅的彩色壁畫保存完好，是研究遼代文化的瑰寶。單從這些壁畫、陪葬物品、以及墓室規模所見，可知墓主家境優渥。其中有六座為張家之墓，其墓主分別為匡正（九八四－一〇五八）、文藻（一〇二九－一〇七四）、世本、世卿（一〇四二－一一一六）、世古（一〇五〇－一一〇八）、恭誘（一〇六九－一一一三），其中文藻為匡正子，世本、世卿為匡正孫、文藻姪，世古為文藻子，恭誘為世古子，一家四代六人皆葬於此。六人中除了世卿外均無官銜，但世卿官銜應是虛銜，因此六人皆未出仕。

墓誌中可以看到張家累積財富的歷程。先是〈張匡正墓誌〉未對家境多作描述，僅記匡正嚴謹治家，後於〈張文藻墓誌〉則記文藻已能「孜孜勉勉，勤勞於家，果致財產饒給」。到了第三代，〈張世本墓誌〉便記世本「栽植菌果，經營藉產，日有所增」。此外，張世卿能有官銜，是在大安（一〇八五－一〇九四）年間以「粟二千五百斛」賑濟災民而獲朝廷封賞。荒災之時能有餘力捐貲取官，可見其家財勢已經豐厚。又有墓地同在宣化遼墓群中的韓師訓（一〇四三—一一一〇），亦是未仕但有財。韓家的財富積累更爲迅速，其家本屬貧窮，後因韓師訓的經商有成，一代之中韓家便「田宅錢穀，咸得殷厚」。張家與韓家均非仕宦之家，皆以治生有方而爲地方豪富，他們的致富過程可見遼代的漢人百姓是有累積財富轉變家境的機會。

相對於能起大墓、能留墓誌的大族，無法提供此類資料的一般平民，他們的生活情形就比較模糊。從一些點滴線索推斷，遼代一般平民的生活有些辛苦，他們需要承擔大量的賦役，家庭經濟易受天災人禍的打擊。尤其是從事基層生產的庶民，無論是務農的漢人還是畜牧的北族百姓，生活壓力都頗大。天祚帝時，馬人望於南院樞密使任內曾經改革役法，使百姓出錢，由官府募役，此一改革的背景便是官府役民過甚，百姓經常因此破產。

北族的基層部民也是如此，他們也受國家壓榨，溫飽亦是不易。聖宗時，有仲父房皇族耶律昭因事流放西北，這段經歷使得他對當地情形頗有瞭解。耶律昭曾經告訴西北路招討使蕭撻凜，當時西北諸部每家總要供應四名男子服役，如果家中男子皆去服役，畜牧之事只能交由妻小，家計就難維持。還有一些當地長官，爲了防止牧民隱藏牲口，竟要牧民不得逐水草而居，只能在固定地點放牧，這使得牲畜易因糧草不足而飢瘦死亡，牧民生活也會陷入困境。

這些基層百姓的困境，許多是來自於國家的政策，於是在漢人的部分，有些苛刻的對待就容易解釋爲來自遼朝的族群歧視政策。在全面性的管理辦法中，遼代初期似乎確實曾經明確分別漢人與契丹人的對待之道。路振所言的「虜政苛虐」，就是得自當時已經七十五歲的幽州長者的早年親身經歷，這名幽州長者曾向他的子孫說，早年的幽燕百姓需要承受數倍於宋朝的賦役徵收，即便全家投入所有的人力拼命工作也難得溫飽。另在一些南方的描述中，也指出遼朝司法有一些歧視漢人的規定。

這些針對幽燕百姓的苛刻對待，遼朝中期以後應有調整。統和十四年（九九六），遼朝曾經下令減輕南京道，也就是燕京一帶的賦稅徵收。蘇轍（一〇三九—一一一二）在宋元祐四年（遼大安五年，一〇八九）使遼返國後，曾向宋哲宗報告說，根據他從遼人探知的消息，當時大約是「小民爭鬥殺傷之獄」才有「寬契丹、虐燕人」的問題，如果涉及到「燕人強家富族」就不會如此；遼朝的賦役也輕，「漢人亦易於供應」，只有遇到特殊狀況需要緊急催收賦役時，才會連富民都會被強征豪取，但因遼朝統治已有法度，這些狀況還不至於造成民心動盪。基本上，遼代前期的治民措施，其中的族群差別待遇可能明顯，但到中期以後大概就有相當程度的改善。

具體的情形有點模糊，但略可推測，社會上終究是有源於族群而產生的不公平現象，但在遼代中期以後，朝廷政策的不公待遇已經大幅縮減。而就遼代全期所見，在一般的日常生活中，較爲影響著社會地位的身分條件還是在於家世背景、仕宦成就，以及經濟實力，族群身分比較是同類家世、政治、經濟等條件之下的再次分殊原則。這些情形使得如果在契丹平民與漢人豪強之間發生了衝突，即便契丹平民屬於「國人」，但恐怕仍是位居下風的一方。

另一方面，關於個人與家庭的財富、地位的轉變，雖然在門第社會的結構下，遼代的社會流動比起唐宋時期的中原社會受到了更多家世條件的制約，這些制約對於變化幅度的影響，或許比較像是種「減緩」，而非「停滯」。於是如張匡正與韓師訓之家，在機緣適合之時，自身與家族的命運亦能改變。

三、經濟與文化

農牧生產

由於人戶的歸屬情況複雜、政府無法全面掌握各地人戶，以及戶籍數據存留有限等原因，現今對於遼代人口的認識需要仰賴許多推測。學者們各有推測的道理與辦法，所得數據也有落差，關於遼代最興盛時期的人口，推測之數便有三百八十萬人、四百七十萬人、九百萬人等不同說法。九百萬人之數是較新的研究成果，考量相對周全，或較接近歷史實況。

由於連人口總數都不易確認，各族各地的具體人口數據更是難以掌握。從當時的歷史情境推測，東南部農業地區的人口分布應較密集而大量，西部與北部等地區則較稀疏。此外，遼人應以漢人爲主，其數應占全國人口半數以上，渤海人次之，契丹人可能少些，其餘族群的人口則更少。至於各族的分布，契丹人與奚人主要居於遼國的北部與中部，女眞人與渤海人則在東北與東部，西部與北部地區則有回鶻、党項、吐蕃等族群，以及日後被稱爲蒙古人的草原族群。漢人主要居於南部，亦散布於其他各區，尤其是中部與東部的城市或適合農耕的地帶。

基於聚居族群與環境條件的不同，遼朝各地的產業活動情形落差頗大，境內產業的差異程度也比一般中原國家爲高。契丹人原有傳統農業，然而耕作技術不如中原發達，產量也不多。建國後，漢人與渤海人成爲主要農業操作者，東南部的幽燕與遼海等地則爲主要的糧食生產區。東南部因爲氣候較爲濕暖，當地可以種植小麥甚至少量的稻米。如就全國而言，較爲普遍種植的糧食作物以較爲耐旱的粟、黍，即小米與黃米爲主。由於受限於環境，遼代的糧食生產甚受天候影響，產量與糧價會比中原波動更大，但在和平時代，也見一些記錄指出部分地方能有餘糧蓄積或糧價甚低等現象。

又在契丹的本土地區，也就是上京與中京一帶，約是西喇木倫河、老哈河的中上游與灤河流域等地，契丹遷入了大量的漢人與渤海人。漢人的入居約於契丹建國前已經開始，當時契丹爲了集中管理，於是營建「漢城」加以安置，這些漢城日後轉型成一般城市與投下軍州。當地生活的漢人，少數是手工業者，主要居於漢城內，多數則務農，他們在居地附近耕作。逐漸地，漢人移居之地也有農耕區。契丹本土地區的農地分布狀況與幽燕之地不同。由於當地原有牧業傳統，宜農之地又常是水草茂盛之地，農地總是在原有的牧地內開發，當地的農地、牧地於是錯落分布，每塊農地的面積也不大，學界便稱這種田地分布形態爲「插花田」。

在草原地區，畜牧仍是主要產業，耶律昭便曾言：「畜牧者，富國之本。」遼代牧業的經營略分三類，一是官方牧場，二是貴族牧場，君主的斡魯朵牧場亦屬此類，三是一般牧民擁有的小型牧場。遼人牧養的牲畜種類繁多，馬、羊的數量最大，牛隻亦多，此外另有駱駝與少量的豬。相較於馬匹較獲朝廷與貴族的重視，羊隻是一般牧民的衣食基礎，家家皆有，遼朝便曾規定部落以羊隻繳稅。牧群的放養方式主要因循草原傳統，即逐水草而居。蘇頌（一〇二〇—一一〇一）在宋熙寧十年（遼大康三年，一〇七七）使遼後，曾經記下了契丹的羊馬放牧景象，「羊以千百爲群，縱其自就水草，無復欄柵，而生息極繁」，「馬群動以千數，每群牧者才三二人而已，縱其逐水草，不復羈絆」。牧業的發達使其周邊產業隨之興盛，如肉品與皮毛的加工業，牲畜的飼養與騎乘等用具的製造，都是順勢興盛的生產技術。遼代墓葬中常有許多馬鐙、銜鑣等馬具的殉葬物，壁畫也多游牧風光的描

圖 2-3　胡瓌〈出獵圖〉。臺北國立故宮博物院提供。

繪。畜牧是契丹文化的代表。

由於在經濟或文化上都有重要意義，遼朝相當重視牧業。關於遼朝的用心與當時牧業的盛況，《遼史・食貨志》曾經指出，「自太祖及興宗垂二百年，群牧之盛如一日。天祚初年，馬猶有數萬群，每群不下千疋」。根據此說，遼朝馬匹便有千萬之數。《遼史》亦記，大安二年（一〇八六）道宗曾因喜聞「群牧蕃息多至百萬」而親自犒賞群牧官。百萬之數已是大喜，千萬之說因此可能有些誇張。然而傳統時代的牲畜養殖受到天候環境的嚴格制約，牧群規模會有極大變化，道宗犒賞群牧官的三年前，即大康九年（一〇八三），當時就因暴雪而使「馬死者十六七」，因此也難說當時會有著極爲劇烈的數量增減，一度可達千萬之數。

捕魚與狩獵亦是契丹人的傳統生活方式，但因收穫不穩定，開國前夕已無太多的經濟功能，只是用來補充日常所需。唯因深植於契丹文化之中，建國後，漁獵既是契丹人重要的休閒娛樂，部分行爲也會轉爲國家典禮的一環，成爲契丹文化的禮儀表現，遼朝高層便會在四季捺鉢時，從事鉤魚、捕鵝、障鷹、射鹿、獵虎等漁獵行爲。透過這些禮儀活動，北國傳統持續地烙印在契丹君臣的記憶中。宋使張舜民在宋元祐九年（遼大安十年，一〇九四）使遼返國後，曾經提到當時的契丹人「正月釣魚海上，於冰底釣大魚；二月、三月放鶻（號海東青）打雁；四月、五月打麋鹿；六月、七月於涼淀坐夏；八月、九月打虎豹之類，自此直至歲終」，其中又可看到一些不同的活動。

對於契丹人的狩獵活動，張舜民曾以「打圍」稱之，指「北人打圍，一歲間各有所處」。打圍是一種集體狩獵的行爲，常會動員大批人馬，以分工合作的方式圈圍捕捉獵物。圍獵頗爲契丹高層所好，可以說是他們交流情感、抒解生活壓力的重要活動。蘇頌使遼時便曾獲邀參加打圍，該次打圍動員百騎，聲勢壯觀。不過，這次的打圍運氣不佳，一整天只抓到幾隻兔子。對此，帶領的契丹人很慚愧，就向蘇頌解釋，這次只是「小圍」，如果是千人以上的「大圍」，收穫就會很豐富。過程中，打圍除了能讓參與者享受無窮樂趣外，奔馳騎射、協調合作也是一種軍事訓練，這使得遼朝對於狩獵的講究就不只是種身心的抒解或傳統的依戀，還有現實功能的考量。

工商業

在漢人與渤海人加入後，遼朝的手工業已能銜接農業地區的發展，略能滿足基本的生活需求。然而即便如此，從南方的漢人指明遼代較為知名的產品仍是以車輛、馬具、弓箭、皮革等草原器物為主的情形看來，根源於傳統與環境的產業依舊是遼代手工業的重點所在。這些契丹製造的草原用品甚受南人稱道，成書於宋元時期，作者署名為「太平老人」的南方筆記《袖中錦》便說，「契丹鞍」乃是天下第一。至於中原亦有的物品，包括陶瓷、紡織、印刷等，雖然遼人的製造品質也不錯，但其技術仍遜於南方。此外，就民間百姓的日常需求所見，遼代產業的類型可能也不算全面。不足之處，就要仰賴國外商品的支援了。

受惠於統治階層與民間富家的需求，遼代奢侈品的製造技術頗有發展，有些成品相當精美，尤其是金、銀、銅等器物。現今的考古挖掘中，在貴族墓葬內常能挖出許多作工細緻的陪葬品。西元一九八六年，景宗之孫、聖宗姪女的陳國公主（一〇〇一—一〇一八）及其駙馬蕭紹矩的合葬墓在內蒙古哲里木盟奈曼旗青龍山鎮被發現了，這座墓的特色在於這是當年學界首次發現未經盜掘的遼朝皇室墓葬。墓中的殉葬品保留完整，整理之後共收得金、銀、瓷、玉、琥珀、瑪瑙等器物三千二百二十七件，內有八曲花式金盒、鏤雕金荷包、鎏金銀冠、金花銀枕、金花銀靴等品質精良的物件。連同其他的墓葬挖掘，可以看到提供給富貴之家的器物製作都有相當水準，遼代匠藝頗有高妙之處。

金屬器奢侈品製造技術的精良，可能與遼代礦冶業的發達互爲因果。遼朝的礦藏豐富，開採也早。在建國前，傳說阿保機的父親撒剌的已經「教民鼓鑄」。此事未必爲眞，卻透露出此時契丹已能冶煉。又因此時已有漢人北遷，冶煉技術的改良或許得到了中原匠人的協助。稍後，遼代繼續有更多的金、銀、銅、鐵等礦藏的發掘。由於礦冶歷史悠久，金屬器製造便有傳統。遼朝的製鹽業亦頗興盛。契丹原有鹽池，在占領渤海與幽燕後兼能採集海鹽。遼鹽產量豐富，價格低廉，後來甚至透過海運大量賣到宋朝的河北地區。由於涉及到鹽稅徵收與國家安全，北鹽南送之事曾讓宋朝君臣擔憂，曾經多次討論管控措施。

在農、工、礦業的進展下，遼代的商業活動隨之繁榮，唯與同時的中原相較，遼朝商業的興盛程度仍有不及，這可從多數地方始終採取以物易物這種僅能因應小規模交易的方式得到證明。遼代的以物易物有其發展階段。約在太宗、世宗時期，根據南人胡嶠的觀察，上京已經使用布匹交易。比起單純的以物易物，利用特定物品作爲交易媒介的做法自是更爲先進。又在統和十三年（九九五）與咸雍七年（一〇七一），遼朝曾經兩度下令禁

圖 2-4　遼代「黃地彩繡對鳳紋羅袍」。美國克利夫蘭藝術博物館藏品。

止交易不合尺度的布帛。本來如果僅爲衣服原料之用，布帛尺度應無特別規範的需要，但如作爲比價單位，布帛規格確實需要統一。就此所見，布帛已有通貨功能，國家已有整齊規格的需要。布帛主要使用於城市地區，至於草原，則多以羊隻作爲比價單位。

南部的農業地區，聖宗之後的商業交易已經開始大量使用銅錢，這些銅錢的來源主要應是中原。遼朝曾經自鑄銅錢，今日所知約有二十餘種。遼錢的發行量至今仍不清楚，但就文獻與目前所存實物來看，數量應該有限。相形之下，文獻中有大量的宋錢北流以及遼境使用宋錢的記載，考古挖掘也常看到遼墓的殉葬品中有不少的宋錢。不過宋錢的流入規模與流通範圍恐難支應全遼所需，只能在容易取得的南部地方成爲尋常的交易媒介。就遼代全期與遼朝全國而言，以物易物仍是基本的交易形式。

如同其他的產業，遼朝各地商業活動的分布與發達程度落差很大，城市與南部地方的商業活動頗爲興盛，其他地方就發展有限。五京是遼代政治等級最高的城市，亦是各地的商業中心。五京中，南京的商業活動最爲興盛，該地既是幽燕的經濟中心，也是遼宋貿易的重鎮。《契丹國志》曾記南京「城北有市，陸海百貨，聚於其中」，各項商品中，「錦繡組綺，精絕天下」，「膏腴蔬蓏、果實、稻粱之類，靡不畢出，而桑、柘、麻、麥、羊、豕、雉、兔，不問可知」。作爲渤海地區經濟中心的東京、草原地區經濟中心的上京與中京，其市容雖然不如南京，也是相當熱鬧。此外，東京又是高麗、日本，乃至於宋朝海運商品的輸送中繼站，上京、中京、西京則爲西北草原、西夏、中亞等地的貨物集散地，國際貿易也帶動了京城經濟的繁榮。

五京之下，各地另有州縣城與投下軍州城等規模較小的城市，部分於契丹建國前已有，部分則是遼代新建。新建之城多在草原，其中居民常是強制遷來的漢人與渤海人。目前所見，遼代城市約有半數以上屬於這種安置移民而產生的新城市。這類的城市並非因應該地的經濟需求而生，乃是基於政治目的而建，然而它們的存在卻會帶動或轉化周邊地區的經濟活動形態。由於新建的投下軍州城與斡魯朵州縣城常是位於草原深處，該地原是契丹人或奚人的聚居區，原先也是盛行牧業，在外人入居後，插花田與城市生活方式就會衝擊到當地舊有的經濟與文化生態。根據王明蓀先生的研究，全遼一代，草原地區在文獻中可以找到近三百座城，考古調查至今則找出六百五十座左右的城址。以草原爲人群主要活動場合的北方世界，定居社會常見的城市本是稀疏零落，但在遼代，由於國家與契丹高層的刻意經營，草原上的城市一時之間到處興起、隨處散布，這是遼代令人注目的人文景觀。

國際貿易

身為東亞的第一強權，遼朝與四方鄰國往來密切。與四鄰互動之際，遼朝與周遭的國家與居民建立了形式不等的關係，包括政治關係與貿易往來。遼代的對外貿易形式，和遼朝與各地之間的政治情勢關係密切。遼朝與地位相當的宋朝之間，兩國的貿易形式平等。對於實力較弱的國家，如高麗、西夏、吐蕃、西域諸國等，也包含五代十國時期的後晉、北漢，遼朝將以宗主之姿而採中原傳統的朝貢形式待之，此時的雙方往來就帶有「朝貢貿易」的性質。對於遠方國家，如日本、波斯、大食，雖然該國商旅常以入貢形式來遼貿易，遼朝也以迎接來貢的立場對待他們，不過雙方交易已無太多的政治意義。

在遼朝與各國的經貿互動中，遼宋貿易應該最為重要。對北亞族群而言，從南方中原取得自身無法充分供應的物資，本是維持生存的傳統做法。在過去，北方偶爾會採取極端的做法，以強勢的武力南侵掠奪。此法風險極高，常會伴隨著大量的本族傷亡與猛烈的南方報復。得失權衡，和平交易比較有利。開國前，契丹已與中原密切往來，其中不乏貿易買賣。建國後，契丹迅速以國家的立場與五代十國政權展開經貿活動。宋朝建國後，遼宋關係一度良好，宋太平興國二年（九七七），宋朝曾於北境設立數處榷場開放兩國交易。澶淵之盟後，遼宋再度回歸和平，邊境榷場重開，此後的百餘年，兩國的榷場一直開放。除了榷場貿易外，由於兩國也有政府間的歲幣繳付與聘問餽答，遼宋的物資交換增添了官方的禮尙往來。此外，民間也有走私貿易，其規模不易推測，但涉及的交換商品與資金流動應是極為龐大。

遼宋貿易中，兩國各取所需，由於不同的經濟環境，兩國物資的交換成果大不相同。首先，遼朝的輸出商品以牧業產品為主，羊隻、馬匹、毛皮製品等為大宗；宋朝的輸出則較多元，布帛、茶葉、瓷器、漆器、農產品與糧食等皆有。受限於資源較為不足的北方生產環境，遼朝在兩國貿易時需要輸入更多樣，而且是攸關民生的日用物資，這使得遼朝比宋朝更須依賴兩國貿易。此外，隨著遼朝高層生活的奢華，南方奢侈品的輸入需求也會增加。再者，目前學界一般同意遼宋的貿易差額，遼朝應是入超，宋朝應是出超。據估計，包含榷場貿易與走私貿易，宋朝每年從中可獲八十萬貫以上的利益，此數盡可補償宋朝的歲幣支出，且有盈餘。整體而言，宋遼貿易對於雙方皆是有益，宋人可以獲利，遼人則可提升生活品質。

最後，遼宋兩國皆有轉口貿易，宋朝會將海外貿易所得的商品銷往遼朝，於是在宋朝的輸出中，也有象牙、犀角、香料等舶來品。得到了宋朝商品後，在自用之餘，遼朝也會將之轉手銷往西夏、中亞等地，同時也將所得的外地物產，像是女眞或高麗的珍珠與人蔘，轉手賣給宋朝。且因遼朝位居東西交通的樞紐地帶，地理位置優越，於是在轉口貿易時，遼朝就扮演著歷史上絲路國家的角色，獲取大量的價差利益。相較於宋朝，由於遼朝不易提供廣受各地喜好的自產商品，外地商品，尤其是宋朝所產，在遼朝對外貿易中的地位就會相對重要。

遼宋的貿易壯大了遼朝的經濟，這種現象已獲學界肯定，但在現今已能利用宋方文獻推估遼朝經濟所得的宋方挹注之餘，卻還不易進一步掌握這些宋方資源在遼朝與其他區域貿易活動中的影響規模，尤其與中亞及其以西之地。關於歐亞大陸之內的陸路貿易活動，也就是中國到歐陸之間的絲路經濟，在唐朝衰弱到蒙古西征的這段時間，相對於之前與之後的時期，學界研究較少。從前後時期的盛況所見，在澶淵之盟後的宋遼和平時期中，以遼朝作爲樞紐的東部亞洲貿易情形，其興盛程度與影響範圍或可進一步觀察。

遼朝另一個重要的貿易國家是西夏。遼夏之間雖然有過戰爭，長期來看仍是以和平居多。在此和平的年代，遼朝於西京周邊地區廣開榷場，遼夏貿易繁盛。夏的地理位置比遼朝更爲優越，所轄的河西走廊地區乃是東亞與中亞的交通咽喉，因此也能透過轉口貿易壯大經濟。但因夏宋的關係不穩定，兩國時戰時和，宋地貨物的供應常有中斷，這使得在聯通東西的功能中，夏的地位略遜於遼。夏宋關係的不穩定也帶給了遼朝牟利的機會，當夏宋開戰，在宋朝中斷邊境榷場後，西夏需要的宋方物資便需透過遼朝轉賣，遼朝也會趁機低價收購西夏的商品，如羊與馬。

不僅是對宋、夏，對於較有實力的國家，無論形式爲何，遼朝的貿易措施主要是採取互惠原則。即便形式上是來朝進貢，遼朝都會回賜價值相當的禮物，這使得朝貢活動其實就是另一種形式的平等交易。但對西北與東北的一些部落，或因他們實力有限，遼朝的態度便較蠻橫。面對這些部落的進貢，遼朝不太會回賜等價禮物，這使得這類的進貢已經不算是交易，而是種「掠奪」。遼朝與這類弱小部落的往來，情況較爲清楚的是與女眞的互動。約於遼代晚期，遼朝已是主動派遣官員前往女眞部落強徵貢品。徵收的項目與數量都有要求，一不如意，遼朝官員會將女眞族長召來杖打，甚至處死。又在榷場交易時，也見遼人會以賤價收購女眞貨物。這種差別待遇是遼朝霸道的一面，也爲日後被金滅國埋下了伏筆。

文化交流

遼朝治下與周邊地區的族群多元，多有文化交流。以女眞爲例，在建國前夕，女眞已能學到各地技術、受到四方風俗的影響，他們從高麗認識了佛教，從漢人學到了較爲精良的農業技術，從契丹學會了草原生活的種種。其中，從草原學來的馬匹養殖與騎兵戰鬥技

圖 2-5　契丹小字〈宣懿皇后哀冊〉拓文。中央研究院歷史語言研究所藏品。

巧又是事關重大，往後金朝將藉此滅遼破宋。不過史料上較少看到此時北方各族的文化交流情形，女眞在遼代的活動能爲今日所知，乃是他們日後建立金朝，於是遼、宋、高麗，乃至於女眞本身都會留下大量女眞早期活動的記載。另一方面，即便資料較少，可以推測的是，遼代的北方各族在文化交流的過程中，契丹應是較爲強勢的一方，可能屬於文化的輸出者。

由於所建立的政權長期主導東部亞洲的政局，契丹文化影響廣遠。契丹人一方面融通各族風尚，在本族傳統的基礎上建構出具有自身特色的文化，一方面也以新的創造深化著契丹文化的原有內涵。契丹人最受矚目的文化發明應該就是文字的創製。契丹文字有大小之別，大字於神冊五年（九二〇）先製，小字則於稍後創發。契丹大字脫胎自漢字，以漢字的字形與元素造出新字，書寫方式與漢文相近；契丹小字則利用契丹大字與漢字再建新字，新字各有其音，採拼音方式書寫。契丹文字創製後，遼朝的知識群體多能通曉其字，契丹文成爲國內溝通的重要媒介，也啓發了日後女眞文字的創製。隨著遼朝的滅亡，到了金代，契丹文字仍然受到重視，而與女眞文、漢文同爲金朝的三大官方文字。但於明昌二年（一一九一）金章宗下令取消契丹文的官方地位後，契丹文正式走向沒落之途。

史料中更多的是漢人與契丹人之間文化交流的記載。遼朝的文化政策相對寬和，並未強制要求國內各族移風易俗，對於漢人百姓，遼朝並無金朝與清朝強迫漢人改易服髮的措施。又在朝廷的場合中，雖然基於禮法，衣冠形式需要制式規範，但是基本原則也是「各從其便」。這些寬和的政策，使得遼朝之內的漢人文化可以保有發展空間。

遼朝統治期間，契丹文化一直強勢，然而隨著時間的進展，漢人文化的影響日益擴大。在朝廷服儀的規範中，可以看到遼朝日益漢化的傾向。在常朝時，太宗以後先是規定北面官著北國衣冠，南面官著漢人衣冠。稍後，在重大典禮時，景宗後開始規定北面官三品以上著漢服，興宗後則進一步改爲所有官員皆穿漢服。另外在其他的國家規範中，像是政治制度或法律規範，也有漢制成分不斷增加的情形。

遼朝不禁一般百姓遷徙，雖然主要還是同類聚居，各族混居的情形也是愈來愈多。此時，如有契丹人住在幽燕或城市等漢人聚居區，他們就會耳濡目染，也能認識或學習漢人的風俗。先是因爲政治的需求而使高層熟悉漢人文化，又有環境的薰陶而使百姓能夠仿傚漢人風俗，遼代契丹人沾染漢風的現象頗爲普遍。不少的契丹人開始喜愛漢人學問，他們能讀經史，能作詩文書畫，少數契丹人也有卓越的漢學造詣。無論現實考量或是衷心嚮往，這些愛好漢學的契丹人將會繼續推廣漢人文化，影響更多的契丹人。

但在學習之餘，契丹人對於漢人文化的接受總是存在著兩種局限。第一是漢人文化的學習需要環境與動機。能與漢人比鄰或共事，又或生活上有此需求的契丹人才有學習的條件。如爲始終生活在北方草原的契丹部民，他們未必有此意願或機緣學習漢人文化。第二是無論如何「漢化」，至少就現存文獻所見，在遼亡前，契丹人仍然繼續維持他們的族群認同，不會因爲漢化深刻便想讓自己當個漢人，最多只是言行舉止「宛如漢家子」。

同時，即便漢人文化在遼朝中存在著基本的優勢，可是這些優勢並非絕對。遼朝的漢人雖然占據全國百姓的多數，但與契丹人之間的人口數量差距有限，未如後來的金、元一般地多寡分明。遼朝國土多爲北方環境，寒冷而乾燥的氣候，遍布的草原、森林、沙漠，這些地方都是南方中原的生活方式難以推廣之處，過分採取漢人文化反而會導致生活的不便；此地如有漢人居民，大量的北族百姓也使漢人成爲少數，人多勢眾的優勢是在北族一

圖 2-6　蕭瀜〈花鳥〉。臺北國立故宮博物院提供。

方。這種基本背景，使得漢人文化在東南部以外的地區就顯得相對弱勢，而遼代的漢人文化與契丹文化，其強弱優劣的勢態便會受到時空條件極大的影響，在漢人文化相對弱勢的環境中，便會出現漢人深受契丹文化影響的情形。

宋朝使臣留下了一些遼代漢人「沾染胡風」的描述。蘇頌在宋熙寧十年（遼大康三年，一〇七七）使遼時，曾見「雜居番界」的漢人已隨契丹習俗「削頂垂髮」。蘇轍在宋元祐四年（遼大安五年，一〇八九）使遼時，也見燕山以北的漢人雖然言語依舊，但服飾已變。從這些觀察中，可以看到較受契丹文化影響的地方都在幽燕以北，具體的影響層面則在服裝與髮式。又有一些應是來自聽聞而非親見，但也指出類似現象的描述。莊綽在南宋紹興年間寫成的筆記《雞肋編》中，便指幽燕的「良家士族女子皆髡首」，直到有婚約後才開始留髮。此一「髡首」風氣如與契丹「髡髮」習俗有關，則連幽燕漢人女子也受契丹文化的影響。

契丹的服裝與髮式與漢地不同，他們多穿皮毛製品，衣襟以左衽交領，頭髮也有特別修剪，這些特徵乃是遼宋時人辨識族群的依據。髮式又極爲顯目，契丹人承襲北俗傳統而有剃髮，沈括（一〇三一—一〇九六）在宋熙寧八年（遼大康元年，一〇七五）使遼後所撰的《熙寧使虜圖抄》中，便記契丹人剃髮後會特意保留兩綹頭髮令之自然下垂。文字的說明有點模糊，還好現今已能從耶律圖欲〈騎射圖〉、胡環〈卓歇圖〉等傳世繪畫，以及新掘遼墓的壁畫中，看到契丹髮式的具體描繪。

目前所見，契丹男子髮式種類多樣，共通點皆是需要剃光大量的頭髮而僅留部分，變化之處則在留下頭髮的地方，是兩耳或額頭之上；會留下幾綹，一到三綹都有；以及留下的頭髮要如何擺放，是自然下垂或是結辮纏繞。款式很多，可是就與中原的漢人髮式落差極大，分別確實明顯。圖畫中未見契丹女子的剃髮形式，但從考古遺骸可知契丹女子應該也有剃髮，其髮式爲剃去前額沿邊的頭髮，其餘頭髮則保留。除了服裝與髮式外，多有漢人能通契丹語文、願爲子弟取契丹名等現象，這都是遼代漢人契丹化的例證。

配合著契丹人的漢化，早期曾有說法，在雙向交流之下，遼代已經出現了一種非胡非漢的「第三文化」。然而這個說法的疑慮在於，無論各族文化如何交流，直至遼末，各地、各層次的文化交流，目前所見的相關表現更多是拼湊各項舊文化元素而成的鑲嵌樣態，舊文化的片塊仍是清楚，遼人仍能清楚分辨何謂國俗、何謂漢俗。就此所見，「遼人文化」的概念可能仍未成形。此外，遼人中的族際文化交流情形，現存的史料也難提供足夠資料建構其全貌，畢竟傳統文獻多記政治人物，考古資料多留勢家消息，能夠窺得民間活動的記錄則是來自宋使的點滴觀察。或許較爲保守的說法是，確實可以同意在遼代的兩百餘年中，其治下各族的文化互動甚多，漢化很常見，但以契丹文化爲首的北族文化，直至遼末也仍在許多範疇中表現強勢，這使得契丹化、北族化的現象也頗爲普遍。至於遼人最終是否已經出現了一種新式的文化形態，是否已有「遼人文化」，這就需要更多的資料才能確認了。

第三章

從松漠到中原——大金

女眞的國家發展，其節奏與契丹大爲不同，興衰更爲急驟。同樣在建國後的四十年，女眞政權與契丹政權都已是東亞第一強權，但在建國前百年，當時的契丹已是名聞中原的大部族，女眞卻只是罕爲人知的邊遠部落。女眞的南方征服，成果則更爲豐碩，比起遼朝僅能以舊長城線，最多是占據幽燕而與宋朝對峙，金朝已能統治淮河以北的中原。然而在東亞的霸業，金朝卻無遼朝般的長期持續，遼朝從澶淵之盟到女眞興起之間能夠長期維持穩定統治一百一十餘年，金朝從紹興和約到貞祐南遷之間則僅有七十年，如果只計世宗、章宗兩朝的盛世歲月，更是不到五十年。快速的興衰牽動著金朝的發展與後世對金朝的觀感。由於征服速度過快，女眞遂無時間醞釀新體制以因應建國後的新局面。爲了即刻並有效地統治征服區，先採遼制，後採中原體制，女眞高層盡可能地快速吸收外人體制。由於征服了大量的漢人居地，金朝的統治終以中原章法爲主，最後便有「全盤漢化」的樣貌。「全盤漢化」與快速衰亡的現象，被後世（尤其是蒙元與清朝等北族政權）連結爲因果，認爲金朝的背離祖宗家法乃是快速亡國的關鍵，必須引以爲誡。

一、建國與征服

模糊的過往

今日的中國東北三省，以及黑龍江以北與烏蘇里江以東等今日俄羅斯遠東聯邦管區的南部地帶，早有漢文史料留存該地人群的歷史。在《松漠紀聞》中，宋人洪皓（一〇八八－一一五五）曾經彙整這些人群的歷來名稱，將他們視爲女眞的先世，指出「女眞，即古肅愼國也，東漢謂之挹婁，元魏謂之勿吉，隋唐謂之靺鞨」。與對待契丹及所有的北方族群歷史一樣，洪皓的敘述也是堆疊在過去漢人對於東北族群的認識上，於是就有一般漢人敘述的套路，總將這些族群視爲一脈相承，而在不同的時間有著不同的名稱。或許這地方的人群有其相近的生活方式，血緣與文化關係也因地緣接近而有長期的融通，但是各族的承繼關係與各名的指涉範圍，現實中絕對是更爲複雜的。

如果專就「女眞」而論，包含同音異譯的「女直」、「朱理眞」、「主兒扯」、「珠申」、「諸申」等名，可以看到各種文獻對其出現的時間有著不同的說法。南宋前期成書的《松漠紀聞》與《三朝北盟會編》皆稱五代時期始有「女眞」之名，元末成書的《金史》也是如此說法。與《金史》同時成書的《遼史》，則記唐昭宗天復三年（九〇三）時契丹曾經征討「女直」。元代宗大德十一年（一三〇七）成書的《文獻通考》，則說在唐太宗貞觀（六二七－六四九）年間，經由靺鞨的介紹，中國首次聽聞「女眞」之名。

至於目前可見最早留有女眞事蹟的文獻，則是胡嶠在五代後周時期所撰的《陷虜記》，其中已有「女眞」之名，也提到了一些女眞人的生活情形，如「善射」、「人無定居」等。由於較早的說法都指唐末五代之際始有女眞之名，也在此後才有女眞活動的記載，女眞應於唐末以後才爲南方所知。另一方面，相對於契丹從西元四世紀末出現其名到十世紀初的建國，之間已有五百餘年的歷史，女眞由西元十世紀初出現其名到十二世紀初的建國，之間則僅經歷了二百年，作爲自視或被視爲一個族群的女眞，從留名到開國之間的時間相對較短。

在開國前夕，與整個契丹已經長期擁有一個強大的統治核心不同，女眞雖然已有一個比較大型的部落聯盟，仍有許多部落各自爲政，部落內部與各部之間的組織關係並不緊密。契丹攻滅渤海後，曾將部分女眞大戶遷至遼陽以南，契丹稱這些女眞人爲「曷蘇館女眞」，也就是「熟女眞」。對於分布在松花江以北、以東的女眞，契丹則稱爲「生女眞」。還有一批分布於松花江與遼陽之間的女眞，契丹則無進一步的分類。熟女眞直接受到契丹的統治，與南方互動較深；生女眞則相對獨立，保留更多的舊習俗。遼代時，生女眞各部散居各地，「小者千戶，大者數千戶」，各有領導者。規模較大的生女眞部落中，有一主要活動於松花江與牡丹江交會之地的完顏部，他們在日後建立金朝。

首先出現於文獻的完顏部領袖是函普。函普的由來很特殊，《金史》記他來自高麗。

另外，《松漠紀聞》與約於宋孝宗（一一二七—一一九四，一一六三—一一八九在位）時成書的《神麓記》則記函普來自新羅。無論是高麗或新羅，函普在這些描述中皆被指為並非在地人，乃是外來者。關於函普的來源與事蹟，學界仍有異議。中國學界大多認為函普真有其人，但對來自高麗的說法，部分學者有些曲折的解釋，認為函普應是靺鞨人，後赴高麗，再歸中國，只是這個說法並無史料可證。另有日本與歐美的學者認為，包含函普在內的完顏部前五代領袖皆是傳說人物，而函普的事蹟反映了早期女真曾經接收了大量的外人移民。

函普之後，《金史》記其後四代為烏魯、跋海、綏可、石魯，父子相繼地擔任完顏部的領袖。函普、綏可、石魯等三人的事功，《金史》有比較詳細的記載。函普能以外人身分而被完顏部推為領袖，傳說是他解決了當時完顏部與其他部落之間世代仇殺的難題。函普提供了一個辦法，建議雙方先以罪首一人償命，再以加害者家人一名、以及牛、馬、黃金等財產賠償仇殺中的受害之家，賠償之後便不得私鬥。這個建議獲得了完顏部與其世仇的認同，雙方和解，函普也因有功而被完顏部推為領袖。此後，完顏部遷徙四處，直到綏可教部人建築屋舍，並定居於被後世視為完顏部起源地的按出虎水（今日松花江支流阿什河）之側。再後，石魯制訂了「條教」管理完顏部，功效卓著。完顏部實力大增後，石魯繼續對完顏部以外的生女真諸部「推廣」條教，「不從者討伐之」。

這些描述如同許多文明對於自身早期歷史的描述，將初民生活方式的進展歸功於英明領袖的領導有方，因此也能像解釋其他文明的描述一般，可將《金史》的記載當成是種對於複雜歷史變化的簡化性說法，其中的領袖只是一種象徵。無論如何，可以看到在這段時間中，完顏部持續進化，也開始興盛，在生女眞中已爲強權。

開國以前生女眞的生活方式，除了《金史》外，南方漢人也留下了許多觀察。歸納這些觀察，大約可知當時的生女眞已能種植粟麥、以豬爲主要牲畜、聚集定居、築木屋建小城寨，但無專業的手工業製造，也無法自行生產鐵器與甲冑。此外，女眞善於漁獵，捕魚與獵鹿皆爲強項；可以大量養馬，能夠長期向契丹與高麗進貢並對宋販賣馬匹。整體而言，開國之前的完顏部及周遭的生女眞部落，約是一個以粗放農業爲主，以漁獵爲輔的定居社會，已與周邊的國家貿易往來，並在草原文明的影響下有著相當規模的畜牧產業。

擴張與滅遼

石魯之後至金朝開國前，繼任的完顏部領袖分別爲烏古迺（一〇二一—一〇七四）、劾里鉢（一〇三九—一〇九二）、頗刺淑（一〇四二—一〇九四）、盈歌（一〇五三—一一〇三）、烏雅束（一〇六一—一一一三）、阿骨打（漢名旻，一〇六八—一一二三），他們的生平與事功都有比較合理的記載，其人其事應屬眞實。

烏古迺以後，完顏部在生女眞地區的擴張更加迅速，約已建立了一個以完顏部爲首的部落聯盟。同時，遼朝也開始視完顏部爲重要的地區力量，曾經召見過烏古迺，並且任命他爲生女眞部落節度使。隨著完顏部的持續壯大，遼朝似有提防。盈歌在位期間，有同爲生女眞的紇石烈部阿疎反抗完顏部的事件。阿疎在兵敗後逃入遼朝，盈歌之後的完顏部領袖屢向遼朝索討阿疎，遼朝卻一直不願遣返，略有藉阿疎牽制完顏部的意圖。此時的完顏部與契丹的關係已是緊張，阿疎事件日後將成爲阿骨打起兵的藉口之一。此外，對於所有的生女眞，遼朝一直採取頗爲霸道的管理方式。遼朝要求女眞諸部進貢，而且總是不顧女眞的能力強求貢品需達一定的數量與品質。爲此需索，女眞苦不堪言，完顏部領袖也是忿忿不平。

在阿骨打起兵反遼之前，即便完顏部已有一定的實力，遼朝恐怕沒有重視的必要。在此時，生女眞的生活方式相對原始，群眾組織的結構鬆散，能夠動員的人力物資有限。加上長期以來都能對女眞予取予求，相較於曾經有過長期纏鬥經驗的西方游牧民族，以及東方與南方的高麗、夏、宋等中大型國家，遼朝總將女眞視爲落後地方的野蠻小族。

積怨終於爆發，遼天慶四年（一一一四），阿骨打率領二千五百名女眞人起兵抗遼，進攻邊地寧江州（今吉林扶餘）。面對阿骨打的起兵。遼朝最初未以爲意，大概只是當成偶發性的邊境騷動。此次戰爭女眞取得勝利，士氣大振，阿骨打決定稱帝，於天慶五年（一一一五）即位，建國「大金」，建元「收國」。

關於阿骨打稱帝建元與金朝建國的時間，學界有些爭議，爭議的源頭是各家文獻記載不一。阿骨打的即位時間，天慶五年之說來自《金史》，《遼史》記爲天慶七年（一一一七），南宋史書《建炎以來繫年要錄》則記爲宋重和元年，也就是遼天慶八年（一一一八）。如果暫時不先確認史實，單就紀錄現象所見，眾說紛紜的情形除了顯示了遠方消息的流傳不易外，似乎也透露出女真最初並未大肆宣揚這些漢式名號，而宣傳的有限，可能又與女真初期的戰略目標有關。

反遼初期，可以發現女真雖然戰況順利，卻一直積極與遼談判。此時的金遼互動，《金史》與《遼史》皆有記載，唯《金史》詳記戰爭勝果而少記談判，《遼史》就有些談判過程的描述。在《遼史》中，可以看到最初女真的要求很簡單，歸還阿疎即可。略可推測，最初的女真可能只是想要以戰逼談，而抗遼的原意，或許僅是希望遼朝勿再苛待女真。於是稱帝或建元之舉就頗有談判籌碼的作用，可以用來拉高自己的政治地位，能使女真在與遼朝談判時，名位上不會屈居下風。但也由於是個談判籌碼而非征服工具，不是爲了在征服時用來強調對於新占領區統治的正當性，因此無須大張旗鼓高調宣傳。

可以看到隨著戰局的變化，女真開始調整談判的條件，就後世所見，這顯示了女真高層因應變局的靈活手腕。同樣是要求歸還阿疎，如果遼朝同意，原初女真承諾可以「朝貢如故」，但當女真攻克遼朝東北要地黃龍府（今吉林農安）後，女真便改稱歸還阿疎後

「即當班師」，不再多說是否朝貢。

另一方面，又有一些記載呈現出女眞舉棋不定的徬徨。天慶五年（一一一五），女眞攻占黃龍府，天祚帝決定集結遼朝大軍御駕親征。《三朝北盟會編》記道，當天祚帝準備親征的消息傳來後，阿骨打糾集了部眾向大家宣告，要麼殺掉阿骨打一家投降遼朝，否則就與之齊心力戰，對此部眾回應「事已至此，惟命是從」，稍後女眞大破遼軍。雖然最終是勝利的，但從阿骨打的宣示與部眾的回覆所見，即便先前已有黃龍府的大勝，在遼軍集結的消息傳來的當下，女眞部眾卻還是不太相信他們已有能力推翻遼朝，更多是忐忑不安，擔心全族因此覆滅。

相對於女眞的焦慮，遼朝一開始比較樂觀。或是因爲輕視，即便連歸還阿疎這種不算困難的要求，遼朝最初也是嚴詞拒絕，只是堅定要求女眞投降。隨著女眞占地日廣，遼朝態度終於軟化，開始與女眞談判。稍後，根據《遼史》，大約在天慶八年（一一一八）、九年（一一一九）時，雙方已經談到了遼朝可以承認金國獨立，唯對兩國的地位與關係仍有異議的地步。天慶十年（一一二〇）三月，遼朝遣使告知金國，金國的稱號犯了遼朝的名諱，希望調整。這類名號用語的商議，先前談判多有涉及，雙方溝通也是有來有往。不過就在阿骨打得知遼朝的通知後，卻是突然大怒，宣布終止談判。值得注意的是，此時正是宋朝前來女眞商議聯合滅遼之時。宋政和七年（一一一七），有遼朝漢人高藥師來宋，報告了金遼的戰況。宋朝對此感到興趣，便派遣了使臣入金討論合作事宜。此後兩年，宋金雙方多次遣使往返。經過協商，兩國終於在宋宣和二年（一一二〇）談成了共同滅遼之議。目前已難得知阿骨打及女眞高層在這段時間中對遼態度轉變的因由，但從宋朝介入的時間點所見，或許得宋奧援乃是此時女眞態度轉爲強硬的背景之一。

金天輔五年（一一二一）十二月，金朝正式大舉攻遼。天輔六年（一一二二），金朝於正月攻下中京（今內蒙古寧城），四月攻下西京（今山西大同），十二月接受南京（又稱燕京，今北京）的投降。天輔七年（一一二三），阿骨打病逝，廟號太祖，其弟吳乞買（漢名晟，一〇七五—一一三五，一一二三即位）繼立，日後廟號太宗。天會三年（一一二五）二月，金朝捕獲了天祚帝，中國歷史上的遼代至此告終。

征宋

聯合滅遼開啓了金宋的關係，後續的發展對宋朝卻是悲劇的揭幕。兩國原議夾攻遼朝，金朝負責進攻契丹本部，宋朝負責進攻燕京地區，滅遼後宋朝再將原先給付遼朝的歲幣轉交金朝。只是後續戰況頗令兩國意外，金軍節節取勝，最後一併拿下燕京地區，宋軍卻是一再受挫，兩遭遼軍擊退。滅遼後，宋朝遣使索討燕京地方，經過談判，金朝同意宋朝取回。

看了宋軍的孱弱表現，部分的金朝將領積極主張宋地可攻。加上此時的金宋交涉多有紛爭，金朝不滿宋朝的態度，天會三年（一一二五）十月，太宗正式下令伐宋。金軍分兩路南侵，東路軍由完顏宗望（原名斡离不）率領，從燕京出發，西路軍由完顏宗翰（原名粘罕，一〇八〇—一一三七）率領，從西京出發。西路軍圍攻太原不順，戰況膠著；東路軍則一路挺進，直奔汴京城下。由於西路軍未能即時合圍，東路軍一時間也無法攻下汴京，宗望遂與宋朝議和，暫時退兵。

宋金都不滿意這次的和議，雙方各有動作，關係持續緊張。天會四年（一一二六）八月，金朝認為宋朝不遵和議，決定先發制人，再度下令伐宋。此次進攻，西路軍終於攻破了太原，東路軍也再次長驅直入。同年閏十一月，東西兩路軍攻陷了汴京。天會五年（一一二七）三月，金朝立張邦昌（一〇八一—一一二七）為大楚皇帝；四月，金軍挾宋徽宗、欽宗二帝與大量的官民、財富北歸，史稱「靖康之難」。十年滅遼，兩年破宋，女真十餘年間的征服極為順利。

就在汴京淪陷之時，唯一的宋太宗子孫，宋徽宗的第九子趙構（宋高宗，一一一〇—一一八七，一一二七—一一六二在位）逃脫了。趙構於應天府（今河南商丘）即位，是為宋高宗。金朝有意斬草除根，指派完顏宗弼（原名兀朮）領兵擒捕。金軍一路追擊，宋高宗一路南奔，並在天會七年（一一二九）十二月從明州（今浙江寧波）出海避難。追捕宋高宗期間，完顏宗弼所率金軍沿途燒殺劫掠，所至一片狼藉，江浙百姓傷亡慘重。這段經歷使得完顏宗弼廣爲宋人所知，加上日後長期領導金軍對宋征戰，在宋人傳說中，完顏宗弼成爲邪惡蠻夷的典範。但也必須指出，如果是金朝的觀點，完顏宗弼實是文武雙全，既有彪炳戰功，更在日後的熙宗初年帶領金朝改造政府並走出政爭風暴，其成就類如漢人眼中的周公。

久尋高宗未獲，完顏宗弼決定北返。天會八年（一一三〇）二月，韓世忠（一〇八九—一一五一）率領的宋軍在鎮江一帶的長江北岸阻止金軍渡江，經過四十八日的鏖戰金軍方得脫困，史稱「黃天蕩之戰」。在宋人的追憶中，黃天蕩之戰乃是金宋戰爭中關鍵的一勝，此戰振奮了宋軍士氣。此後的金宋戰況開始轉變，戰爭不再像過去一般全由金軍取勝。又在陝川戰場，天會八年、九年（一一三一）金宋接連大戰，雙方各有勝負。多年戰爭後，宋軍已非吳下阿蒙，名將陸續現身，除了韓世忠，陝川戰場也見張浚（一〇九七—一一六四）、吳玠（一〇九三—一一三九）、吳璘（一一〇二—一一六七）等將領的崛起。另一方面，此時金朝雖然大致占有華北，華北卻仍多有宋人稱爲「義軍」的抗金勢力，這些華北義軍藉由游擊作戰削弱著金朝的控制。情勢已變，金朝決定暫時放棄根除宋朝餘孽，轉而先求穩定新征服區的控制。

天會八年（一一三〇）九月，金朝冊立了劉豫（一〇七三—一一四六）爲大齊皇帝。齊國領有黃河舊河道以南、宋國以北之地，自有國號、年號，唯其國內重大政策仍須聽命金朝，金朝亦有派軍駐守境內要地。目前看來，金朝建齊的用意主要有二，一是以齊國作爲金宋的緩衝，二是金、齊得以分頭鎭撫各自轄下的忠宋勢力。經過八年的統治，齊國確實對於金朝有些成效，金朝頗能全力圍剿黃河以北的抗金勢力。

又有較爲意外的收穫。華北的舊宋官民，最初頗爲排拒金朝統治，即便不抗金，也不願仕金。不願仕金之人的心態略有兩種，一是忠宋之心的支持，一是現實的考量。現實的考量有兩種，一是畏於出仕前途不明的異族政權，二是尚未習慣改朝換代中的身分轉變。因爲現實考量不願仕金之人，其心態未必是忠宋，更像是種觀望。齊國制度一切仿宋，仕宦前途可由宋朝舊例預知，這鬆動了部分觀望的舊宋官民。仕齊官員又示範了身分的轉變並不困難，這吸引了更多的投靠者。等到齊國被廢而由金朝直接統治華北時，這些仕齊的舊宋官民因爲已有由宋轉齊的身分變化，加上金朝已在華北大行漢制，又在強調舊齊官員仕金待遇不變的情形下，由齊轉金的身分變化也就容易許多。最終，可以看到廢齊之後，華北雖然多次易手，但是這些舊齊漢官，更多會是宋來則爲宋臣，金來則爲金官。齊國的統治成了華北漢人由宋入金的橋梁，也爲金朝帶來一批能夠協助管理華北地方的人才。

但整體而言，齊國帶給了金朝更多的傷害。宋齊接鄰後，宋朝北伐只能先以齊國爲目標，劉豫也是欲以攻宋戰果求取金朝的支持，宋齊戰爭於是頻傳。頻繁的戰爭消耗著大量的人力物資，齊國的財政情勢嚴峻，劉豫因而橫征暴斂。面對著殘暴壓榨，百姓怨聲載道，紛紛聚集反齊，這些反抗事件間接地動搖金朝對於華北的控制。同時，宋齊交戰中齊國總是戰敗，金朝常需派兵支援。劉豫又會主動攻擊宋朝，天會十一年（一一三三）、十二年（一一三四）、十四年（一一三六）就有三次大規模的進攻，金軍也要配合。此時的齊國不再是金宋之間的緩衝，反而像是導火線。另外，從後世所見，戰力較弱的齊軍是宋軍練兵的好幫手，對宋軍而言，多次的對戰練出了戰力，一直戰勝則增加了信心，一代名將岳飛（一一〇三－一一四二）便在此時屢建大功，成就威名。成事不足敗事有餘，加上支持劉豫的完顏宗翰陣營已經失勢，金朝遂有廢齊之意。天會十五年（一一三七）十一月，金朝正式廢齊。

廢齊後，金朝直接面對宋朝，重回八年前兩國對峙的局面。經過短暫但激烈的戰爭，兩國決定和談。皇統元年（宋紹興十一年，一一四一）十二月，和約確認，史稱「紹興和議」。和約的主要內容爲，兩國以淮水至大散關（今陝西寶雞）爲界，宋朝奉表稱臣並於每年納貢銀、絹各二十五萬兩、匹。這次的和議，宋朝頗爲屈辱，以往的宋遼關係中，兩國地位乃是平等，但在紹興和議中，宋朝稱臣於金，成爲金的藩屬。稱臣之事，宋方文獻書寫隱晦，對於宋朝的屈辱地位多有迴避。今日欲窺和約全貌與金宋的現實關係，需由《金史》探知。宋朝的附庸地位一直維持到大定四年（宋隆興二年，一一六四）兩國再簽新約之時，新約簽訂後，宋朝不再稱臣，兩國地位相當。

二、內憂與改造

擴張中的隱憂

紹興和議的簽訂，除了源自金宋均感局面已經難有突破外，另一項背景是兩國皆有內憂，雙方皆想先安內。宋朝方面，在多年征戰後，軍力的成長使之轉危爲安，武將的活躍卻也令朝廷擔憂。無論是君主或士大夫官員，在他們的眼中，武人或地方不受中央節制的情形日漸惡化，他們擔憂著此時的宋朝步入唐代中晚期藩鎭割據的困境。對此，釜底抽薪之計當是結束戰爭，再造國家體統。

金朝也有軍閥割據的危機。首先，在攻宋時，由於首都會寧府（今黑龍江哈爾濱）離前線過遠，爲了方便靈活應對戰事及管理征服區域，金朝給了前線將領許多權力。至太宗時期，前線將領的權力已經過分膨脹，常能挑戰中央威信。再者，金代初年的君臣關係仍然保有開國前夕的形態，雙方地位相對平等，此使君主不易約束日益跋扈的前線諸將。最後，金初的君臣互動又是奠基於完顏部的親屬關係上，由於金朝開國功臣多爲完顏宗室，親屬關係使得君臣分際模糊。靖康之難被擄入金的宋朝宗室趙子砥在建炎二年（一一二八）逃歸後，寫了《燕雲錄》留下他的北地見聞，其中有一則小故事。傳說金朝曾設庫房，女眞高層相約庫內財富僅能用於征戰，然而太宗卻違背誓約「私用過度」。當太宗弟完顏杲（原名斜也）告知太宗姪完顏宗翰後，在一次聚會的場合，群臣扶著太宗下殿，「杖二十」，打完後請太宗歸座，再由完顏杲率領群臣謝罪。此事虛實難辨，卻是符合當時的情境，也透露出金初貴族的強勢。

以上的背景，在太宗時期迅速形成前線高層將領活動獨立化的基礎。先前攻宋的東西兩路陣營，太宗時已為華北的最高統治單位，他們各以燕京與西京為據點，以樞密院掌控轄內所有的軍、民、財等政務，其權力之高，漢人甚至以「東朝廷」、「西朝廷」稱之。其中「西朝廷」長期由完顏宗翰主導。完顏宗翰是太祖、太宗的長兄撒改長子，輩份極高，年歲與太宗相近，功業更是出眾。「東朝廷」的領導者多次更替，完顏宗望逝後由完顏宗輔（一〇九六—一一三五）接替，宗輔逝後再由完顏昌（原名撻懶）接替，諸人權勢的累積因此不如完顏宗翰，但也是一方之霸。另一方面，「東朝廷」的領導者，宗望、宗輔兩人皆為太祖之子、太宗之姪，完顏昌則為盈歌之子、太宗堂弟。連同完顏宗翰，可以看到這些將領又兼有宗室身分，他們都是開國後金朝皇室的第一、第二代。

太宗晚年，這些宗室將領因為繼位問題而使關係更加緊繃。烏古迺以來，完顏部的領袖傳承多是兄終弟及，其中劾里鉢、頗剌淑、盈歌皆為烏古迺之子，烏雅束、阿骨打、吳乞買皆為劾里鉢之子。相對於父死子繼，兄終弟及是種較易傳承領袖經驗的傳位方法，幼弟可先在長兄之側歷練，繼位後也因經驗豐富而使決策更能周全。劾里鉢、頗剌淑、盈歌、烏雅束、阿骨打、吳乞買等人的繼位年歲便分別為三十六歲、五十一歲、四十三歲、四十四歲、四十六歲、四十九歲，都是人生的成熟階段。從日後所見，領導者即位前已有充分準備，似乎是完顏部能夠持續穩定地增強實力的原因之一。

在兄終弟及的舊慣下，女眞高層最初頗有共識，太宗逝後可由其弟完顏杲接位。然而完顏杲卻在天會八年（一一三〇）早於太宗逝世，一時儲位懸虛。此時兄終弟及之制的缺點也出現了，那就是兄弟一輩都已輪完後，之後是要傳給哪名兄弟之子便有討論空間。在早年，看來完顏族人都以大局為重，並無太多爭執，傳位人選的共識很快地就達成了。但此時，族人情分日散，取而代之的是權位利益的考量，競爭因而展開。

競爭的末期，完顏宗翰、太祖庶長子完顏宗幹（原名斡本）、太宗嫡長子完顏宗磐（原名蒲魯虎）等三人脫穎而出，繼位呼聲最高。宗磐雖獲太宗支持，但在宗翰與太祖諸子皆有大權的情形下，三方僵持不下。最終，宗翰與太祖諸子各退一步聯手支持太祖之孫、完顏宗峻（原名繩果）之子完顏亶（原名合剌，一一一九—一一五〇，一一三五即位），太宗與宗磐難以抗衡，勉強同意。天會十三年（一一三五），太宗逝世，完顏亶即位，是為熙宗。

競爭中，彼此的關係已從族人轉為政敵，熙宗即位後，檯面下的折衝轉為公開的屠殺。熙宗的即位，宗幹、宗輔（一〇九六—一一三五）、宗弼等太祖諸子乃是主要的支持者，宗幹的地位又最重要。根據從金朝投奔宋朝的歸正人苗耀所述，宗峻逝後，宗幹曾經收繼其妻，完顏亶遂爲宗幹養子。時人記載中，收繼之事僅見苗耀有說，但從女眞的民情風俗與宗幹、熙宗兩人的親密互動所見，頗有可能。

在宗幹等人的支持下，熙宗大行整肅，意圖根除宗翰與宗磐等兩大陣營。原先的三方衝突中，宗翰頗爲強勢，宗磐因此將無法即位歸咎爲宗翰主導。宗幹陣營見縫插針，結合宗磐陣營先剷除實力最強的宗翰陣營。天會十五年（一一三七），宗翰心腹高慶裔因貪污罪下獄。宗翰求情不果，高慶裔於六月被殺，並有多名宗翰黨人遭到牽連。七月，宗翰鬱悶而逝。解決了宗翰陣營後，宗幹陣營將矛頭轉向宗磐陣營。天眷二年（一一三九）七月、八月，宗磐、昌及其黨人接連以謀反之罪被殺。天眷三年（一一四〇）九月，宗幹陣營回頭剷除宗翰陣營餘孽，與宗翰關係親密的完顏希尹及其黨人數百名皆以謀反被殺。至此，威脅中央的派系力量已經弭平。然而金朝也是元氣大傷，皇統元年（一一四一）五月宗幹逝世後，較有威望的開國功臣就僅剩完顏宗弼一人了。

國家的改造

太宗晚年的派系鬥爭使得君主權威一度低落，中央難以節制地方，這些狀況動搖著金朝基業，國家甚至出現了分裂危機。對此，熙宗陣營既是發動獄案根除威脅，也改造制度，意圖藉由新型體制強化君主威信，鞏固國家領導中心。金朝建國之初，當時的中央政府制度乃由女眞舊制轉化而成，其中的重要職務皆稱「勃極烈」，此時的官制因此可稱「勃極烈制度」。這套官制的權責分工與權力分層並不發達，決策來自共議協商，加上任職者多爲君主族人，整體的運作就有宗室共議的性質。這套制度雖然是女眞部落聯盟體制的再進化，卻明顯不足以因應新局面的需求。

對君主及主張強化中央威信的女眞權貴而言，改革勢在必行。太宗晚年，相關措施已經推動，熙宗即位後，改革加速進行。天會十三年（一一三五）起，金朝逐步以能夠充分提升君權的漢式政制取代女眞舊制，同時也順便調整威脅者的職務，奪除其權力。天眷元年（一一三八），金朝頒行新官制與「換官格」，正式施行漢制，史稱「天眷改制」。改革後，由三省六部之制取代勃極烈制度，也改採漢人辦法管理官員。

相對於遼朝在多次改革後，其政府組織與運作機制一直保留著大量的契丹舊慣，體制變化相對和緩，金朝則是採取了大刀闊斧的改革，一口氣將政府體制全盤轉型爲漢式架構，變化極爲劇烈。金朝全面採用漢制的背景或有二。一是女眞本爲定居社會，對於源自類似背景的漢制較無適應的困難，採借因而容易。二是漢地已爲金朝重心，漢制應可作爲國家體制的主體。至於改革的急遽，大概就與宗室將領權貴的權力成長太快有關，此時的金朝並無太多時間利用女眞舊慣構思新制度，直接襲用已經成熟的漢人制度便是最佳辦法。

在宗幹與宗弼等伯叔的協助下，熙宗壓制了國內政敵，完成了政府轉型，也與宋朝達成了和議。叔伯的支持也是兩面刃，既使熙宗有所依託，也使之未能獨當一面。熙宗在位近十五年，其朝政前六年由宗幹主導，接續七年有宗弼坐鎮，要到皇統八年（一一四八）十月宗弼過世後，熙宗才算眞正親政。此時，熙宗個性的缺陷也漸浮現了。由於早年深處政治風暴核心，熙宗因而多疑。宗弼過世後，熙宗頓失靠山，面對外界的風吹草動極爲敏感，既常動怒，也開始酗酒濫殺，官員動輒得咎，恐怖氣息蔓延。此外，熙宗於皇統二年（一一四二）喪子後一直無後，皇后裴滿氏經常干預朝政，家事令人煩悶，政事處理亦受牽連。

皇統九年（一一四九）正月，右丞相完顏亮（原名迪古乃，一一二二—一一六一，一一五〇即位）生日，熙宗賜禮，皇后也贈禮，熙宗得知皇后贈禮後大怒。目前已難得知熙宗憤怒的具體源由，或許是皇后私自聯絡外朝，而聯絡對象又是完顏亮。完顏亮爲宗幹之子、熙宗堂弟，乃是完顏氏第三代的傑出人才，當時很有人望，熙宗雖是重用，也是深藏猜忌。贈禮事件後，完顏亮無法自安，於同年十二月發動了政變，殺害熙宗篡位。完顏亮逝世後，繼任的世宗完顏雍（原名烏祿，一一二三—一一八九，一一六一即位）不承認其君主身分，先是降封爲「海陵郡王」，後又貶爲「海陵庶人」，於是後世就以「海陵王」

稱呼完顏亮。

相較於熙宗，海陵王對國家管理很有主見。即位後，海陵王再次改革政制，由於多在正隆年間推動，史稱「正隆改制」。在此之前，金朝中央政府的最高機構原是中書、門下、尚書三省，而三省之上又有長官，這些長官帶太師、太傅、太保等君主師長的「三師」名銜處理三省之事。天會十四年（一一三六）三月時，金朝政府的最高長官便是太師宗磐、太傅宗幹、太保宗翰，而三人皆「領三省事」。這種「三師領三省事」不是漢人王朝常見的做法，傳統漢制的「三師」僅是虛銜，並非政府的領導官員。但在金朝，「三師領三省事」乃是一種從女真舊制轉換到漢人制度之間的權宜變通，先以漢制官職保留著政府最高長官總管全國政務的女真舊制原則。對海陵王而言，這種設計阻礙了皇權的伸張，其中殘留著太多的共議精神。又在漢制的發展傳統中，基於運作效能的提升，三省之制也在唐宋的發展中逐漸合一，金制可以在此基礎上進一步發揮。正隆元年（一一五六），海陵王宣布罷廢中書、門下兩省，獨留尚書省，尚書一省制正式成形。

對於地方政府組織與軍事機構，海陵王也有改革。原先的華北地區由燕京樞密院與西京樞密院分領，在解決了諸將勢力後，熙宗年間，華北改由燕京行臺與汴京行臺管理，汴京行臺轄有舊齊之地，燕京行臺則轄汴京行臺以北的舊宋之地。行臺轄區太大，其內的官制組織也非正常的行政編制，乃是一種戰時體制轉移到和平體制的過渡制度，亦是一種金朝中央對於南方新征服區的權宜管理辦法。爲了讓國家的地方管理正常化，海陵王在天德二年（一一五〇）罷行臺尚書省，此後金朝即以路爲地方最高機構。

行臺的廢除也是搭配著國都的南遷。天德三年（一一五一），國都從上京會寧府遷往燕京；貞元元年（一一五三），改稱燕京爲中都，改稱汴京爲南京。海陵王的南遷國都，約有擺脫女眞本部貴族勢力對於皇權的干預，改以漢地作爲金朝統治核心等兩項用意。而在天德二年，海陵王另對軍事機構進行改革，將都元帥府改組爲樞密院。都元帥府亦是戰時體制，可以兼管地方行臺，其運作相對獨立，也容易成爲中央的威脅。爲了進一步掌握軍權，海陵王改以樞密院作爲全國最高的軍事機構，其性質略與宋朝樞密院相當，所掌純爲軍務，不再有兼管地方事務的職能。最終，海陵王所建官制成爲日後金朝政府的基本架構。

功過之間

海陵王的改革，有基於現實的需求，也有源自他的理想。其父完顏宗幹在完顏宗室第二代中較爲親近漢人文化，在太宗、熙宗年間援引漢制的過程中，他是關鍵的主導者。宗幹也爲其子慎選教師，遼地儒士張用直便被聘爲海陵王的授業師傅。年長後，海陵王保持著對漢人文化的喜好，有相當的漢學造詣，約於一一九〇年代前後來宋的歸正人張棣說他

「有意於書史」，「甚有尊經術、崇儒雅之意」，金末士人劉祁（一二〇三－一二五〇）稱他「讀書有文才」，成書於元代的《大金國志》則指他「一咏一吟冠絕當時」。海陵王對漢人文化的認同，反映在他的施政當中。海陵王全力改造金朝體制，使之趨近漢人王朝的樣貌；他拔擢舊宋地區的漢人士大夫，使之成為重要的左右手；更在稍後發動南征，意圖統治全中國。這些作為顯示了海陵王不只想要成為一名女眞的君主，更想當中國的皇帝，他應該是最為認同漢人文化的金朝皇帝。

海陵王雄才大略、風雅好文的另一面，則是他殘暴黷武的表現。為了征宋，海陵王全面動員金國的人力物資，手段急苛，各地動亂湧現。正隆五年（一一六〇），契丹人叛變，西北陷入戰火。漢人士大夫的重用，則是因為海陵王在位之後的大行屠殺，高層因而虛空，漢士官員得以順勢補充。為了鞏固權位，海陵王即位後進行了金代史上第二波的宗室大屠殺。天德二年（一一五〇）四月，殺太宗子孫七十餘人、宗翰子孫三十餘人、其餘宗室五十餘人；同年十月，再殺太祖妃蕭氏及其二子、斜也子孫百餘人、謀里野（烏古迺孫）子孫二十餘人。此外，又有多次的零星殺戮。經由熙宗與海陵王的兩波屠殺後，到了世宗時，祖宗子孫已經所剩無幾。除了濫殺，《金史》還留下了不少海陵王的負面事蹟，尤其是「婦姑姊妹盡入嬪御」的縱慾好色之舉。民間對這種故事頗感興趣，明清以後開始流傳《海陵佚史》、《金虜海陵王荒淫》之類的小說。濫殺、荒淫，再加上足以飾其非過的才智武略，民間的海陵王形象就是如同商紂、隋煬帝一般的暴君。

海陵王暴君形象的建立，除了本身行爲確實有失外，也與後任君主世宗的宣傳有關。即位前，世宗與海陵王的表現與經歷有點類似，都是傑出的完顏氏第三代，都有高度人望，而這些人望也都有部分是源自於時人對於當朝皇帝的不滿。因爲如此，海陵王時期的世宗也有著如同熙宗時期的海陵王一般的經歷，都受到了君主的特別「關注」。伐宋前夕，海陵王疑忌世宗，召世宗妻烏林荅氏前來中都作爲人質。或許是因海陵王惡名遠播，烏林荅氏擔心受辱，途中自盡。世宗與烏林荅氏的感情極好，世宗因此遺憾終身。此外，海陵王的屠殺宗室與過分漢化，也令世宗陣營深感不滿。就在正隆六年（一一六一）九月海陵王親率大軍伐宋之後，同年十月，世宗於東京遼陽府（今遼寧遼陽）自立爲帝，同時下詔公告海陵王的罪惡事蹟。世宗詔書稍後傳到了南方的宋、金陣營，海陵王聞訊後加緊催促部隊渡江，意圖先滅宋再回師平亂。金軍不堪催逼，將領密謀造反，十一月底，海陵王被殺身亡。

由於公私均有仇隙，世宗透過了許多方式，包括議論與詔令的發表、對海陵王名號的降貶、《海陵庶人實錄》的編修等，重塑了海陵王的形象。編修《海陵庶人實錄》時，世宗曾經多次指示史官，務須完整記下海陵王的劣跡暴行。《海陵庶人實錄》成爲《金史》敘述海陵王事蹟的主要材料，《金史》也是今日認識海陵王的基礎。世宗重塑海陵王形象

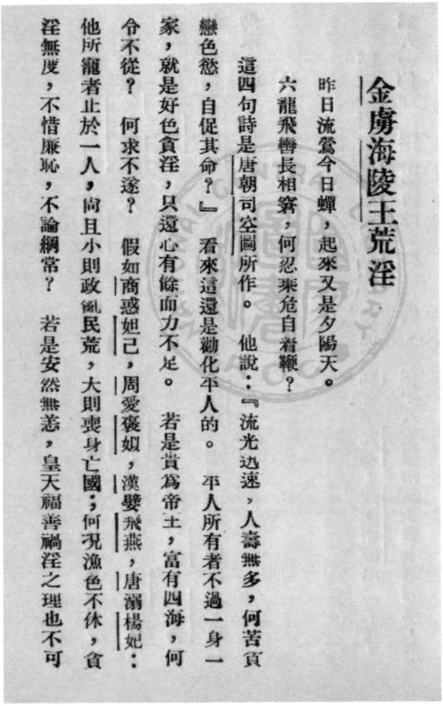

金虜海陵王荒淫

昨日流鶯今日蟬，起來又是夕陽天。
六龍飛轡長相窘，何忍乘危自着鞭？

這四句詩是唐朝司空圖所作。他說：『流光迅速，人壽無多，何苦貪戀色慾，自促其命？』看來這還是勸化平人的。平人所有者不過一身一家，就是好色貪淫，只還心有餘而力不足。若是貴爲帝王，富有四海，何令不從？何求不遂？假如商惑妲己，周愛褒姒，漢嬖飛燕，唐溺楊妃：他所寵者止於一人，尚且小則政亂民荒，大則喪身亡國；何況漁色不休，貪淫無度，不惜廉恥，不論綱常？若是安然無恙，皇天福善禍淫之理也不可

圖 3-1　《金虜海陵王荒淫》書影。Public domain, via Wikimedia Commons.

的舉動，少數金人曾經表示不妥。正大二年（一二二五），曾在大定年間見過這段重塑過程的賈益謙（一一四七—一二二六）就向來訪的國史館編修官元好問提到，世宗在位三十年間，能言海陵王惡行之人便可獲得獎賞，於是當時編修的實錄就得到了許多穿鑿附會之說。

同時，世宗也要彌補海陵王的「罪過」。即位之初，世宗需先解決兩場海陵王引發的戰爭，即北方的契丹叛變與南方的金宋戰爭。

世宗兩面作戰，北方部分，大定四年（一一六四）平定亂事；南方部分，金軍擊退了宋軍在海陵王死後的反攻。經過談判，大定四年（宋隆興二年）十二月金宋和約締成，兩國止兵。此次和議史稱「隆興和議」，又稱「乾道之盟」。或因主動伐宋錯誤在先，金朝在新約中讓步，同意兩國關係平等，金宋皇帝以叔姪互稱，宋朝繳送金朝的銀、絹數量從原先的各二十五萬減爲各二十萬。配合兩國關係的平等，銀絹繳送名稱也從「歲貢」改稱爲「歲幣」。

戰爭結束後，世宗轉爲用心內政，意圖修補海陵王在國家治理原則上的誤失。世宗曾對臣下指出，海陵王學習漢人風俗乃是忘本，遼朝的不忘舊俗才是正確。世宗修正了海陵王的路線，強調金朝必須堅持女眞精神，不能放棄本族傳統。從太宗晚年後，金朝的體制在多次改革下不斷地朝向漢制靠攏，女眞文化的地位也快速下滑，世宗阻止了這一趨勢。

大定之治

世宗政策方向的形成，其背景約略有三。首先，逼害之怨與殺妻之恨皆須復仇，仇人海陵王的施政策略連帶地也應全盤否定，錯誤政策必須修正。再者，支持世宗的女眞貴族多對海陵王有所怨懟，因爲海陵王的漢化政策傷害了他們的權益，因此世宗調整的方向就是糾正海陵王的過分漢化之舉。最後，金朝的文治武功，發展至今已經過於仰賴「外人」，為了讓女真政權重回正軌，提升「國人」，也就是女真人的地位與作用乃是勢在必行。

如以女真權貴的角度來看，世宗即位之際的金朝已經危機四伏。熙宗與海陵王的大肆屠殺、海陵王對女真貴族權益的打擊，皆使女真人的政治力量大幅下滑。金朝轉型成為漢式政府體制，運作需要大量文官，女真族人少有文官素養，金朝必須仰賴漢人文臣，這既是海陵王重用漢人文臣的背景，也使女真人的政治地位進一步低落。金朝本以女真人為武力基礎，為了統治中原，金朝將大量的女真人南遷至中原，這些女真人在中原的生活日漸萎靡，多有不習武事、生活貧困、風俗墮落等問題，國家根基動搖。滅遼之後，降附的契丹人散布邊區，逐漸成為金朝西北防區的武力主體，然而如果他們存有異心、女真武功又已不行時，這些契丹部隊將會轉為嚴重威脅，海陵王末年的契丹叛變就提醒了這種可能性。由於國人已非國家棟梁，政權操於外人之手，對世宗而言，這局面很危險。

為了強健女真族群、振興女真文化，世宗執行了大量措施，其中約有三大重點。第一，宣傳女真文化的價值。只要一有機會，世宗總會呼籲女真文化的美善與純樸風氣的可貴，強調「舊風不可忘」。此外，世宗也禁止女真人穿漢人服裝、改漢姓，禁止女真侍衛說漢語，得知子弟能說女真語或熟悉女真習俗便大加稱讚。世宗又重建了先前被海陵王毀棄的上京會寧府，並於大定二十四至二十五年時駐蹕上京，宣示了對於北方祖地的重視。

第二，針對女眞平民，實施各項改善生活水準、減少貧富不均、鼓勵習武風氣的措施，其中包括重新分配土地、獎勵農耕、改進稅制、救濟貧戶，以及提倡打獵、射柳、擊毬等運動。射柳與擊毬都是騎馬競技，前者射箭穿柳，後者則類現代馬球，兩者與打獵都能順便訓練騎兵戰鬥技能。第三，提升女眞人的文治能力，具體的措施有鼓勵部民學習女眞文字、廣建女眞字學校、以女眞字大量翻譯漢人經典。進而在大定十三年（一一七三），世宗開辦了「策論進士科」，又稱「女眞進士科」，其制仿照漢人科舉，亦授進士功名，但以女眞字出題與應答，意在甄選能夠有效執行文治工作的女眞人才。

雖然世宗的政策有其成效，但還是不算成功。即便大力宣傳女眞文化的價値，漢人文化依舊強勢地影響著女眞人的活動。尤其是住在中原的女眞人，在生活環境與周遭漢人的影響下，他們已經無法回到過去女眞社會的兵農一體、簡單樸實的生活方式。即便用心救濟，女眞平民的經濟狀況還是未能好轉，而且爲了重新分配土地，不少漢人的田地被沒收，原居其中的漢人農民被迫遷徙，民間多有紛擾。由於女眞貴族多以廕補等家世取人的途徑入仕，策論進士科便是多爲女眞平民所用，這對擴大統治基礎與節制貴族勢力的過分膨脹甚有幫助。在政府高層部分，章宗朝以後，策論進士能有十五名任至宰執，在這一階段總數五十名的女眞宰執中已占了三成。不過，策論進士科雖然以女眞字爲問答文字，考試內容卻是漢人經典的翻譯成果，於是興辦後的文化推廣效果，與其說是提振女眞文化，

圖 3-2　女真字〈女真進士題名碑〉拓文。中央研究院歷史語言研究所藏品。

不如說是讓漢人文化能有更多機會滲透入女眞統治階層的思維中。最終，世宗的改革仍然無法改變女眞族群軍事力量持續弱化的現象。

除了現實的考量，世宗照顧女眞的政策應該也與本身的族群觀念有關。大定中葉，有次與尚書右丞唐括安禮的議政場合中，當世宗聽到唐括安禮說女眞、漢人「今皆一家」，所以不宜分別對待時，世宗直接駁斥，說女眞、漢人「其實則二」，要唐括安禮想清楚。世宗的族群觀念應可簡單歸類爲「內女眞外漢人」。

同時要留意的是，這種觀念不會讓世宗全盤否定漢人文化或漢式政府的價值。在許多言談中，世宗肯定女眞文化的方法，是將女眞文化與漢人經典中的優美道德結合爲一，認爲兩者皆可遵崇，這間接肯定了漢人文化的價值。在政治上，世宗並未因爲重視女眞舊風，就想讓金朝重回早年的君臣共議體制。事實上，世宗相當認同漢式體制中的君主專制風格，認爲即便是女眞權貴也不能干預皇權的運作。於是對於金朝整體的政治秩序，世宗的首要關懷應是維持皇權的獨尊，至於提升女眞人的地位是次一階的考量。這種先後次序使得世宗雖然否定了海陵王的漢化方向，但也不會放棄海陵王爲了強化皇權所完成的諸多改革。其中分寸，世宗自有斟酌。

或許是他的即位略有篡位之嫌，又或許是兩名堂兄都留下了惡名，世宗似乎因此相當謹慎地控制著自己的言行舉止，意圖留下好皇帝的名聲，想讓大家感受到他的得位乃是天命所歸，不讓自己與兩名堂兄同列。世宗律己甚嚴，也把這種嚴格的標準帶到了官員管理的場合中，大定年間的政治因而清明。在安養百姓的部分，為了照顧女眞百姓而使漢人農民受到傷害應該是世宗施政的敗筆，不過他又能省簡賦役、獎勵農桑，各項措施仍使漢人深受其惠。世宗治下的金朝進入了盛世階段，後世稱為「大定之治」。《金史》讚許世宗的政績說：「當此之時，群臣守職，上下相安，家給人足，倉廩有餘。」中原百姓甚至稱世宗為「小堯舜」。「小堯舜」的稱號，宋地的朱熹（一一三〇—一二〇〇）也聽到了，雖然他在接續的評論中仍是強調世宗「豈變夷狄之風？恐只是天資高，偶合仁政耳」，但因最終仍未反駁世宗行仁政的說法，看來朱熹應該還是默認世宗做得不錯。

三、由盛而衰

明昌之治

世宗一直無法忘懷烏林荅氏，在烏林荅氏逝世後，世宗將這份感情投放到他與烏林荅氏唯一的兒子完顏允恭（原名胡土瓦，一一四六—一一八五）身上。大定二年（一一六二）立允恭為太子後，世宗相當重視允恭的教養，常與他討論處事道理與國家大政。允恭不負期許，他個性仁厚，表現完美，《金史》說他在二十五年的太子歲月中「不聞有過」。

可是天命不佑，大定二十五年（一一八五）允恭病逝。允恭逝後，世宗仍是希望能以烏林荅氏之後繼任皇位，大定二十六年（一一八六），世宗立允恭之子完顏璟（原名麻達葛，一一六八—一二〇八，一一八九即位）爲皇太孫。大定二十九年（一一八九），世宗逝世，完顏璟即位，是爲章宗。

章宗是個漢風濃重的金朝皇帝，對於漢人藝文的喜好應該不亞於海陵王。或因祖父世宗的態度，章宗在政事處理上並沒有像海陵王一樣以漢人世界爲中心，但在個人的生活中，即位後他就明白地表現出對於漢人文化的熱中。章宗喜好藝術，曾經整理宮中收藏，至今仍有許多來自「明昌內府」的書畫留存在世。根據用印與題字，目前可知像是王羲之的〈快雪時晴帖〉、〈古千字文〉，以及懷素〈自敘帖〉、顧愷之〈女史箴圖〉、宋徽宗摹張萱〈虢國夫人游春圖〉等傳世名作皆曾得到章宗品鑑。章宗自己也是傑出的書法家，擅長宋徽宗的瘦金體，造詣極高，在中國書法史上占有一席之地。由於仿襲瘦金體的唯妙唯肖，宋人就曾傳言，金章宗是宋徽宗的外曾孫。不過除非能有具體證據，否則這類說法大概也像後來有人指元惠宗是宋恭帝之子一樣，是種附會謠傳。章宗亦能詩文，也通音律，元人曾指他與唐玄宗、後唐莊宗、南唐後主、宋徽宗，乃是歷來帝王中五位「知音者」。

即位後，章宗承接了世宗的成果，大致延續著金朝的盛況。章宗比較令人稱道的政績主要是對於金朝典章的改革，尤是教育、禮樂、法律等制度，這使金制更近漢人之制。金

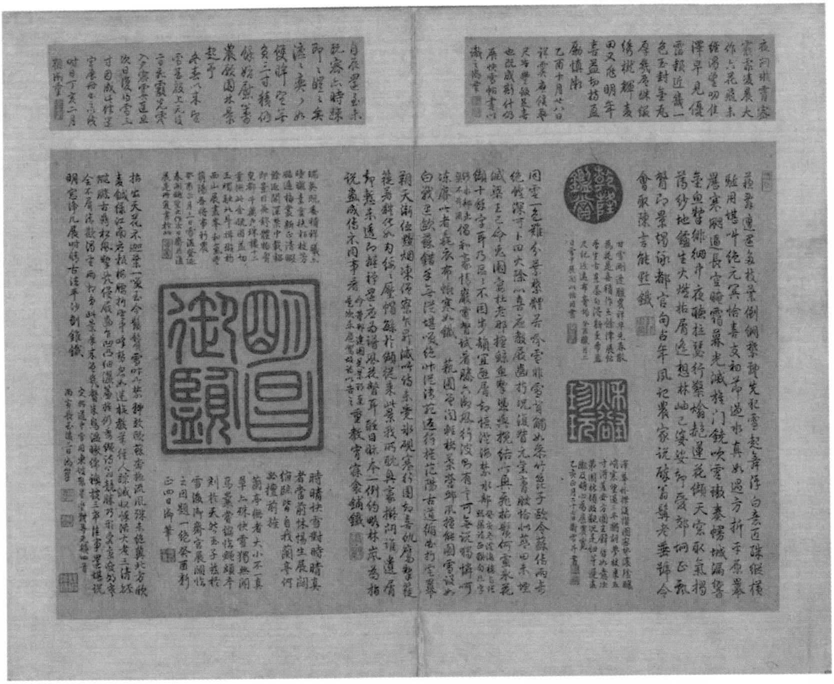

圖 3-3　金章宗「明昌御覽」的唐代精摹本〈快雪時晴帖〉。臺北國立故宮博物院提供。

朝法律在章宗之前一直有過於嚴苛與紊亂紛雜的問題，太祖、太宗時期，由於仍在征服而無太多心力建置法規，此時的法律就有便宜行事與因俗設法的特色。熙宗、海陵王時期，中原法律漸被引爲金朝法律的主體，朝廷也有《皇統制》、《正隆續降制書》等法典的頒布，但因時局動盪，祖宗時期以來的軍事風格殘留仍深。世宗試著整齊法規，有《大定軍前權宜條理》、《大定重修制條》的問世，唯其體系仍未完備。章宗即位後，先是頒布《明昌律義》，更在泰和元年（一二〇一）完成了《泰和律令敕條格式》。《泰和律令敕條格式》以唐法爲基礎，以宋、遼、女眞本族之法等爲補充，另有根據金代環境而成的調整，體系完備，乃爲金代法典的總結。金亡以後，《泰和律令》仍爲大蒙古國管理華北的依據，直到至元八年（一二七一）元世祖才下令停用。

在管理官員與安養百姓的部分，章宗亦有表現。與世宗較爲嚴厲的風格不同的是，章宗在政策內容與執行上都比較和善。在官員管理的部分，章宗多以宣示與鼓勵代替懲處與斥責。這種做法有其成效，當時循吏輩出，蔚爲佳話。在安養百姓的部分，章宗繼續減輕賦役，減少百姓的負擔，而改革後的法律規範也比先前更爲溫和。這些成果使得章宗的統治能被後世稱爲「明昌之治」，章宗也是金朝皇帝中治事風格最爲寬和的一位。

家事處理算是章宗較爲令人詬病之處，這些問題也牽連到了國政。章宗有元妃李師兒，其人原爲宮女，因爲善伺候、知文義，幾次見面後章宗極爲欣賞，遂納爲妃妾。由於正宮早逝，章宗有意立李師兒爲皇后。唯因李師兒出身卑微，李家原是因罪沒入宮中爲奴的監戶，大臣極力反對，因此章宗僅能封李師兒爲元妃。爲了穩固地位，李師兒廣結勢力，先是拉拔兄弟出任高官，後有許多官員依附於她，隱然成黨。結黨風氣推升了朝廷的紛亂。

有一胥持國，其人經童出身，資格的不佳使之原無高升機會，後因依附李師兒而飛黃騰達，並於明昌四年（一一九三）獲授參知政事。胥持國身旁聚集著一批支持者，其中的十名核心成員被時人戲稱爲「胥門十哲」。對於李、胥及其黨人的活躍，當時多有官員勸諫，但章宗未置可否。一日宮中有宴，宴中作戲助興，戲中伶人說，我國有鳳凰飛，乃祥瑞之兆，而鳳凰的飛翔方向又有特別感應，向上飛是風調雨順，向下飛是五穀豐登，向外飛是四國來朝，向裡飛是加官進祿。「向裡飛」即指「向李飛」、「向李妃」，暗諷依附李師兒便能加官進爵。結果章宗「笑而罷」。此事可知李、胥氣焰已經朝野皆知，伶人遂借題發揮。另一方面，伶人敢如此直率嘲諷，大概也已預知不會受到懲處，果然章宗只是笑笑。換成是在熙宗、海陵王、世宗前表演，此禍非同小可。

章宗也非全然和善，對待宗室，他的態度就冷酷許多。世宗有十子，章宗在位時有七人仍在世，他們既是章宗的叔父，也有資格登上皇位，頗有威脅。對於諸叔，章宗接連制訂了許多監視防範的規定，這些限制引發了諸叔的不滿，雙方衝突日增。明昌四年（一一九三）、六年（一一九五），鄭王永蹈、鎬王永中接連以謀反被賜死，兩叔子孫或被殺，或被軟禁。如何與宗室相處，一直是金朝皇帝的重大難題。

外患萌生

章宗內政的紛擾，嚴格來說並未動搖國家基礎。金朝的由盛轉衰，或許章宗的時代是關鍵時期，但章宗的統治恐怕不是主因，他既非昏君，也未倒行逆施。就日後所見，金朝的衰亡主要是來自結構性的長期積弊，尤其是軍事力量的弱化與族群關係的緊張。再就後續發展所見，這些積弊乃是火藥庫，還需要火苗才能引發，而火苗即是稍後的外患。

自從隆興和議後，金宋已有四十年的時間未有戰火，這是兩國之間最久的和平時期，相當不易。唯對兩國關係，金朝頗爲滿意，宋朝卻倍感屈辱。章宗晚期，時值宋光宗（一一四七—一二〇〇，一一八九—一一九四在位）被逼退位，宋寧宗（一一六八—一二二四，一一九四即位）繼位，掌權的外戚重臣韓侂冑（一一五二—一二〇七）欲立功固位，聽聞金朝爲韃靼所困、淮北漢人亟欲歸附，於是意圖伐金。章宗得知宋朝備戰的消息後，先是約束臣下妄議，也多次向宋使提醒勿生事端。不過宋朝心意已決，泰和六年（一二〇六），宋軍北伐，兩國戰爭爆發。

如同海陵王的南征，韓侂冑的北伐甚是冒失，也有著誤判消息、錯估形勢的問題。此時的金朝確實受到蒙古侵擾，邊防費用也使國家財政負擔加重，但金朝仍能有效防禦，國力未受嚴重打擊。由於金朝仍有實力，戰況就出乎宋朝意料，金軍在各處戰場中多能取勝，宋朝因而陷入內部紛爭。宋開禧三年（金泰和七年，一二〇七）十一月，韓侂冑遭暗殺，宋朝以其首級獻金求和，金宋停戰。泰和八年（宋嘉定元年，一二〇八），金宋達成和議，史稱「嘉定和議」。除了國界依舊，新約規定金宋皇帝改以伯姪互稱，宋朝每年歲幣銀絹各增爲三十萬，另補三百萬貫犒軍銀予金。

在韓侂胄北伐之際，雖然金朝實力猶在，可是多年困於西北邊患的情形也是事實。由於金朝的疆域格局，西北的游牧族群一直是個嚴重的威脅。攻下華北後，金朝的疆域即呈現著一種類似啞鈴的樣態，國土爲從東北到西南的狹長格局，但兩頭大、中間細，細長之處又是中都所在。國家首都位於國土中央原是不錯的安排，比起先前首都位於上京會寧府的一隅之地，中都位居女眞本部與華北漢地之間，更能方便控制金朝疆域的兩大主體。可是中都也是緊鄰草原邊緣，與草原之間並無寬闊腹地可供緩衝，如果西北有警，中都容易首當其衝。在此格局下，金朝必須謹愼因應草原勢力的發展。

金朝需要密切關注的西北族群，先是曾爲女眞舊主的契丹人，稍後則包含遠方的蒙古草原諸部。金朝與草原諸部的互動，早期所知甚爲有限，經由王國維（一八七七—一九二七）的提示後，學界至今已有豐富認識。目前可知太宗年間雙方已有頻繁接觸，時有衝突。天會十三年（一一三五），熙宗曾命完顏宗磐、完顏希尹率領大軍征討。此後金朝或用武力，或用聯合此部打擊另部的外交策略，草原勢力暫得壓制。章宗年間，草原諸部再度活躍，明昌五年（一一九四）後，金朝數次命夾谷清臣（一一三三—一二〇二）、完顏襄（一一四〇—一二〇二）、完顏宗浩等重臣領兵北伐，攻擊對象有塔塔兒、弘吉剌等部，多得戰勝。後因鐵木眞崛起，草原內戰，金朝與草原諸部的戰爭暫時平息，此時正值韓侂冑北伐前夕。

北伐確實耗費不少。承安元年（一一九六），爲了酬賞有功軍士，金朝「用銀二十萬兩、絹五萬疋、錢三十二萬貫」，此數略與金朝所得的一年宋朝歲幣相當。另一項開銷則是修築界壕。大定五年（一一六五）時，金朝在臨潢一帶築成邊堡七十座，有意藉此解決契丹亂後的邊防空虛。此後金朝不斷強化邊堡設施，在北境戰事告一段落後，章宗下令大舉增修，繼續增設邊堡，並在各處邊堡之間挖壕築牆加以連結。泰和（一二〇一—一二〇八）年間，一道沿著大興安嶺往南延伸至黃河前套地區，其貌略如中國長城的邊界防禦工事就此完成，時稱「界壕」、「邊牆」。界壕的修築費用未見明載，但據完顏襄的估算，承安時期（一一九六—一二〇〇）之後的修繕約是花費了一百萬貫錢。

這套界壕防禦系統未對金朝稍後的抗蒙帶來太多的幫助。界壕的規模有限，位置也多在平緩之地，少有明代長城的山形之險，翻越不難。分兵戍守則僅有警戒通報的效果，無法防禦大規模的進攻。當然，根據過去經驗，金朝或許認爲只要搭配著國內大軍的備戰與分化草原諸部的外交策略，此一邊界防禦工事應有成效，足以阻止零散進襲的草原部落。只是金朝沒料到的是，接下來將要面對的是統一的草原強權，其領袖又是千年一出的鐵木眞。

泰和六年，鐵木眞被推爲成吉思汗，大蒙古國創建。泰和八年（一二〇八），章宗病逝，遺命傳位給與他同年的叔叔完顏永濟（原名興勝，一一六八—一二一三，一二〇八即位）。由於完顏永濟逝後被剝奪皇帝身分，僅留衛王封爵，而其謚號爲「紹」，後世因此稱爲衛紹王。大安三年（一二一一）四月，成吉思汗宣布伐金。九月，蒙軍於會河堡（今河北懷安）大敗金軍，居庸關失守，中都被圍。成吉思汗屢攻中都不下，改爲掃蕩周遭地區，黃河以北多被蹂躪。至寧元年（一二一三）八月，大將紇石烈執中（原名胡沙虎）以先前戰敗被責，心有怨懟，此時叛變，殺衛紹王，立世宗長孫完顏珣（原名吾睹補，一一六三—一二二四，一二一三即位），即宣宗。宣宗即位後，紇石烈執中把持朝政，君臣皆受宰制。兩個月後，大將朮虎高琪以兵敗擔心被紇石烈執中所殺，於是搶先發動政變暗殺紇石烈執中。

在金朝一陣混亂之際，成吉思汗繼續進攻，貞祐二年（一二一四）三月再度逼近中都，金蒙和議，蒙軍退兵。宣宗擔心蒙軍再來，同年七月遷都南京（今河南開封），史稱「貞祐南遷」。金朝南遷後，蒙軍再度南下，貞祐三年（一二一五）五月攻破中都，此後的黃河以北已非金朝所有。

半壁江山

貞祐南遷後，河南與關中之地仍由金朝掌控，但僅餘半壁江山。黃河以北之地則是一片混亂，各地各自爲政。當時成吉思汗以西征爲重，在確認了金朝已經一蹶不振後，貞祐四年（一二一六）春便回師草原專心準備西征。對於中原事務，成吉思汗委命四大怯薛長之一的木華黎全權處理。在貞祐五年（一二一七）秋獲封「太師國王」後，木華黎展開了他的中原經營。由於蒙軍主力皆已西征，東方僅留少數蒙軍，木華黎的中原經營便需大力仰賴在地力量，以漢人為主的地方豪強乃為其中主力。

金蒙廝殺之際，中原秩序大亂，地方豪強趁勢興起。或是為了求生存，或是為了建功立業，這些地方豪強組織百姓結寨自保，有的協助金朝抵抗蒙軍，有的投降蒙古配合攻金，他們也會彼此征戰爭奪地盤。征戰之餘，地方豪強成為金、蒙兩國的代理人，穩定了治下的社會秩序，填補了基層權力的眞空，他們與全眞道並為金末蒙初中原百姓的兩大支柱。降蒙的地方豪強，金亡之後繼續為蒙所用，所轄部隊成為大蒙古國的漢軍，世襲管理所掌領地，後世稱他們為「漢軍世侯」。當時勢力較大的降蒙豪強，主要有

圖 3-4　金代長城遺跡一隅，作者自攝。

眞定史家、東平嚴家、滿城張家等。

在局勢尚未明朗時，仍有許多地方豪強忠於金朝，金朝稱他們爲「義軍」。爲了爭取地方豪強的支持，金朝依據他們的勢力規模與功業表現，授予高低不等的政治名位加以籠絡。這些政治名位略有四種。一是帶「行」字的中央官稱；二是承平時的地方官稱，如諸京留守、府尹、縣令等；三是貞祐以後出現的使職，如經略使、招撫使、安撫使等；最後一種則是爵位。興定四年（一二二〇），金朝決定以分封之法強化地方領袖的向心力，大封河北、山西、山東等處九名實力最強的地方領袖爲公，此即「河北九公」。九公皆兼宣撫使，總帥本路兵馬，得開公府署置官吏，徵調賦役、賞罰號令均得便宜行之。九公中，又以眞定（今河北正定）的恒山公武仙實力最強。

不少地方豪強忠於金朝源自現實考量，因此在局勢倒向蒙古時，部分豪強也會轉投蒙古，像是武仙便有多次反覆，封公的同年即降蒙，正大二年（一二二五）又降金。山東李全是此時依違於各方勢力的代表，他的依附對象還能加上宋朝。泰和六年，有楊安兒趁宋金戰爭時起兵反金，後獲金朝招安。大安三年蒙軍南下，楊安兒再叛金，組「紅襖軍」，占有山東地區，後爲金軍攻敗，於逃難時身亡。

楊安兒逝後，紅襖軍由其妹婿李全率領。李全於興定二年（一二一八）降宋，宋朝改稱其部爲「忠義軍」。李全依附宋朝本爲利益，宋朝亦因提防李全貳心而有節制，雙方衝突日增。後李全叛宋，並與金、蒙、宋多次交戰。正大四年（一二二七）與蒙軍對戰，失利後降蒙。正大八年（一二三一）攻宋，戰死，死後由其子李璮繼其位。金亡後，李璮部眾成了蒙古漢軍。中統三年（一二六二），李璮叛蒙，兵敗被殺，李家父子在山東近五十年的統治歲月至此告終。紅襖軍、忠義軍、漢軍，這些名號呈現了李氏陣營的身分轉變，這些變化也是此時華北豪強境遇的一面。

爲求自保，金朝在南遷之後努力經營河南之地，只是這些經營並未挽回頹勢，有些政策甚至火上澆油，惡化了局面。南遷時，金朝盡力遣送黃河以北的猛安謀克戶一同南下，期待他們能爲中興主力。南遷的猛安謀克戶約有百萬人，加上同時南渡的漢人也約有數十萬人，河南一時糧食短缺，物價飛騰。爲了解決物重錢輕的問題，也爲了方便朝廷交換民間物資，金廷開始發行高面額交鈔以供流通。但因發行失控、贖回無門，百姓信心喪失，貨幣快速貶值。之後金廷企圖以換發新鈔控制物價，然而每次換鈔都是舊事重演，物價繼續抬升，國家財政與民間經濟面臨崩解。

對於猛安謀克戶，金朝用心照顧，這又造成下一個問題。爲了供養南遷的猛安謀克戶，金朝加重了河南百姓的糧食與其他雜稅的徵收，興定元年（一二一七），尚書左丞高汝礪（一一五二—一二二四）便指出，戰爭以來河南民戶的租稅已較承平時期增加了三倍。又有官員提議，刮糧只是一時之計，自耕自食才是長久之策，因此朝廷可以再刮河南田土安置猛安謀克戶。刮田之舉牽連太大，尤其最初的構想是除了荒地外，連已經租佃給百姓的官田都要交給猛安謀克戶，這將嚴重影響官田佃戶的生計。金朝最終採納了高汝礪的建議，採取折中的做法，一方面加倍徵收官田租額，一方面先以荒田與牧地授予猛安謀克戶。宣宗朝時，高汝礪與朮虎高琪長期共主朝政，由於朮虎高琪行事跋扈，與漢人士大夫關係不好，最終又因罪被殺，高汝礪遂被批評，時人認為他貪戀權位，依附奸邪。不過在此危亡之際，也能看到高汝礪積極地從事各項財政改革，雖然最終未能扭轉局面，卻也減緩了金朝的衰敗勢態。現在看來，高汝礪是個謹慎幹練的官僚，能夠調和各方意見找出折衷之道，可是也無法擇善固執大破大立。

即便朝廷多方照料，猛安謀克戶還是辛苦，但是為了供養他們，河南百姓也是辛苦。雖然南遷猛安謀克戶與刮取田糧的政策皆是政府主導，可是怨氣牽連，河南百姓會有厚此薄彼的聯想，也會連同一起敵視猛安謀克，視之為暴政幫凶。稍後，漢人與女真人之間的關係也就急遽惡化。

元光二年（一二二三），宣宗病逝，其子完顏守緒（原名寧甲速，一一九八—一二三四，一二二三即位）繼立，是為哀宗。無論是天性良善還是時勢所迫，就表現來看，哀宗還算好皇帝。他力求振作，先是革除宣宗重用的酷吏以振民心，隨後起用前朝重臣與抗蒙名將，一時似有可為。元光三年（一二二六）、四年（一二二七），金軍連續收復山西要地，五年（一二二八）更有被後世認爲是金末第一名將的完顏陳和尚（一一九二—一二三二）在大昌原（今甘肅寧縣）痛擊蒙軍的勝仗，史稱「自軍興二十年始有此捷」。但在大蒙古國決意滅金後，這一切即將結束。

正大八年（一二三一），蒙軍分三路大軍南下，分由山東、山西，以及南方宋境進逼南京。同年十二月，中路軍渡黃河，南京戒嚴。開興元年（一二三二）正月，十五萬金軍主力於南京西南三峰山被西路軍擊潰，完顏陳和尚死於是役，「金軍無一人得逃者」。三月，蒙軍圍南京。七月，南京被圍數月，糧食不繼，入夏後瘟疫流行，時人記城中送出埋葬的死者有九十餘萬。十二月，哀宗逃出南京，西面元帥崔立以城降蒙。天興二年（一二三三）六月，哀宗抵達蔡州（今河南汝南）。八月，蒙宋攻金協議達成。九月，蒙軍圍蔡州。十一月，宋軍抵達蔡州加入圍攻。天興三年（一二三四）正月，蒙宋聯軍破蔡，哀宗於亂中傳位宗室完顏承麟，自縊死，承麟隨後戰死。金亡。

第四章

復古的風貌

統治中原後，中原的漢人文化回過頭來深刻地影響著女眞政權。即便世宗試圖力挽狂瀾，女眞傳統不符合新局面的需求也是事實。最終，女眞舊制漸被金朝所放棄，僅在女眞人管理的範疇中保留著部分的作用，漢地、漢人、漢制成爲金朝的主體。在中原地區各種層面的活動中，從社會、經濟、到文化，漢風極爲濃重，延續著漢人傳統的發展脈絡。現今的文集、墓誌碑文留下了許多金代漢人民間基層的生活描述，如果忽略其中的時間說明，單就內容所見，實在不易簡單判定所言乃是金代或北宋的現象。另一方面，金朝統治對於中原百姓的生活造成了一些衝擊。可以發現中原地區在金朝的統治之下，像是經濟運作、社會結構等領域的發展，部分現象頗有回歸到唐宋變革以前的樣貌，有著「逆退」或「復古」的走向。

一、政治制度

本族管理

建國之前，完顏部已有一套初步的管理制度。關於領袖名號的形成，傳說石魯已以「孛堇」（原意爲管理眾人，即部落部長）作爲完顏部領袖的名號。烏古迺時，以完顏部爲首的女眞部落聯盟已經成形，當時另以「都孛堇」（或稱「忽魯孛堇」，即都部長、總部長）作爲完顏部領袖之名，藉以區隔完顏部與其他女眞部落的地位。盈歌時，阿骨打建議禁止完顏部以外的諸部領袖自稱都孛堇，都孛堇遂爲完顏部領袖的專稱，完顏部在生女眞諸部中的領導地位自此確認。名號的變化與運用，可以看到完顏部的政治實力正在逐步提升。

烏古迺時期，女眞「始建官屬」、「紀綱漸立」，部落聯盟的官僚組織快速成長。時有漢語譯爲「國相」之職，由都孛堇的兄弟子姪擔任，主要負責軍事、司法等事，爲都孛堇的副手。又有聯盟領導會議的設置，參與成員有都孛堇、國相，以及諸部孛堇。劾里鉢以後，完顏部分化出更爲核心的統治群體，其成員以宗室與親密部屬爲主，他們的政治地位逐漸超越諸部孛堇。盈歌後，這群核心成員開始分工，此時的運作習慣成爲日後勃極烈制度的基礎。

太祖收國元年（一一一五），作爲金朝中央政府組織的勃極烈制度創立了，此制一直實施到天會十三年（一一三五）。勃極烈，其語源自孛堇，漢譯爲「尊官」、「大官人」。勃極烈一詞出現在金朝開國前夕，初與孛堇一詞常有混用，隨後用法日趨分化。建國後，勃極烈轉爲中央要員的名號，孛堇則爲氏族部長的專稱。勃極烈制度中，如果比照漢制，「都勃極烈」爲君主，「諳班勃極烈」爲皇儲，「國論忽魯勃極烈」（又稱「國論勃極烈」）則爲宰相。又有「國論阿買勃極烈」（又稱「國論阿捨勃極烈」、「國論左勃極烈」）、「國論昃勃極烈」、「國論乙室勃極烈」（又稱「國論移賚勃極烈」、「國論右勃極烈」）等政府高官，而高官的副手皆稱「迭勃極烈」。

從孛堇到勃極烈、國相到四種「國論」勃極烈的演進，可以看到女眞政權正在快速地官僚化，中央政府架構已然成形。但從四種「國論」勃極烈的分工仍不明確，諸職均可參議軍政等現象所見，即便有所發展，官僚化程度仍然有限。此外，都勃極烈雖是一國之君，但從其名號仍與其他重要職務一起共用「勃極烈」之銜，以及決斷大事時仍須與諸勃極烈共商確認等情形來看，勃極烈制度中的領導者地位並未特別突出，與其說是君王，不如說是共主。

部落管理方面，猛安謀克制度也成形了。部落聯盟時期，猛安謀克原爲軍事制度。當時如需用兵，聯盟領袖將號召諸部部長率軍前來，並視所帶士兵的多寡賦予不同的名號，多者稱「猛安」，少者稱「謀克」，而猛安與謀克也就分別有「千夫長」與「百夫長」之義。開國前夕，阿骨打改造部落組織，以猛安謀克作爲女眞部落的編戶單位，時以三百戶爲一謀克，十謀克爲一猛安，猛安與謀克此後具有轄屬關係。改制後，諸部之權收歸中央，諸部孛堇已是政府職官。這種打散舊結構、建立新秩序的部落改造工程，乃是北族政權強大過程中的重要準備，先前契丹的阿保機與日後蒙古的鐵木眞都有類似的處理。

猛安謀克制原是專爲管理女眞人而設。開國後，金朝開始以猛安謀克制收編契丹、渤海、漢人等新附百姓。天會二年（一一二四），因爲不受漢人歡迎，完顏宗望下令此後降附的漢人官民均以漢人的州縣之制管理，至於先前編入的漢人猛安謀克則仍保留。天眷三年（一一四〇），「漸以兵柄歸其內族」，金朝罷廢了渤海、漢人的猛安謀克。大定三年（一一六三），由於契丹亂事，金朝罷廢了契丹的猛安謀克。大定四年（一一六四），應是防禦西北邊境所需，金朝重新將未涉叛變的契丹部眾編爲猛安謀克。此後猛安謀克的族群內容已無太多調整，其成員以女眞人爲主，少部分是契丹人。

即便全國官制已以漢制爲主，但是金朝仍然保留著猛安謀克之制。在女眞部民南遷中原後，由於他們繼續受到猛安謀克制度的編管，中原的地方管理因此便有州縣制度與猛安謀克制度兩套體系，前者所管百姓稱爲「州縣戶」，以漢人爲主，後者即是「猛安謀克戶」。州縣制度與猛安謀克制度各自獨立，州縣官員不能管猛安謀克戶，反之亦然。這種現象使得金朝在地方管理上具備了因族而治的「一國兩制」，而猛安謀克制度也是金代始終存在的女眞舊制，成爲金朝政權的基礎。

因爲運用範圍的寬廣，在金代文獻中，「猛安」與「謀克」會有多種意涵，想要得知該詞的指涉對象，需要由文獻敘述的上下文脈加以確認。如果稱某人爲「猛安謀克戶」，此時的猛安謀克是一種地方組織的單位；如果說某人率領了「猛安」或「謀克」出征，此時的猛安謀克就是軍隊的編制單位；如果某人擔任了「猛安」或「謀克」，此時的猛安謀克就是一種名銜，或是族長，或是地方政府、軍隊的長官；由於作為地方組織的猛安謀克有其特定的居住地點，如果說某人是「咸平府路酌赤烈猛安莎果歌仙謀克人」、「山東西路三土猛安益打把謀克人」，此處的猛安謀克就是一種地名了。猛安謀克戶另有一些別稱，由於獲得朝廷配發田地，他們平日自耕自食，戰時則可徵調為軍，因此金代也稱猛安謀克戶為「屯田戶」或「軍戶」。

漢式政府

「天眷改制」與「正隆改制」之後，金朝政府的主體已是漢式體制。在中央政府部分，金制乃以尚書省為朝廷最高行政機構，此即尚書一省制。尚書省設置多種長官職務，依其地位高低，有尚書令、左丞相、右丞相、平章政事（可任二名）、左丞、右丞、參知政事（可任二名）等職，其中左右丞相與平章政事合稱「宰相」，左右丞與參知政事合稱「執政」，宰相與執政則合稱為「宰執」。如果足額任命，理論上尚書省可有九名長官，但現實中常未足額任命，尤其是尚書令就很少授任。尚書省之下設有六部，一省六部乃為金朝的政務樞紐。

基本上，金朝的尚書一省制約有三項特色。首先是一省制的定型。一省制來自唐朝的三省制，晚唐以後，三省制已經逐漸朝向一省制發展。到了宋代，即便一省制已經成形，仍是多少殘存著三省制的內容，或以虛銜形式保留三省長官的職位，或是仍有其餘兩省的屬吏編制。到了金代，三省被完全整併為一省，政府中已無獨立於尚書省之外的兩省殘餘機制，一省制的轉變算是徹底完成了。

再是尚書省的獨留。原先的三省制中，基本上是中書省主決策，門下省主封駁，尚書省主執行。兩宋的發展中，逐漸成形的一省制是以中書省為主，在制度形式上，這意味著宋朝在省簡的過程中，有意保留的是政府長官參與決策的機制。但金朝保留的是尚書省，因此所欲保留的機制是三省中的執行部分。保留尚書省的改革出自海陵王，這反映了海陵王想要宸綱獨斷的念頭，改革後的金朝體制也更有凸顯君主專制意圖的效果。

最後是多相制的設定。宋代的一省制，到了南宋，逐漸成形的是獨相制的形態。相對而言，金代則是設置多員宰執，呈現著多相制的形態。這種多相制頗與漢人傳統有關，因為無論是三省制，或是後續變形的中書門下體制，其長官皆為多人，因此金制便有承襲唐宋制度的痕跡。但同時，多相制是種集體領導，而女眞原有部落共商、宗室共議的傳統，進而這種集體共議的做法在金並非罕見，到了中晚期，仍可看到當遇到大事時，金朝皇帝常會指派一定等級的官員群聚會商。這些集體共議的做法固然有著集思廣益的現實效果，然而當與多相制一併觀察後，在運作形式上，也是隱約可以看到女眞舊慣精神的殘留。

與尚書省地位相當的中央機關，有主掌軍政的樞密院與主掌監察的御史臺。樞密院之制在金代有兩階段的發展。攻下遼地後，金朝始設樞密院。此時的樞密院乃是來自遼制，是一種行政機關，所掌爲地方業務。攻下宋地後，東西兩路將領各設一處樞密院治理其下轄區，當時的金朝就有燕京樞密院與西京樞密院。稍後，樞密院改爲行臺尚書省，其制暫時消失。等到天德二年再設樞密院，此後的樞密院就非行政機關，而是專司軍務的機構了。以樞密院領軍政乃自宋制而來，此時樞密院的職務設置也略如宋制，亦以樞密使爲長官，樞密副使爲佐貳。

御史臺之制約於熙宗年間成形，其中的職務設置略如唐宋。對於御史臺的長官御史大夫，金朝總有任命，很少懸缺，這與唐末兩宋時期常是闕而不任的情形很不一樣，這種常設狀態反映了金朝甚是重視御史臺與監察工作。這些重視展現了金朝皇權的提升，君主期待御史臺能夠充分監督百官，尤其是尚書省。只是金朝御史臺官員的任用設計有點問題，由於宰執可以推薦臺官人選，因此能在臺內安插自己的人馬，這使得御史臺對於尚書省的監督力道大打折扣。

地方上，自天德二年罷廢行臺後，金朝改以路爲地方最高機構，其下再有府、州、縣等次級機構。路的設置從宋制而來，因此也同宋制，金朝亦在一地設置多種路級機構分掌不同事務，而這些路級機構有兵馬都總管府、轉運使司、提刑使司等。但與宋代以轉運使司爲路級機構的代表不同，金代路級機構的代表是兵馬都總管府。兵馬都總管府原是爲了鎮撫地方而設，後得掌理民政，相形之下，轉運使司的本職則是財賦業務。以轉運使司爲代表的現象顯示了宋朝對於財政業務的用心，而以兵馬都總管府爲代表則是顯示了金朝對於地方控制的重視，軍事主義的色彩因而濃重。

金代的地方制度中，另有兩個具備特色的發展。一是金朝全面地在中高階行政層級的城市中設置了專門的地方管理機構，此爲中國歷史首創。當時金朝爲中都等京城設置警巡院，爲節度州城設錄事司，爲防禦州與刺史州的州城設置司候司，藉此管理城市居民。在過去，中國歷代王朝的城市乃是設縣管理，像是唐代的長安城就分設長安縣與萬年縣。但在金代，如中都城便是分設中都左警巡院、中都右警巡院。這種做法一直持續到元代。另一項特色是行省的出現。金初與金末均因戰時的需要，出現了「行臺尚書省」的臨時設置。金末的行省多爲軍事機構，金初的行省卻是一種完整的地方行政機構。以行省作爲地方行政機構，蒙元將有繼承，而且從臨時設置轉爲常設，行省終爲元朝的最高地方機構。

入仕制度

金朝的入仕制度相當多元，約有以文才取人的科舉制度，家世取人的門廕、世選與勞效等制，武功取人的軍功制度，財富取人的捐官制度，及以才幹取人的吏員出職制度等管道，整體樣貌接近漢人王朝。但對各種管道的運用，金朝另有調整。對於各種入仕管道的重視程度，可由其升遷待遇的設定得知。在金代，適用於權貴的家世取人制度的升遷待遇最佳，軍功與科舉其次，吏員出職與適用於一般官員的家世取人制度則最差。這種升遷待遇的差別，也使不同來源的官員在各等職務中的分布狀態有其趨勢。基本上，中高階官員常是來自門蔭與科舉，經由其他管道入仕的官員則為低階官員的主體。

北族政權頗為重視家世取人的管道，金朝也不例外。如果想要利用家世取人的管道，求仕者需有特定家世，或是其家擁有世襲特定職務的權益，或是族屬血緣符合朝廷規定，或是家中長輩能夠任至一定高位的職務。在金代，利用家世取人管道的入仕者，最初大約可以獲得三類職務，一是地方管理長官的猛安謀克之職，二是院務監當差使，三是百司承應職。猛安謀克之職基本上都是世襲，至於能否獲得院務監當差使與百司承應職，則是多看家中長輩的職務位階，如果長輩身分夠高，就能獲得升遷待遇較好的百司承應職。

百司承應職是一種低階的服務職務，設置於中央政府與皇宮之中。中央政府內的百司承應職即是漢人王朝中的吏職，擔任此職者都屬於中央吏員。皇宮內的百司承應職，任職者稱「宮中諸局份承應人」，簡稱「宮中承應人」，其任務主要為服侍皇帝及其親屬，性質很像漢人王朝的宦官。在漢人王朝中，這些服務人員的地位很低賤，但在北族王朝中，由於有越接近政府高層的事務越需要身分「高貴」的人員來參與的習慣，所以即便是灑掃應對、抄寫公文之類的工作，金朝還是需要好人家的子弟擔任。另一方面，認識漢地傳統越深，女真統治階層也知道百司承應職在漢式體制中不是好差事，於是稍後會有分流，讓權貴子弟可以擔任高級的百司承應職，長輩職務品階較低的子弟就擔任地位較低的百司承應職。金朝對高級的百司承應人員設定較好的升遷待遇，任滿後外放到政府中擔任正式官員時，他們的遷轉速度會很快，能夠獲得的職務也都不錯。最終，先任百司承應職再任政府官員的途徑，就是金朝政府高層的主要來源。另一方面，權貴子弟雖然不會僅有女真人，女真人卻總是大宗，於是這條途徑也能造成女真人遍布政府高層的效果。

至於漢人，如果沒有好家世，最好的入仕途徑就是通過科舉制度中的進士科考試，以進士出身從政。攻取遼朝治下的漢人居地後，金朝開始興辦科舉。比起遼朝與蒙元而言，金朝開科甚早，其因或與此時的金朝不只將科舉作爲選取政府官員的制度，也將之視爲招降策略，是一種爭取漢人民心的手段。在此情形下，約在天會五年（一一二七）以前，金朝策略是每得到一處漢人聚居地，即在當地開科。

天會六年（一一二八）之後，科舉制度出現新發展。當年的燕山試中，金朝首次舉辦全國性，而且是遼宋士人都能參與的科舉，不過考量到遼宋兩地的學術風格多有不同，於是就有遼地士人試經義、宋地士人試詩賦的分地取人做法，時稱「南北選」，這也是金初因地制宜策略的展現。這種分地取人的做法一直維持到海陵王時期，天德三年（一一五一），海陵王決定合併南北選爲一科，並於貞元二年（一一五四）首度實施。海陵王另有增設殿試的改革，時亦天德三年。從天德三年到明昌元年（一一九〇）廢除鄉試之間，金朝的進士科考試分為鄉試、府試、會試、殿試等四級的考試關卡，前兩級在地方舉辦，後兩級在中央舉辦。經過多次的改革，金朝的科舉規範日益完善，朝廷愈來愈重視，視為漢人文官的重要來源。

金代科舉陸續設有多種科目，詞賦進士科、經義進士科、策論進士科、武舉、律科、經童科等六種科目的設置較為長期，這是一個多科考試制度的時代。三大進士科是諸科中最重要的科目，金朝也對進士官員另眼看待。例如宰執的任用，金朝便有漢人如無進士出身就不能擔任的慣例，章宗時胥持國的任相所以引人非議，原因之一就是他只有經童科出身。三大進士科中，詞賦進士科長期存在，經義進士科則一度罷廢。經義進士科在貞元二年後曾停止實施，大定二十八年（一一八八）後再恢復辦理。由於策論進士科已於大定十三年（一一七三）開辦，在經義進士科恢復辦理後，此後的金朝便都以三種進士科取士。

三大進士科中，漢人可以參加詞賦進士科與經義進士科，至於策論進士科就無能為力了。策論進士科雖然不限考生族屬，但因以女真字問答，而金朝能夠學到女真字的場合乃是官辦的女真字學校，女真字學生主要又從猛安謀克子弟中挑選，在熙宗罷廢漢人猛安謀克後，除了極少數個別漢人或能殘存於女真、契丹猛安謀克之內，一般的漢人子弟就會因為沒有猛安謀克身分、沒有學習女真字的環境，而難有參試機會。

此外，基於不讓女眞人因爲學習文字而放棄武風，策論進士科還有項漢人科舉沒有的關卡。承安三年（一一九八），金朝規定，四十五歲以下的考生在首關筆試之前需要比射箭，辦法是在發箭處前方六十步之處設置一座垛靶，再於發箭處前方十五步之處對立兩根旗竿，兩根旗竿相隔二十步，於兩根旗竿二丈高之處綁一條繩子連結形成一門。考生可以射十箭，如有二箭能從繩下穿越並射中垛靶，這代表力道與準度兼具，就算及格。這項規定對於考生的射藝與體能都有一定的要求。隔年，有禮部尚書賈鉉認爲射箭的比試標準過苛，建議可以放寬。賈鉉是大定十三年（一一七三）進士，曾有參試經歷，看來他多少將心比心，感覺在科舉當中放入這種射箭比賽很令考生爲難。經過討論，宰執認爲原有的規定並無問題，因此章宗最終指示考試辦法照舊。這次的意見交流，略可窺見女眞高層與漢人官員對於策論進士科有著不同的定位與期待。

二、族群與社會

族群政策

在《燕雲錄》中，趙子砥提到了金朝在分配兵權與錢穀給將領官員時，會有女眞、渤海、契丹、漢兒（即遼地漢人）的族群優劣順序。有學者從趙子砥的記載出發，指出金朝曾將轄內百姓分成女真、渤海、契丹、漢兒、南人（即宋地漢人）五等，這五種人的待遇依序有著由高而低的落差。目前看來，這種五等分別比較像是漢人觀察金初現象後的心得，應該不是金朝長期持續的法定政策。金與遼、元相同，皆未出現過涵蓋所有活動層面的族群分等規範，最多僅有出現在特定時間，針對特殊需求而設的條款。在需要分族設定的條款中，金朝罕有再對女眞人以外的其他族群設定分族待遇，大致僅有女眞人與「諸色人」的分別。「諸色人」，即各色各樣之人，意指女眞人以外的所有族群。換言之，如有差別待遇，差別應該在女眞人與其他族群之間。

除了海陵王時期比較特殊外，金朝在其餘時間一直都有保護女眞人的措施。金朝的女眞人保護措施主要有兩大類。首先是對猛安謀克戶的生活照顧。除了世宗以後的各項措施外，從金初開始，猛安謀克戶就能獲得國家配發土地，並且享有遠較其他族群更爲輕鬆的田地租稅負擔。金制，猛安謀克戶每二十五人可獲地四百零四畝、牛三頭、耕具一組，這些配發項目也使其田名爲「牛頭地」，其稅稱爲「牛頭稅」。這項配發規定應該只是原則，考量到各式環境的因素，現實上不易完全比照辦理。四百零四畝之地，天會四年（一一二六）後每年收取五斗糧產之稅，平均每畝收取〇・一二升。相對而言，金朝對於漢人私田採取兩稅制，合計每年每畝收取五・三升，所繳稅額是猛安謀克戶的四十四倍，兩者待遇差別清楚。大定末年後，牛頭稅制逐漸被「計口授田」之制取代，雖然不清楚此後的租稅計算方式，但以金朝政府照顧猛安謀克戶的一貫作風看來，稅額應該不會調高太多。

另一項保護措施則是針對女眞人的政治權益，此由金朝的官員任用常有各種優禮女眞人的辦法可見。優禮女眞人的辦法大致有三。首先是在部分的遷轉格法中將女眞官員獨立而出，爲之設定能夠加速升遷的條款。這些格法雖然能讓女眞人的升遷比其他族群的官員快些，但差別還不算太大。影響較大的辦法有二，一是透過選任的習慣或高層的授意，加速拔擢特定的女眞官員；二是建立一些並非專用於女眞人，但可方便女眞人利用的任官條款。這兩種做法比較含蓄，並未直接針對族群身分設定明文條款，也較有彈性，於是在維護北族政權少數統治的基本格局之餘，女眞人以外的各族官員不會被制度硬性排除。如果各族官員符合相關規定，又或忠誠與才幹得到女眞高層的認同，自有獲得拔擢機會。只是經由這些保護措施，女眞人都能在金朝政壇中長期維持著優越地位。

經由這些保護措施，金代就有越是政府高層，女眞官員的占比就越大的現象。《金史》曾經留下明昌四年（一一九三）的官員統計數據，其中提到全國共有一萬一千四百九十九名在任官員，內有四千七百零五名女眞官員，六千七百九十四名漢人官員。當時應該也有渤海、契丹等族的官員，因此學者便指出，因爲猛安謀克戶以女眞人爲主，州縣戶以漢人爲主，所以統計中的「女眞」與「漢」可能是猛安謀克戶與州縣戶等兩類出身官員的代稱，而明昌四年的全國官員就有四成來自猛安謀克戶，六成來自州縣戶。雖然並無明確的數據資料，學界一般同意猛安謀克戶的人口約占全國人口的一成左右。比較官員占比與人口占比，猛安謀克戶或女真人的仕宦頗具優勢。若以最高層的宰執而論，女真人的特殊地位就更明顯。據統計，金代共有一百五十八名宰執，內有女真人一百零一名、漢人四十名、渤海人九名、契丹人五名、奚人三名，其中女真人占六成強。

至於法律上的族群待遇，與遼、元的各族各從本俗之法不同，金代各族均用同一法律。元好問曾說金朝「國家百餘年，累聖相承，一以人命爲重。凡殺人者之罪，雖在宗室，而與閭巷細民無二律」，這雖然是強調法律不分階級，但也指出了金朝法律並未根據身分血統進行差別管理。當然，法律如此規定不代表現實也會如此執行，還是可以看到一些女真人在司法審判中獲得偏袒的記載。基本上，在世宗、章宗時的金朝盛世時期，由於高層的謹慎克制，當部分官員依據法律嚴懲不法的女真權貴時，朝廷不會特意制止，審理不公的情形也會相對較少。但至金末，在金朝對女真人的刻意保護下，偏袒情形便轉趨嚴重。這些不公的審理結果，受害者常是漢人百姓，這又是金末族群關係惡化的根源之一。

政治上的族群互動

金代史料中對於族群互動的描述，主要是透過女真人與各族的關係來呈現。如是女真人與漢人以外各族的互動，則會多記政治場合的往來，較少留下基層百姓的交流情形。如以漢人的角度出發，相關史料則會多記漢人與女眞族群的互動，少談漢人與渤海、契丹等其他族群的往來。於是現今對於金代族群關係的認識就有一點片面，但會對女眞與漢人的互動、朝廷高層對於各族的看法與政策有著比較清楚的瞭解。

女眞政權與各族之間的親疏關係，現實中隨著時局而有差別與變化。女眞人與渤海人在金代的關係頗爲類似遼代的契丹人與奚人，他們長期親密互動。建國之初，女眞高層極力拉攏地域、血緣、文化與之接近的渤海人一同抗遼，阿骨打就以「女直、渤海本同一家」的說法爭取渤海人的支持，渤海人因此歸附者眾。稍後，渤海人於文治武功等各方面都有表現，金朝更加重視。爲了強化聯繫，女眞皇室亦與大氏、李氏、張氏等渤海大族通婚，日後便有海陵王、世宗、衛紹王等三名金朝君主，其母皆爲渤海人。渤海人的政治力量在海陵王與世宗之時達到高峰，世宗曾經任命四名尙書令，其中有二名渤海人，即張浩與李石，而李石又爲世宗母舅，其女則爲衛紹王之母。

女眞與契丹的關係就有多次的劇烈起伏，長期的趨勢則是逐漸惡化。金遼對抗期間，或是捲入了政爭而爲政敵排擠，或是對遼朝未來感到失望，開始有契丹人投靠金朝。稍後，根據宋人的觀察，當時出現了將遼朝滅亡歸罪爲宋朝敗盟的說法，許多契丹人於是積極助金攻宋。契丹將士在攻宋戰役中立下了許多功勞，金朝對此甚爲肯定，然而基於他們的契丹身分，金朝始終保持警覺。尤其是耶律大石（一〇八七—一一四三）率眾西遷後，契丹在中亞的活動消息陸續傳到東方，金朝必須提防東西兩方契丹人的連結。諸多的防範措施使得部分契丹將領感到不滿，終有起兵造反者，耶律余睹即是如此，他在天會十年（一一三二）因爲反金不成而遭捕殺。

耶律余睹事件造成了金朝與契丹人的關係一度惡化，但因多數契丹人仍效忠金朝，金朝也仍願重用。這種關係維持到海陵王末年，時有契丹人撒八叛變，其眾後由移剌窩斡率領，而此一亂事持續到大定四年（一一六四）結束。事後女眞高層對於契丹人的疑忌轉深，雖然因爲西北邊防所需，金朝仍須借重契丹之力，然而雙方關係此後已難親密。金蒙戰爭時，金朝更對契丹嚴加防範，新仇舊怨夾雜，許多契丹人起而叛金，或獨立、或投蒙。基本上，金朝的族群衝突在前期主要是在女眞人與宋地漢人之間，中後期之後則轉爲集中於女眞人與契丹人之間。

另一方面，即便是關係較爲緊張的中後期，仍有許多契丹人願意效忠金朝，其中較受金朝器重者有耶律履。耶律履（一一三一—一一九一），東丹王耶律倍七世孫，仕至尚書右丞。他有三子，即辨才（一一七一—一二三七）、善才（一一七二—一二三二）、楚材（一一九〇—一二四四）。金末，辨才與善才效忠金朝，楚材則在中都淪陷後投蒙。蒙軍圍汴時，楚材擔心兄長安危，以大汗意旨向金索討兩兄，辨才因得離汴，後居眞定；善才則拒絕北行，稍後投水自盡表明心志。能爲金朝殉國的契丹人又有石抹元毅、世勣、嵩等祖孫三代，元毅死於戰場，世勣父子則在蔡州城破時死於亂軍之中。他們都是大金的忠臣。

遼地漢人與宋地漢人雖然皆爲漢人，但因分隔已久，兩方各有政治立場，金朝也有不同對待。相對於宋地漢人，遼地漢人對於金朝的到來，其態度相對中立，如果金朝願意接納，他們也願貢獻心力。在亟需更多的文治人才下，金朝引用了大量的遼官，遼地漢士取代了渤海文士，成爲下一階段金朝中央政府與將領們的幕僚主體。太宗年間的遼地漢人官員頗爲得勢。但也因與權貴關係過於緊密，稍後受到政爭波及。皇統七年（一一四七），金朝根除了完顏宗翰陣營最後的殘餘勢力，田瑴等官員被殺者八人，貶逐者三十四人，史稱「田瑴黨禍」。此次黨禍並非針對遼地漢官而發，少數宋地官員也遭波及，但因被殺、被貶者多爲遼地漢官，遼地漢官群體受創甚深。黨禍之後，遼地漢官已經不如金初活躍。唯因先前基礎，他們暫時還在金朝的政壇中保持著相當的影響力，一直到世宗之後，由於宋地官員的崛起，他們的政治地位才被逐漸取代。

最初，宋地漢人相當排拒金朝的統治，連帶地也影響了女眞統治階層對於降金宋官的信任。稍後，當遼地漢官因爲捲入政治衝突而遭貶抑，金朝仍然需要大量的文官協助統治時，宋地官員開始獲得重用。貞元三年（一一五五），眞定（今河北正定）人蔡松年（一一〇五—一一五九）被任爲參知政事，他是首名來自宋地的金朝宰執。海陵王除了進一步重用宋地官員外，也改革了科舉，取消了原先分地取人的做法，兩科併爲一科，此使宋地漢人得到了更多的參政機會。同場競技下，宋地士人比起遼地漢士更爲量多質佳的優勢充分展現。到了世宗中晚期，經由科舉入仕的宋地漢官逐漸躍升高層，取代了遼地漢官成爲金朝漢官的主體。在金朝盛世時期，政壇就略有以女眞權貴官員爲高層主體，漢人官員在旁輔佐，而漢官中又以宋地文官爲主體的基本結構。

曾經生活於宋朝統治下的第一代宋地漢人逐漸凋零後，在金代環境中教養成長的第二代，基本上已經認同了金朝的統治。願意效忠金朝的宋地漢人、遼地漢人、渤海人、契丹人等，都以大金子民自居。宋遼兩地的漢人，由於文化背景相近，對於金朝的看法相同，海陵王後的管理政策也無分疏，他們在金代中葉後逐漸合流，不再分別彼此。另一方面，漢人與金朝之間的關係既有合作，也有矛盾。矛盾的根源在於金朝的女眞人保護措施，相關種種總令漢人感到不平。但當金朝願意開放大量機會提供漢人參政，漢人能有足夠的參與感時，雙方合作繼續。金亡前夕，多有漢人官員堅持報效朝廷。正大末年，時有長公主向哀宗抱怨：「近來立功效命多諸色人，無事時則自家人爭強，有事則他人盡力。」立功的「諸色人」官員，從《金史・忠義傳》所列人物來看，實以漢人爲主。漢人對於金朝，其感受相當複雜，認同態度也是因人而異。

女真人的南遷

隨著疆域的擴大，爲了強化征服地區的控制，金朝將大量的女眞人南遷至中原。太宗至海陵王時期乃是女眞人南遷的高峰期，期間又有三波規模較大的遷徙行動。天會十一年（一一三三）後，金朝首度大量南徙女眞人，由於黃河以南仍爲齊國所治，此時的移民地區主要爲黃河以北之地。皇統初年，爲了配合廢齊與河南地的收取，金朝再度遷徙女眞人，移民區域爲所有的中原之地，早先已經南遷的女眞人，其居住地也有調整。正隆初年，爲了就近管理女眞強族，在遷都中都前後，海陵王將上京周遭的貴戚全面移至中都一帶，此即第三波的南遷。

經過了三波的南遷，有大量的女眞人來到了中原。泰和七年（一二〇七），估計當時全國的女眞人共有七百七十一萬人左右，其中有三百五十萬至三百六十萬人分布於華北，而有三百萬人左右居於河北、山東兩地，其餘則多住在河南地區。爲了方便南遷女眞人自耕自食，金朝會授予田地，於是他們被分散安置在廣大的漢人農村之間。在鄉間，猛安謀克戶聚居於專屬的村寨中，有其獨立的管理機制，不受漢式州縣體制的管轄。整體而言，女眞人在華北的居住空間，就有聚集於河北、山東、河南，分散於鄉間，聚集於村寨的形態。此時的華北鄉間，女眞人與漢人的居住地區猶如馬賽克拼畫般鑲嵌比鄰。

女眞人的加入改變了中原的族群分布，也使族群關係成爲金朝統治與漢人世界的重要課題。雖然就人口來看，中原的女眞人差不多僅占當地漢人不到一成，數量相對有限，影響本該不大，但因金朝的管理政策，女眞人在中原的新生活也會在許多層面中干擾到原有的漢地社會秩序。

首先是對漢人原有生活空間的排擠。如果以當時的猛安謀克戶數與每戶的法定授田面積計算，大定二十三年（一一八三）前後，猛安謀克可能占有約一百萬頃左右的華北田地，而金代的華北墾田總數估計約有一百六十萬頃，如此則女眞人將占六成之地。當然，由於不見得每戶都能獲得田地，也未必都能足額授田，現實中的占田面積也許不會這麼大。只是另外也還是有許多記錄，顯示了猛安謀克戶占田規模不容小覷。由於在三波的移民潮中皆有大規模的授田，之後世宗爲了安養女眞人也曾重新分配土地，時稱「括地」、「括田」，這些陸續進行的授田與括地措施，長期而頻繁地嚴重困擾著金代漢農的生活。括地措施前後實施約四十年，初期規模尙小，而後轉趨擴大，承安五年（一二〇〇）竟有括田成果「得地三十餘萬頃」的記錄。

又有對於漢人社會秩序的侵擾。最初的金朝規劃，漢人與女眞人擁有的生活空間分野清晰，似乎不會相互干擾。同時爲防多事，金朝亦以調整土地區界隔離兩造、制止貴族非法強占土地、開放通婚增進交流等方式消弭雙方衝突。此外，女眞人雖然是金朝的國族，但是金朝也有法律規範保障漢人的權益。

只是在現實中，比鄰而居、不禁往來的情形還是讓女眞人與漢人能有接觸機會，而女眞人的優越地位又給予了部分猛安謀克與貴族侵擾漢民的機會。女眞人對於漢民的侵擾，文獻中常見的行爲有奪取田產與侵犯身家財產等兩種。前者牽連極廣，爲侵擾行爲的主體；後者較不普遍，但也令人印象深刻。而且問題不僅在於侵犯當下，稍後對簿公堂時，常見地方官員屈就權勢偏袒女眞，此更加深漢人不滿，「山東、河南軍民交惡，爭田不絕」、「齊民與屯田戶往往不睦」的現象便時有所見。就算這些侵擾僅會發生在女眞人與漢民雜居之處，多數漢人因爲並未鄰近女眞人而無互動機會，但是遠方的偶發事件，有時也將以口耳相傳，以訛傳訛等方式點滴滲入漢人社會的集體記憶中，構成族群仇視的深層基調。一旦朝廷無力節制，漢人不免伺機報復。

貞祐南遷後，金朝已難控管的黃河以北地區就有大量的女眞人被殺事件。像是山東臨淄一帶，有豪強與盜賊以舊時「撥地之酷」號召捕殺女眞人，一時間女眞人被屠殺殆盡，連其父祖墳墓也被挖掘一空。當時的臨淄縣令是完顏懷德（一一六二—一二三二），雖然是女眞人，但因任職期間待民仁厚，臨淄百姓想盡辦法幫他躲藏，終於逃過一劫。由於這類事件頻傳，中原的女眞人爲了保命，只能透過遷居藏匿、變更服儀與姓氏等方式盡力隱瞞他們的女眞身分。亂世之後，這些倖存的女眞人，有部分會向子孫透露自家的根源，但有部分會繼續隱瞞。如果他們不再說出，這些女眞人就將以漢人的身分，在中原展開新生活。

同時，隨著諸族的混居與通婚的開放，華北社會也出現了規模頗大的文化交流。一方是女眞人的「漢化」，另一方則是漢人的「女眞化」或「胡化」，在服儀禮俗、生活舉止、乃至於學術文化上，漢人與女眞人彼此仿傚。在各種文化交流的記錄中，漢人的「女眞化」主要集中在基層百姓，總是透過服儀、禮俗等生活行爲來展現，其中有部分又爲朝廷的強制推動所致。天會四年（一一二六）十一月底，當時金朝仍在圍攻汴京，但已針對所占宋地頒布命令，強制漢人薙髮左衽。天會七年（一一二九）金朝再度重申規定，不合格者處死。目前不清楚此類規範的持續時間，但從正隆年間的石刻圖像資料所見，其人物服飾均爲左衽；曾在乾道六年（金大定十年，一一七〇）使金的宋朝官員范成大，便指出中原百姓的衣服「其制盡爲胡矣」，薙髮左衽之制似乎影響長遠。至於女眞人的「漢化」則較全面，初由上層貴族啓動，稍後快速蔓延至住在漢地的猛安謀克戶，涉及的層面從日常生活到學術文化皆有。在仿傚漢人風尚的過程中，女眞人多是主動學習，朝廷常有抑制此一趨勢的措施。

社會結構

在金代，女眞人的社會結構形態與漢人頗有不同。女眞人的社會階層依其家世地位而分化，上層乃是貴族，包括宗室、外戚、世襲猛安謀克等，他們的權益均受國家保護，政治與經濟力量極大。之下則是女眞平民，多是一般的猛安謀克戶。他們最初亦受國家保護，但在金代中葉以後，其中的貧富差距逐漸擴大，有的成長爲實力雄厚的大奴隸主，有的則因「貧弱化」而使其擁有的社會資源甚至不及一般的漢人平民。貧弱化的猛安謀克戶，雖然還是保有名義上的優越地位，但已經淪落到社會下層，他們是世宗想要救濟的對象。無論是貴族或平民，由於政治權力、社會身分的劃分仍以家世條件爲主，女眞人的社會結構就有「門第社會」的性質。

女眞社會中也存在著一種漢人社會已經逐漸淘汰的階層，奴隸。入主中原前，因爲戰爭與社會條件的演化，女眞社會已有發達的蓄奴風氣。最初的奴隸主要得自戰俘，進入中原後，奴隸來源轉爲賣身爲奴的貧民。無論來源爲何，這些奴隸多爲漢人。擁有奴隸是女眞社會的普遍現象，擁有的數量則視奴隸主的政經地位而定。大定二十三年（一一八三）的官方統計中，女眞人共有一百三十餘萬名奴隸，宗室平均每戶能有一百六十三名奴隸，猛安謀克戶則有二．二名。考量到隱匿不報的問題，也許現實數量還會更多，有學者便推測在數量最多的時期，金代奴隸的總數恐怕會達到一百五十至二百萬人之間。

除私屬奴隸外，金代另有一些身分待遇類似奴隸的戶別，包括地位接近奴隸的官戶，以及地位較高的監戶與二稅戶，其中官戶與監戶的所有者爲國家，二稅戶則是半爲寺觀半爲國家。由於合觀後的奴隸數量驚人，足以成爲重要的社會階層，女眞社會也是具有「奴隸社會」的樣態。奴隸的大量存在背離了唐宋以降漢人社會的發展趨勢，既造就了女眞社會的自成一格，也使中原地區不僅在族群分布的空間上，在生活方式與社會結構上也出現了明顯的鑲嵌格局。

至於漢人社會，其內部結構與過往相較並無全面性的變化，但因金朝的統治結果而有一些變形。首先，因爲官田面積的暴增，佃農人數也隨之大增，而基層漢人農民的平均處境可能會因爲佃農比例的增加而較北宋貧弱。再者，由於金朝的經濟不如北宋發達，商人群體的規模、力量與活躍程度也當伴隨下降，因此整體漢人社會的職業成分與產業結構可能比北宋更以農業爲主。第三，占據社會頂層的地方豪富與官員之家，就整體階層的活動而言，其財勢依舊驚人，也有占田規模不下於女眞貴族的大家。總之，金代漢人社會的內部，比起北宋，恐怕會出現強者恆強、弱者更弱的狀況。

不過即便是金代漢人社會的「強者」，相較於漢人王朝時期，處境仍是相對辛苦，這是金朝的整體治民策略所致，豪富大家的家業經營也與一般百姓一同受到國家政策的打擊。金代存在著許多瞬間改變地方財富分配的管理措施，常態的有賦役中的徭役徵調，偶發的有大定以後的括田與戰時的簽軍，這些管理措施常令大量家庭受到影響。

金代的賦役制度，可分爲徵用錢財的賦稅與徵用民力的徭役，前者包含牛頭稅、兩稅、官租、物力錢、雜稅五類，後者則分職役、力役、兵役三種。關於傜役，職役僅對富戶課徵，並模仿北宋雇役法而允許富戶出錢募人充任，整體而言影響應相對有限。至於兵役與力役，則是動盪金代漢人社會的兩大關鍵。兵役有兩種，一種針對女眞人，主要徵調自猛安謀克戶，爲金朝軍隊主力；一種針對漢人，除了承平時的徵調外，戰時將會擴大徵召，此即「簽軍」。簽軍制度成於熙宗，徵調對象不分貧富，徵調時間依局面而定，可長達十年。對於百姓從軍時的損失，理論上金朝設有代役金制度補貼，但現實中常是無償徵調，而且入伍時百姓還需自備衣糧。至於力役，徵調過程如同簽軍，但徵調時機更爲頻繁，包括整治河患、修築公共建設、運輸官物糧食、營建宮殿庭園等任務，均見力役民夫的身影，每次使役可達數千至數十萬人。

對於這些傜役，漢人反應極爲負面。以簽軍爲例，劉祁便直指「金朝兵制最弊，每有征伐或邊釁，動下令簽軍，州縣騷動。其家有數丁男好身手，或時盡揀取無遺，號泣怨嗟，闔家以爲苦」。在力役部分，貞祐二年（一二一四）金士趙元有詩道：「修城去，相對泣，一身赴役家無食。」對富戶而言，除了是傜役攤派的優先課徵對象外，他們也須協助官府徵收賦役。常見官員要求這些富家在課徵前先繳提一定數量的稅額與人力，如果轄內有百姓逃漏，官府便會要求富家承擔。這種情形下，一有水患、戰亂等特殊情形發生，富家不免大受打擊，甚至家產因而蕩析殆盡。不過比起尋常百姓，富家還是較有能力抵抗這些來自於國家的衝擊，這種現象也會繼續推動著「強者恆強、弱者更弱」的格局。

三、經濟

復甦中的北南消長

金朝入主中原之後，對於中原與周遭地區帶來了一次規模極大的人口變化。變化表現在兩種現象，一種是死亡，一種是遷徙；變化的原因則有兩種，一是戰爭，二是金朝的徙民政策。戰爭的衝擊或許最大，金朝的征服，如果加上侵宋時的深入作戰與往後對於西北的經略，戰爭的範圍遍及金朝所有的疆域，以及蒙古草原、長江流域等地，影響範圍極廣。如果只看戰爭對金朝轄下人口的影響，在戰爭前的十二世紀初期，後來爲金朝所統治的遼地與宋地的人口估計約有七三二萬戶，然而到了大定（一一六一－一一八九）初年，即便已有一段時間的生養，金朝統治下的舊遼與舊宋之地仍然僅有五百萬戶左右，戰後的人口僅剩戰前的七成左右。人口的大幅萎縮，許多源於死亡，原因或是戰爭的殺戮，或是隨後而來的天災人禍。

百姓的遷徙亦是人口萎縮的原因。爲了逃避戰亂，中原百姓大量南逃，皇統二年（一一四二）紹興和議簽訂前後，估計約有五百萬左右的淮河以北漢人移居南宋。漢人南逃之際，金朝從北方遷來了大量的猛安謀克戶，女眞軍民的大量南遷減少了中原人口的下滑幅度。整體而言，金代前期的中原出現了人口下滑、族群成分調整的發展。

隨著金朝的休養生息，人口持續回升，終於在章宗年間達到金朝人口的高峰。泰和七年（一二〇七），金朝約有八百四十一萬戶，五千三百五十三萬人。其中，原爲北宋統治的區域約有六百三十六萬戶，該地於北宋崇寧元年（一一〇二）時約有六百一十八萬戶。兩者相較，金代戶數比起北宋略有成長。此一成果既是來自於漢人的繁衍，也來自於猛安謀克戶的南遷。

到了盛世時期，金朝的經濟雖然無法達到同時間的南宋成就，但從人戶繁殖與衣食生產所見，同以中原地區而言，此時的金朝經濟可能已經勉強恢復到北宋盛世期間的繁榮。在衣食生產的方面，得利於朝廷的宣導與獎勵措施，中原的墾殖環境多有改善，官民對於農桑生產也相當用心。除了金朝歷代君主多有勸農言論的發表外，比較具體的政策或在法令要求，尤其是以增加糧食產量、擴大墾田面積作爲各級地方官員施政成果的審核標準，影響甚是直接。專爲地方官員所設的遷降考核辦法中，明昌五年（一一九四）便規範地方長官的績效與轄下農業生產的關係，隨後在泰和四年（一二〇四）的「考課法」與興定元年（一二一七）的「辟舉縣令法」中，勸農均是重點項目。經過這些努力，盛金時期的中原糧食生產應該能夠應付一般的荒災，並且發展自身的農業副產品經濟。此外，金代的絲絹生產尙稱旺盛。雖然僅是各式衣服原料之一，但絲絹不只是服飾或奢侈品的關鍵原料，也是當時的交易單位之一，有其代表性。衣食生產的興盛，代表了中原經濟已經步入常規，也呈現著金朝統治的穩定。

不過，中原的經濟還是未能全面復甦。曾在北宋時期盛極一時的煤鐵生產，入金以後似乎已經沉寂。根據現存資料，金代的鐵礦開採僅見於大同府、朔州、大興府等少數地方，煤炭開採則是罕有描述。煤、鐵這兩大原料是經濟發展極爲重要的基礎，北宋中葉以後煤鐵產業的快速成長推動了當時中國各種新式手工業技術的改良與創新，是經濟繁榮的指標性表現，學界因此認爲北宋曾有「煤鐵革命」。這項成就，金代恐怕未能延續。

金代的商業交易規模可能也有大幅萎縮。因爲資料有限，現今已難大量取得金代商業活動的具體數據，僅知中都的都稅務使司曾在承安元年（一一九六）時收取了二十一萬四千五百七十九貫的商稅。這筆商稅來自當時金朝最爲繁華的中都，如果與北宋同樣是最爲繁榮的汴京相較，北宋熙寧十年（一〇七七），當時的東京都商稅院則可收得四十萬二千三百七十九貫的商稅，金代僅及宋代之半。如不考量物價水準而單就數額來看，宋金之間的北方商業恐有大幅衰退。由於金代未能承繼北宋「煤鐵革命」、「商業革命」的成果，加上土地國有化程度的大幅增加、國家更積極地大規模干預經濟活動等現象，中原經濟貌似重回中古時期的「以農爲本」，由政府主導財富分配的局面。

中國經濟重心的加速南移乃是金宋對峙期間重要的歷史發展。唐代時期，長江流域經濟日益發達，即便黃河流域的經濟亦能緩步成長，但已有北消南長的趨勢。北宋時期，北消南長之勢加速，唯因當時政治中心位於北方與北南物資的密切交流，北南落差猶可略爲彌縫。十二至十四世紀，北南的經濟發展落差急遽拉大，北弱南強之態明顯出現，往後中國經濟的基本地域格局自此確立。

十二至十四世紀之間的消長之勢，由於正値金、元統治，曾有學者指出，這與北方長期受到北族王朝統治，而北族王朝治理無方，北方經濟因此惡化有關。對此，近來學界已經指出，金朝與日後的蒙元統治都有許多振興華北經濟的措施，亦有相當的成效。目前所見，金元兩代對於北方經濟的主要影響，應該是征服過程所帶來的戰亂，而金朝統治期間又增添了北南分治的問題。

首先是戰爭的影響。相較於南方在兩宋統治下的長期承平，北方承受了十二世紀中葉與十三世紀前半段等兩次各約五十年左右的金宋與金蒙交戰的摧殘，兩次戰爭均是瞬間摧毀北宋與金朝長期休養的努力。加上元末戰爭，自宋至明，北方就不斷經歷著成長與破壞的循環，這使得當地的經濟成果無法持續積累。

北南分治亦對當時的中國經濟格局造成影響，對於華北經濟的作用則在於妨礙了南方資源的往北輸送。雖然無論北南都因爲無法再與另一方正常流通而使雙方的整體經濟規模因而萎縮，但因先前北宋在北南資源互通時，南方主要是輸出方，於是金宋對峙期間的北南分治反而有助於阻止南方物資的外流，南方所受影響便是相對有限。北方卻非如此，在分治之後，當南方資源無法充分支援的情形下，北方經濟因此不易與興盛的南方經濟共鳴，單靠自身的資源便難有進一步的發展。整體而言，十二、十三世紀華北經濟的弱化，與其說是金朝統治策略不佳，不如說是戰亂衝擊與北南分治的結果。此後，從元代至近代的中國北南經濟落差總難弭平，也終有「經濟上北依賴南」、「政治上北支配南」等基本格局的成形。

金宋貿易

金宋對峙期間，中國的北南資源交流雖然阻滯，但非全然隔絕。金宋議和後，兩國比照先前的遼宋關係，亦於邊界設置榷場提供雙方貿易。此外，宋朝每年繳送的歲貢與歲幣、兩國使臣往來時的相互餽贈，以及民間的邊境走私，皆是金朝取得南方資源的管道。此時，榷場貿易、走私貿易、歲貢與歲幣等便爲金宋資源交流的三大形式，南方資源仍有管道增益中國北方經濟的發展。

早在北宋時期，女眞部落曾與宋地有過零星的馬匹交易，主要經由海路而以渤海海峽往來。北宋末年的金宋使節也從這條航道往返，於是在雙方達成滅遼共識後，所成盟約遂有「海上之盟」之稱。金宋開戰後，兩國官方關係中斷，不過邊境百姓仍有交易，兩國也會利用商旅探聽對方消息。對於邊境交易，宋朝官方的態度比較積極，紹興元年（一一三一）、紹興五年（一一三五）時皆曾同意淮南地區可與北方通商。

金宋和議底定後，皇統二年（一一四二，宋紹興十二年），兩國榷場正式設立。往後的兩國榷場，除了在正隆南侵與開禧北伐的戰爭時期曾有封閉外，和平時期多是開放。在開放的年代，榷場的所在地點與開放的數量也隨著時局而調整。例如正隆四年（一一五九，宋紹興二十九年）正月，金朝便曾下令僅留泗州榷場，其餘全部罷廢。由於金宋榷場的基本設置原則乃爲隔界對接，同年二月宋朝便僅留泗州對口的盱眙軍（今江蘇盱眙）榷場，其餘也全罷廢。這次的調整幾近全面封閉，狀況比較特殊，常見的是特定榷場的遷移或關閉，如宋乾道元年（一一六五，金大定五年），宋朝曾將棗陽（今湖北棗陽）榷場移到鄧城鎮（今湖北襄陽）之地；泰和三年（一二〇三，宋嘉泰三年），金朝則一度關閉唐州（今河南唐河）榷場。榷場的關閉，常見的原因是擔心機密外洩，如正隆四年金朝的關閉便是擔心侵宋軍情外洩。榷場也是兩國情報人員的活躍場合。

兩國的榷場中，隔著淮水對望的泗州與盱眙軍乃爲關鍵之地，此處位於淮水與汴河的交會處，向來是中國的北南水路要衝，宋金兩國正式設置榷場時，便是先在此處設立。金朝在泗州榷場的收益頗豐，承安元年（一一九六）時，該年可有將近十一萬貫的收入。除了泗州、唐州等地外，金朝也在壽州（今安徽鳳台）、潁州（今安徽阜陽）、鄧州（今河南鄧州）、蔡州（今河南汝南）、鳳翔府（今陝西鳳翔）、膠西縣（今山東膠縣）等地陸續開設榷場，宋朝也有相應的對口設置。

金朝也有些功能較爲特殊的榷場。金朝的榷場多是因應金宋貿易而設，但在秦嶺西部，也就是金朝西南邊地的榷場，不僅可與南宋，也能與西夏貿易。又有膠西榷場，其性質與他處陸路榷場不同，乃是因應海路貿易而生，主要是提供宋人海商之用。對於兩國的海路貿易，金朝未有意見，宋朝則有禁令。乾道七年（一一七一）六月，宋朝官員知紹興府事蔣芾便有上奏，指出金朝的山東沿海一帶多有來自宋朝東南沿海的商船前往販賣銅、鐵、水牛皮、鰾膠等物，建議朝廷嚴格禁止這些貿易行爲，宋朝從其議。這類禁令的實際成效應該有限，畢竟海船一旦出港，航行路線便非官府可以約束，除非全面禁止相關物資的輸出，否則針對特定國家的商品禁令其實很難執行。

蔣芾的上奏中，也提到了金宋的中部邊界亦有相同的問題。他指出金朝的唐州與鄧州，會有荊襄一帶的宋商攜帶北方缺乏的水牛皮、竹箭桿、漆貨等物前往販賣，亦請朝廷嚴禁。從海運到陸運，蔣芾請求嚴格管制交易商品的理由正是因爲這些商品都是造船製甲的原料，影響國防甚深。事實上，金宋兩方對於涉及國家安全的物資都有嚴格管控，不准外流以免資敵，於是金朝就有針對馬匹，宋朝則有針對銅錢，而雙方又對能夠洩露國家機密的圖書文件，各自設定了禁止外流的規範。不過這些物品常是官方越是禁止交易，行情就越好，利之所趨，違禁品反而成爲走私貿易中的熱門商品。

如將榷場貿易與走私貿易一併合觀，關於兩國交易的商品，宋朝的主要輸出品爲乳香、檀香、犀角、象牙等海外之物，生薑、陳皮等南方藥材，以及茶、米、牛、絲織品、漆器等生活物資；金朝則主要輸出北珠、貂革、人參、甘草、馬匹、北綾等北方特產。關於兩國的貿易差額，目前無法得知具體的數據，但因金朝的輸出多是奢侈品或特定用途的物品，宋朝的輸出則以民生物資爲主，整體而言宋朝應是出超，金朝應是入超。如此，金宋間的資金流通情形也會類似遼宋，雖然宋朝每年送出歲幣，但將從兩國貿易中賺回，而且應該還有大量盈餘。

兩國的交易物資中，茶與絲織品乃爲大宗。唐代以後，中國的飲茶風氣盛行，周邊的國家與地區也有流行，茶葉漸爲中國外銷的重要商品。金宋對峙期間，北方漢地仍有飲茶習慣，女眞等北族人士也是喜好品茗。只是茶葉的生產與製作以南方爲主，茶便爲金宋貿易中宋朝的主要輸出商品。爲了獲利，宋朝設法管理茶的外銷，只准官方專賣，不過民間的走私情形還是很嚴重。金朝對於買茶而造成的錢財外流頗感憂心，認爲這是「費國用而資敵」，有意減少向宋買茶。金朝曾有自己製茶的打算，承安三年（一一八九）章宗便下令在河南、山東等地種植茶樹，希望能夠減少對於宋茶的依賴。只是幾年後章宗品嚐這些本國新茶，雖然強調能喝，但還是覺得味道不佳。最終，金朝放棄了自己生產。無法自產只好節約消費，泰和五年（一二〇五），尚書省上奏金朝全國「上下競啜」，每年花在飲茶的費用「不下百萬」，建議禁茶。全面禁止很難，朝廷於是下令只准七品以上官員及其家人才能飲茶。這道規定應該難以落實，也能看到南茶的輸入已經成爲金朝的財政負擔與國安問題。

金宋都有絲織品外銷，金朝在此略占優勢，包含生絲在內的絲織品可能是金朝難得的出超之物，略可緩和金朝在兩國貿易中的整體逆差困境。河北、山東、河南等地原是中國絲織品生產的重鎮，唐宋時期多有盛名，產量不但多，品質也很好。《雞肋編》就提到南方絲「細弱」，品質不如北方絲，也說明了定州（今河北定州）「刻絲」的精美。「刻絲」是種兼用機織與刺繡的織法，能夠織出花草鳥獸等各種形象，栩栩如生。入金後，北方絲織業依舊盛行，產品價格也不高，頗受宋商喜好。北南兩地交易時，如有以物易物，絲織品常被北方用來作爲主要的交換物品，像是前述泰和五年尚書省的禁茶建議中，就有提到當時的北方商人多用絲絹換取南方的茶葉。

錢鈔

金宋貿易時，交易的形式略有以物易物與以錢購買兩種，前者多半出現在金方購買宋地商品，後者則在宋方購買金地商品之時。由於兩方交易形式的不對等，於是銅錢的流動方向主要便是從宋朝流向金朝，流通的銅錢又多宋朝所製，宋錢也是金宋兩國之間的大宗流通物資之一。

交易形式的不對等源自於金朝銅錢的缺乏。隨著金朝經濟的日漸復甦，國內的貨幣需求大增，金朝就有自鑄銅錢之舉。金朝的銅錢鑄造，《金史‧食貨志》與《歸潛志》皆記始自正隆年間，不過中國國家博物館藏有一九二〇年代發現的「皇統元寶」，如此則金朝開始鑄造銅錢的時間可能更早。稍後，金朝多次鑄錢，「大定通寶」、「明昌通寶」乃爲代表。然而金朝鑄錢的數量一直有限，其因乃是北方銅料稀少，鑄造成本也過高。

金朝產銅之地不多，就《金史》所見，大約僅有大興府、眞定、天山（今內蒙四子三旗西北）等地。另一方面，《宋會要》曾記載在兩宋之際，宋朝銅產

圖 4-1　大定通寶。By Jean-Michel Moullec, via Wikimedia Commons, CC BY 2.0.

最盛之地有韶州岑水場（今廣東翁源）、潭州永興場（今湖南瀏陽）、信州鉛山場（今江西鉛山）等「三大場」，而此三大場無一處在北方。另有學者比對北宋全國各地收購銅料的數量，主要也是集中於南方。由於收購之處常是產地所在，可知南方應是北宋主要的產銅之地。華北地區在北宋時期並無產銅要地，到了金代，銅產量應該仍然有限。此外，不清楚是因爲開採成本還是鑄造技術的問題，金朝的鑄錢成本極高。大定二十九年（一一八九）有報告曾提到，「阜通監」、「利通監」等兩座鑄錢工坊在當年鑄造了十四萬貫的銅錢。十四萬貫是目前所見金朝鑄錢的最大產量，在更早前，大定十九年（一一七九）一年也不過鑄出了一．六萬餘貫。對金朝而言，此一盛況卻非喜事，因爲報告中提到了鑄造成本高達八十餘萬貫。鑄造成本過高的問題也在泰和四年（一二〇四）再度被提出，當時金朝有意增鑄銅錢，但有官員就提醒，鑄造一錢需要十錢的成本。

由於金朝難以鑄造足以自用的銅錢，金朝商人便也難在對外貿易中使用國內相當珍貴的銅錢來購買宋地的商品。本國的鑄錢量既然有限，宋錢便爲金朝銅錢的補充來源。金朝的宋錢主要來自金宋貿易，金朝朝野總在貿易中盡力收集宋錢，加上北方銅錢的不足使得銅錢在北方的購買力大於南方，刻意的收集與自然的流通造成了宋錢的大量流入金地。宋朝對此亦有警覺，銅錢外流如果嚴重，國內經濟將受影響，需要設法管制。長期以來，銅錢外流一直是宋朝關注的重要議題。早在北宋，已見宋朝多次禁止銅錢流出國外；到了南宋，南錢北流更是大量，宋朝管制更是嚴格。然而這些管制措施恐怕成效有限，史料中常見宋朝多次頒布禁令，可見一直都有商旅甘冒懲處走私銅錢。

除了使用貿易所得的南方新錢外，金朝也流通著北宋鑄造的舊錢。大定元年（一一六一），金朝一度同意陝西地區使用北宋的鐵錢，但因不便，大定四年（一一六四）罷而不用。至於銅錢則長期使用，范成大便曾指出金朝國內多用「中國舊錢」，此一「中國舊錢」應是北宋鑄造的銅錢。然而即便已有北宋舊錢、南宋新錢、金朝自鑄銅錢，這些銅錢應該仍然無法滿足金朝經濟的需求。另一方面，爲了穩定政府的財政，金世宗曾經刻意積藏銅錢厚實國庫，這就使得民間的銅錢流通量更爲不足了，於是在大定十年（一一七〇）、大定二十三年（一一八三）都有「民間無錢」、「民間苦錢幣不通」的消息傳出。

爲了解決貨幣的不足，金朝另闢蹊徑，嘗試發行另類貨幣——紙鈔與銀幣。貞元二年（一一五四），金朝仿傚北宋初年四川發行的「交子」，開始發行「交鈔」。交鈔以紙印製，最初性質類如票據，但在大定二十九年（一一八九）取消了七年兌換之制後，性質轉成紙幣。章宗時，交鈔之制大致沿襲貞元，有大鈔、小鈔之別，大鈔面額有十貫、五貫、三貫、二貫、一貫五等，小鈔面額有七百五十錢、五百錢、三百錢、二百錢、一百錢等五等。

交鈔的發行方便了民間的交易，既補充貨幣的不足，也因攜帶方便而受長程商旅的歡迎。就在交鈔轉型後，歷來紙鈔發行的老問題出現了，「出多入少」，金朝開始浮濫印鈔。轉型不過數年，承安年間已有百姓不願用鈔，交鈔貶值、流通停滯等情形陸續出現。貞祐南遷後，交鈔發行更是失控。金朝改印新鈔，陸續發行了「貞祐寶券」、「貞祐通寶」、「興定寶泉」、「元光眞貨」、「天興寶會」，試圖挽回民間信心。然而發行浮濫的問題一直未能解決，金朝的紙鈔發行便在一陣混亂下告終。

除了紙鈔外，金朝又曾鑄造白銀貨幣。金、銀、銅等三物是傳統社會的重要貴金屬，銅爲中國錢幣的基本原料，金、銀則兼作通貨與奢侈品。在中國，北方一向是金的主要產地，到了金代依舊開採旺盛。另一方面，北方本非銀、銅的主要產地，但在金代，銀的生產卻有突出發展。最初金朝對於金、銀、銅等開採僅收五％的稅額，此已遠低於北宋王安石變法時的二〇％。大定十二年（一一七二），金朝更下詔「金銀坑冶，恣民採，毋收稅」。這種寬鬆政策對於銀的產量幫助甚大，在大幅減免開採稅率等政策的鼓勵下，金代的白銀產量似乎不減北宋。

由於產量豐富，在通貨不足、銅錢短缺的時候，白銀被引爲金朝的貨幣之一。初期，金朝官方已有「銀鋌」、「銀錠」的製作，每鋌重量五十兩，價值約爲百貫銅錢。承安二年（一一九七），金朝進一步鑄造了以銀爲材質的「承安寶貨」，重量從一兩到十兩，分五等，每兩折錢二貫，銀幣自此現身。此一發行使得自北宋以來白銀貨幣化的發展達到了新高峰，中國首次的白銀鑄幣正式出現。紙鈔與銀幣的發行，是金朝在銅錢短缺下的替代措施，卻也造就了金代在中國貨幣史上的重要地位。

第五章

中原文化的傳承與創新

相對於北宋，金朝的教育環境略爲退化，士人群體的規模應有萎縮。加上士人的重藝文輕儒史，儒學則專重漢唐注疏之學而不及北宋新儒學等學術傾向，金代的菁英教養與學術風格頗有回歸中國中古士人文化的樣貌，唐風甚濃。但同時，金代的宗教與俗民文化出現了大量的新時代特質。太一道、眞大道、全眞道的現蹤，終使道教也如佛教、儒家一般，能有兼容儒釋道三教元素的新流派。醫學、數學等術數方伎之學，金代多能繼承北宋成果，個別項目甚至能夠別出心裁，已有昇華與轉型。院本與諸宮調等戲曲表演則是金代俗民文化的代表，也是元代雜劇的前身，其成果與中國俗民文化的傳承共鳴。士人文化的復古，宗教、術數、俗民文化的創新，金代的學術文化於是同時呈現著復古與創新的兩種發展。

一、金代前期的士人

教養環境

歷來的北族政權中，金朝的文治風格甚是特出。金朝對於文士官員的功能甚爲肯定，政壇高層多有漢人士大夫。漢士官員主要透過科舉入仕，漢人因此保有北宋以來熱中科舉的習慣，民間的舉業風氣盛行，士人繼續維持著社會上的優勢地位。與此同時，金代的士人群體生成壯大，他們在政治、社會、文化等場合都很活躍，也逐漸醞釀出屬於自身的群體意識。

登科當官仍是金代民間嚮往的好前途，如果條件許可，家長多願努力培養子弟讀書。金朝滅亡以後，在大蒙古國統治時的己酉年（一二四九），山西士人郝經（一二二三—一二七五）寫下了許鄭總管趙興的先人事蹟，其中說了一段趙興的曾祖趙滎（一一三五—一二〇六）鼓勵子孫投身科舉的故事。約在大定年間，基於「閭閻皆進士，唫唫取富貴，吾子不可乎？大吾門閭，此其時矣」的想法，趙滎支持其子趙甫（一一六〇—一一九七）努力讀書。趙甫的才運有限，雖然通過了三次府試，但在三十八歲過世前就是過不了會試。趙甫過世後，趙滎轉而督促趙甫的長子趙璧（一一八七—一二三三）治學。雖然趙滎在逝世前還是沒能看到趙家子孫金榜題名，不過趙璧終於在興定五年（一二二一）進士科及第，完成了祖父的遺願。金代的文獻中有很多類似趙家的例子，可以看到當時的漢人社會依舊維持著北宋以來的風氣。

金代漢人社會的競逐科舉之風推動著民間「舉業」的盛行。舉業，即科舉學問的學習或教學。金代的學習環境約有家長授業、私學、官學等三種。根據長輩學術的專長與程度，家長授業可分成兩種形態，一是從啓蒙到進階，子弟教育全由父兄或家族長輩負責。這種全由家族長輩負責的情形，僅見於少數學力出眾的家長或具有家學傳統的家庭。多數的家庭，在子弟課業達到一定程度後，家長多將子弟教育轉託擁有舉業專長的私學教師負責。興定二年（一二一八）進士周鼎（一一八二—一二一八），他在早年的學習便由「通六經，教授鄉里者六七十年，鄉人尊之」的祖父周慶嗣負責。只是周慶嗣雖然也是私學教師，可是似乎僅能負責童蒙教育，所以周鼎便在十六歲後離家改拜「平陽宿儒」畢晉卿研習「賦學」。賦學是金人對於科舉之學的別稱，其名來自金代科舉考試主要的文體——「律賦」。當時士人的學習形式與歷程常與舉業息息相關。

基於社會所需，金代的地方私學大量存在，並且多以舉業教學。除了傳授舉業，私學教師也將價值觀傳遞給下一代。貞祐年間，時有「下第老儒」以「正句讀」維生，當時年紀尚幼的許衡（一二〇九—一二八一）曾在課間請教老先生「讀書欲爲何」，老先生回以「應舉取第爾」。讀書就是爲了當官的想法就這樣世代傳承。

另一方面，這些私學教師也非僅是教人舉業，有些教師積極參與地方事務，得到鄉里的敬重，有些教師的學識極高，已受當代認可。曾經教出兩名年少進士而被宣宗特別關注的麻九疇（一一八二—一二三二），便是當代研究《春秋》與《易經》的知名專家。麻九疇的資歷是特殊了些，在教書之前他曾參加科舉，當時他同時報考兩科，在開封府試與會試兩關都得到詞賦科第二與經義科第一的成績，自此聲名大振。但因殿試失誤，麻九疇沒能及第，此後他放棄應舉，回鄉隱居教書。這類時運不佳而非能力不足的未第士人，他們的鄉里授業就不僅是幫助後進子弟登科，也會在學術文化的傳承中扮演著重要角色。

官學亦是金代重要的教育環境。金代的教育業務由國子監主管，中央官學有國子學與太學，地方官學有府學、州學、縣學。國子監於天德三年（一一五一）創立，太學則創設於大定六年（一一六六）。國子學未知創設時間，但約與國子監同時或稍晚時建立。地方官學部分，早在金初便有地方官員自行興辦，到了世宗年間，朝廷開始納編各地的官學，並擇地增建新官學。礙於經費，金朝撥款補助的地方官學大約只到州學一級，縣學的經營就需要仰賴地方官員或鄉里人士。金代各級官學的完善，可說是得自中央朝廷、地方官員、民間百姓等三方力量的參與。

根據陶晉生先生的統計，金代曾經出現過一百七十五處地方官學，張帆先生也曾指出，金代地方官學人數最多的時期約有近萬名學生。如果加上中央官學，金代各級官學在最興盛的時期，其學生數量應在一萬餘人左右。目前已無南宋官學學生總數的資料，至於北宋，最盛之時約有二十萬左右的官學學生。金代官學學生的數目僅及北方，北宋數目則是南北通算，兩者不好簡單比較，不過從中還是能夠看到金代的官學教育應該不如兩宋發達。但從金代士人常將地方官學的設置視爲該地教育能否完善的判斷指標的現象來看，官學應是金代地方教育的主力。私學雖然普遍，在金代士人的感受中，官學有無才是地方教育興衰的關鍵。

金代的官學教育也與科舉關係密切。太學與國子學均設有會課與私試考核學生，考試的內容是策、論、賦、詩四場，此正是詞賦進士的考試內容。《金史・選舉志》曾經列出官學的教學用書，這些書籍都是進士考試的範圍。地方官學的教學用書應與中央官學差不多，且因地方常將學生的科舉成就視爲辦理官學的業績，教學與科舉之間的關係會更緊密。

官學與私學的存在，使得金代士人有著略與兩宋相似的教養環境，金代士人登科前的讀書生活也與一般兩宋士人類似。可是如果用宋代的標準，不僅是受教者的規模，連同教育機構的類型，還是能夠看到金代教養環境的不足。兩宋相當發達的書院與義學，金代極爲罕見。尤其是書院，在兩宋時期，不少書院已是大型的教育組織，可有多名教師，能夠長久經營，學生數量也多。相對而言，金代的私學多是教師個人的開班授徒，經營的時間與規模均是有限。

大型私學教育機構的缺乏，使得金代士人早年的學習，如果未能進入官學，便需仰賴在家學習或教師個人經營的私人講學。由於學習機會較少，而且在家學習需要自行聘請教師，私人講學也需繳交不少的學費，這些場合的學習成本都比官學或書院等大型私學機構要高，於是比起兩宋，金代能夠養成士人的家庭，其經濟條件恐怕要更好。士人教養的相對不易，使得金代的士人數量應該少於兩宋甚多。如與文教環境更爲發達的南方相較，雙方的差距更是突出。因此雖然金代也有門第社會的樣態，但其發達程度終是不如兩宋。

北族士人

在金朝政府的支持與中原環境的影響下，金代曾經出現大量的北族士人。北族士人的存在，使得金代的士人群體並非只有漢人，而多元的族群也使金代士人的活動面向更豐富。

女眞社會本無士人，初期的士人皆爲外來，渤海士人則是首批加入女眞政權的外族士人。長期以來，渤海地區的漢風濃重。建國後，渤海國便不斷地引入唐朝文化，亡國後，當地社會仍然保有一群熟悉中原學問的士人。加上與女眞人的血緣、文化關係親密，如果需要士人，渤海士人自是金朝首選。太祖、太宗年間，多有渤海文士擔任權貴將領的幕僚，其中又以楊朴與高慶裔最爲代表。

楊朴可以說是金朝建國前後，影響女眞政權最大的士人，阿骨打的稱帝與建國、金朝開國禮儀的創建、金遼交涉等重要金初大事都有他的身影。天會元年（一一二三）以後的史料不再見到楊朴的蹤跡，繼之而起的渤海士人爲高慶裔。太宗年間，當時高慶裔是完顏宗翰的核心幕僚，宋人對他的印象是「桀黠知書」，一方面肯定他的才幹，一方面則對他的爲虎作倀感到不滿，形象常是負面。由於宗翰的重用，高慶裔的權位不斷攀升，仕至西京留守、尙書左丞，對時局頗有影響。但也牽連過深，最後便因捲入政爭而遭處死。《金史》並無楊、高兩人的傳記，相關描述僅是零星散布，兩人的事蹟今日主要是透過宋人的記載而認識。

高慶裔之後，遼陽人張浩逐漸崛起，成爲熙宗、海陵王時期的渤海士人代表。與楊朴、高慶裔相同，張浩亦在政壇活躍。由於仕金初期乃是負責御前文字，天會八年（一一三〇）被賜進士及第，太宗、熙宗年間又曾協助制訂朝廷禮儀，以上事蹟均知張浩應有一定程度的學識。張浩之家，也就是遼陽張氏，到了金代中葉繼續出現許多士人。張浩諸子中，汝爲與汝冀皆是進士及第，汝霖與汝能則是「志於學」，汝霖又於貞元二年（一一五四）獲賜進士及第，也被世宗說是「有學術士」。此外，張浩的遠房堂姪張汝弼爲正隆二年（一一五七）進士。就此所見，遼陽張氏已是士人家族。以李石爲首的遼陽李氏也是具備士人素養的渤海大家，李石有子獻可，登大定十年（一一七〇）進士第。不過這些渤海士人家族，他們的名望主要來自政治地位，學術聲譽則相對有限。

少數具有學術地位的渤海士人，王庭筠或爲其一。王庭筠（一一五一—一二〇二），自號黃華山主，張浩外孫，正隆五年（一一六〇）進士王遵古之子，大定十六年（一一七六）進士，仕至翰林修撰。王庭筠工於詩文，更是金代書畫名家。其字學米芾（一〇五一—一一〇七），或因神韻甚似，明代以後竟有王庭筠爲米芾外甥的訛傳。其畫今有傳世，日本京都的藤井有鄰館便藏有其所作〈幽竹枯槎圖〉。

契丹人在金代亦有士人，知名者有耶律履。元代成書的畫史論著《圖繪寶鑑》稱耶律履「善畫鹿，作人馬、墨竹尤工」，元好問爲耶律履所寫的神道碑文則指他「通六經百家之書」，「陰陽方技之說、曆象推步之術，無不洞究」。術數之學應是耶律履學問的特色所在，元好問記他曾於大定十五年（一一八五）編修《乙未元曆》，時人推爲「精密」，又記他爲文數百篇，但以〈揲蓍說〉最受推崇。此外，也有一些契丹士人能夠應試及第，如金末殉國的石抹世勣便是承安五年（一二〇〇）的詞賦、經義雙科進士。金代的契丹士人爲數不少。

根據王明蓀先生的統計，文獻中的金代北族士人約有九成是女眞人，女眞文士是金代北族士人的主體。金代前期，透過外族士人的介紹，有些女眞高層開始對漢文化感到興趣。這些興趣最初或是源於現實的需求，爲了建立一個架構完備、禮法井然的國家，領導階層需要快速吸收相關知識，而在當時東亞，漢文化最具優勢，對於漢文化的學習因而開始。沾染日深，傾心者益眾，等到開國第二代以後的女眞人，如是自幼接觸，耳濡目染後不免深植心中，漢文化的學習更是理所當然。透過這段過程，漢人文化不斷地滲入女眞人的世界當中。

漢文化中，士人學問屬於菁英文化，需要較多的學習資源，而金初能夠認識士人學問的女真人，大概就先以政壇高層爲主。稍後，金朝便有許多士人學問造詣甚深的女眞權貴，海陵王便是其中翹楚。世宗以後，深知士人學問的女眞人更多，皇室部分，除了章宗及其父允恭太子外，章宗堂弟完顏璹（原名壽孫，一一七二—一二三二）可爲代表。完顏璹喜談詩文，能書能畫，藝術收藏豐富，鑑賞功力甚深，樂與文士唱酬，其言行舉止已與一般士人無異。又在宗室以外，也見不少女眞人能有不錯的士人學問。其中，就讀於女眞字官學的學生需要通曉漢人經典，取得策論進士出身的官員又是其中的佼佼者，他們的漢學素養已具相當水準。這群熟悉士人學問的女眞人，與漢族士人一起推動金朝的文化發展。

然而金代的北族士人雖然數量不少，也有相當的學問，卻少以學術見稱，他們的事功與名聲多半來自於政治場合。元好問曾經編有《中州集》，其中收錄了金朝歷來重要文士的詩作。由於意在存史，不願後人遺忘金代詩壇曾經的輝煌，元好問便也盡力收羅，《中州集》因此收錄了二百五十一名詩人，其成果是現今我們認識金代士人的基礎資料。但在二百五十一名詩人中，北族詩人僅有十名，分別是允恭太子、章宗、完顏璹、張澄、耶律履、石抹世勣、王遵古、王庭筠、張汝霖、李獻可，其餘的二百四十一名皆爲漢人，這種收錄情形似乎反映了在元好問的標準中，能夠列名的北族詩人有限。唯因所收乃是詩人，或許可說金代的北族士人並非學術有限，只是不擅作詩。不過又因金代文壇的重點學問乃是詩歌，《中州集》的收錄名單似乎至少透露出在金代士人的重點學問中，北族士人的表現仍未突出。

漢族士人

來自於遼地與宋地的漢族士人乃是金代士人的主體。金代初年，遼地漢士的首號人物爲韓昉（一〇八二—一一四九）。韓昉是遼代天慶二年（一一一二）進士科的狀元，擅長文章，金初的重要詔書多出其手，《金史》的〈文藝列傳〉遂由他居首。其時多有遼士仕金，唯於日後金士的追憶中，金初的士壇領袖乃是三名宋地士人，分別是宇文虛中（一〇八〇—一一四六）、吳激、蔡松年（一一〇五—一一五九）。宇文虛中是北宋大觀三年（一一〇九）進士，在宋仕至資政殿大學士，以文章著稱；吳激爲書畫名家米芾之婿，其書畫詩詞的造詣皆深。兩人皆是出使金朝而被留。蔡松年則是跟隨其父降金，他的樂府詩與吳激齊名，時人號爲「吳蔡體」。

在他們的傳承下，遼、宋的漢人文化在金代繼續發展，然而這些前朝遺士皆非金朝養成，來自四川的宇文虛中與福建的吳激更是南方人。對金士而言，宇文虛中等三人雖是金初士壇的領袖，卻非本國士人的代表，他們只是「異代借才」，是金朝從別的朝代借來的人才。被金士視爲本朝首代士人代表乃是蔡珪。蔡珪是蔡松年之子，天德三年（一一五一）進士，仕至禮部郎中。蔡珪的詩詞清勁雄健，甚受時人所重。經由金代中葉的蕭貢倡議後，金代文壇普遍認同蔡珪乃是「國朝文派」的「正傳之宗」。蕭貢（一一五八—一二二三），大定二十二年（一一八二）進士，仕至戶部尚書，元好問評他「博學能文」，造詣不下蔡珪。

蕭貢不僅提到蔡珪，他指出蔡珪之後再有党懷英與趙秉文，兩人依序傳承著「國朝文派」。党懷英（一一三四—一二一一），大定十年（一一七〇）進士，仕至金朝最高的文士職務，翰林學士承旨。党懷英詩文俱佳，更工書法，趙秉文認爲其篆書乃是唐代李陽冰以後第一人，楷書也是百年來無人可比。党懷英早年於山東讀書，曾與辛棄疾（一一四〇—一二〇七）爲同學。辛棄疾後來投奔宋朝，爲宋詞大家。党辛兩人一北一南各享盛名，後世以「辛党」並稱。趙秉文（一一五九—一二三二），大定二十五年（一一八五）進士，仕至翰林侍讀學士，爲學甚博，經、史、易理、佛法皆有涉獵，詩、文、書、畫皆所擅長。與趙齊名者又有楊雲翼。楊雲翼（一一七〇—一二二八），明昌五年（一一九四）經義進士第一，仕至翰林學士，貞祐南渡後與趙秉文並爲文壇領袖，地位崇高。楊雲翼的詩文甚具獨到之處，禮樂術數之學更是爲人所知。在任職司天臺提點的二十年中，楊雲翼便因改良曆法的成就而得當代曆學家的稱讚。基於這種體用兼具的能力，元好問指他是百年不世出的人才，「千古而無愧」。

蔡、党、趙、楊四人皆是成長於金朝環境之下，他們的高度來自於金代士人群體的龐大。另一方面，常見這些金代士人彼此推崇，在議論中突出了金代士人的主體性，強化了北方士人群體的凝聚力。正當南方儒者努力建構「道統」之際，北方士人在互相標榜後，也出現了一組「文派」的譜系序列。在這組譜系中，領袖傳承世代有序，隱然也有「文統」。值得注意的是，這些「文統」中的士人領袖不僅擁有學問名聲，更有政治高位，除了蔡珪外，党、趙、楊皆仕至翰林院最高的三品職務。此外，當時的知名文士也是多有功名。這種現象，似乎呈現著金代士人的學術地位與政治表現之間的緊密連結。

在部分士人的觀感中，士人群體內部已有分層結構。元好問在評論楊雲翼的學術地位前，曾以「一鄉之士」、「一國之士」、「天下之士」、「一代之士」等名爲士人分等。雖然元好問並未仔細解釋四等士人的內涵，但從後文推斷，一鄉之士與一國之士應是名聲傳布及言行影響均僅局限一地，天下之士則是當時「中朝」（金朝）士人的代表。至於一代之士，便是能夠影響往後百年，是整個歷來金代士人的代表。

也需補充，以上這些對於士人地位的評論，許多內容已有元好問的整理，而元好問的立論又多是根據趙秉文，或是趙秉文的觀點，或是由他轉述而來的前人說法。於是趙秉文與元好問的立場，即便反映了主要共識，不免也是眾說之一。只是現存可以理解金士看法的文獻多由元好問與劉祁所作，而劉祁亦與趙秉文親善，於是當時是否曾有另外的說法？趙、元議論的代表性爲何？進一步的詳情就不易追究了。

趙秉文逝世時，金朝也近尾聲，再一年多金朝便滅亡了，稍後的中原士人活動，理當歸爲大蒙古國的歷史。不過此時身爲中原士人代表的元好問，其成就卻是奠基於金代前輩之上，他也一直以金朝遺士自居，晚年努力爲金存史，於是可以金士論之。最終，學界普遍認爲，元好問乃爲金代士人中，整體學術表現最爲傑出的一位。

元好問（一一九〇—一二五七），字裕之，號遺山，興定五年（一二二一）進士。在金時期其上多有大老，也有許多更有成就的同輩，他只是年輕有爲的士子之一。早在泰和五年（一二〇五），元好問便有優秀詞作，日後他再行修改，這便是後世膾炙人口的〈摸魚兒・雁邱詞〉。元好問的創作高峰在金亡之後。清人趙翼（一七二七—一八一四）讀完元好問的詩後，曾有「國家不幸詩家幸，賦到滄桑句便工」的感慨，認爲其作乃是「極工煉之中，別有肝腸迸裂之痛」，現今的文學評論家也多指他的詞與詩均是金人之冠。元好問的文學評論亦有高明之處，〈論詩三十首〉爲其代表，這是唐宋以來最具系統與全面性的論詩絕句。此外，元好問在金亡後專心收集史料，除了《中州集》，他曾撰有百餘萬言的金事記載，寫下了《壬辰雜編》、《南冠錄》、《金源君臣言行錄》等金史著作，並於墓誌碑銘序文中詳留金代史實，以文存史。這些成果大量地被元末編纂的《金史》採用。元好問的努力，使後人能有更多的資料認識金代歷史，他不僅是一流的文學家，也是傑出的史學家。

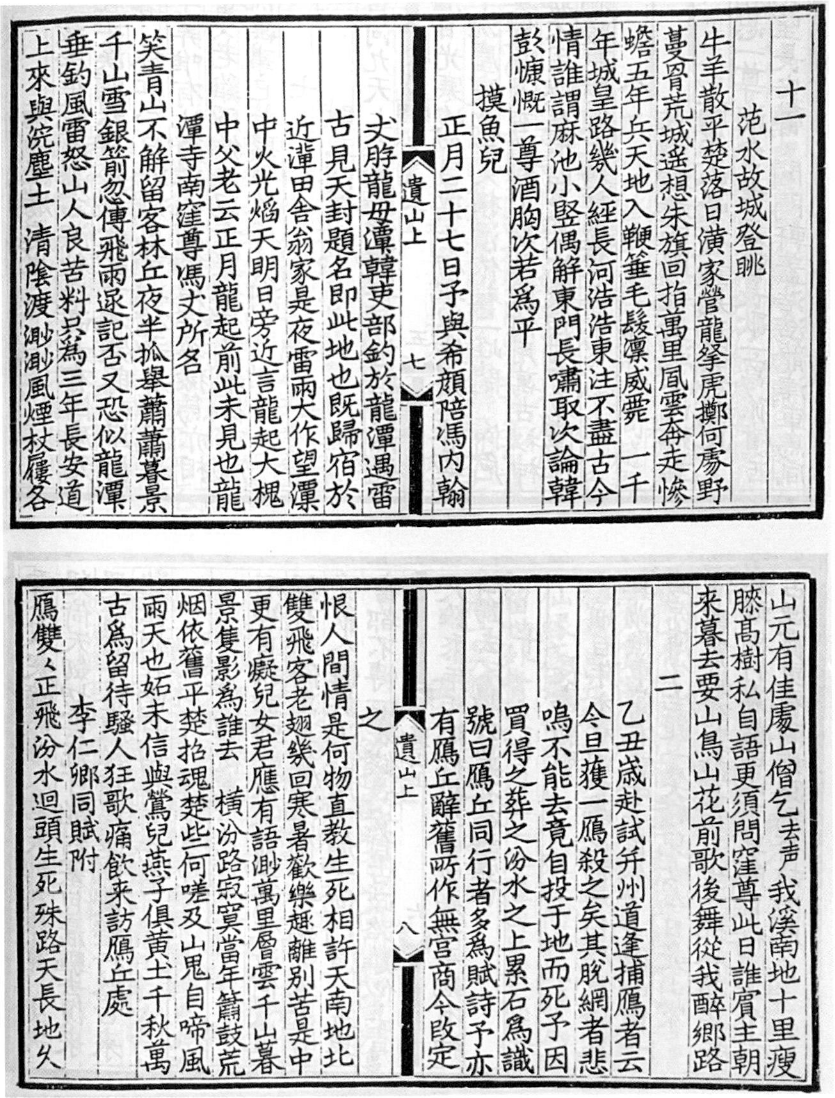

十一

范水故城登眺

牛羊散平楚落日漢家營龍拏虎擲何處野
蔓罥荒城遥想朱旗回指萬里風雲奔走慘
澹五年兵天地入鞭箠毛髮凜威霆一千
年城皇路幾人經長河浩浩東注不盡古今
情誰謂麻池小豎偶解東門長嘯取次論韓
彭慷慨一尊酒胸次若爲平

摸魚兒

正月二十七日予與希顏陪馮内翰
丈斿龍母潭韓吏部釣於龍潭遇雷
古見天封題名即此地也既歸宿於
近潭田舍翁家是夜雷雨大作望潭
中火光焰天明日旁近言龍起大槐
中父老云正月龍起前此未見也龍
潭寺南窪尊馮丈所名

笑青山不解留客林丘夜半掀舉蕭蕭暮景
千山雪銀箭忽傳飛雨還記否又恐似龍潭
垂釣風雷怒山人良苦料只爲三年長安道
上來與浣塵土　清陰渡渺渺風煙杖屨各

遺山上　七

山元有佳處山僧乞去声我溪南地十里瘦
膝高樹私自語更須問窪尊此日誰賓主朝
來暮去要山鳥山花前歌後舞從我醉鄉路

二

乙丑歲赴試并州道逢捕鴈者云
今旦獲一鴈殺之矣其脫網者悲
鳴不能去竟自投于地而死予因
買得之葬之汾水之上累石爲識
號曰鴈丘同行者多爲賦詩予亦
有鴈丘辭舊所作無宮商今改定
之

恨人間情是何物直教生死相許天南地北
雙飛客老翅幾回寒暑歡樂趣離别苦是中
更有癡兒女君應有語渺萬里層雲千山暮
景隻影爲誰去　横汾路寂寞當年簫鼓荒
烟依舊平楚招魂楚些何嗟及山鬼自啼風
雨天也妬未信與鶯兒燕子俱黄土千秋萬
古爲留待騷人狂歌痛飲来訪鴈丘處

李仁卿同賦附

鴈雙々正飛汾水迴頭生死殊路天長地久

遺山上　八

圖 5-1　《遺山樂府》書影，叢書集成三編景明弘治高麗晉州本。

二、學術風格

藝文之學

「國朝文派」的說法，以及各代文壇領袖的學問內容，可以感受到金代士人學術的重點在於文學。在諸多文體之中，有所謂「詩與文同源而別派，文固難，詩爲尤難」，對於金士，詩比文更能展現才學。從蔡松年、宇文虛中等的舊宋遺士開始，往後以學術活動見稱的金士均是擅長作詩。到了章宗時期，詩歌創作已經成爲金代士人的基本能力與最重要的文化活動。雖然日本學者吉川幸次郎曾說，除了元好問可稱一流外，其餘的金代詩人如與歷代詩人合觀，「應當說只是些小家」。不過，如果先不談品質，專就參與的熱中程度而言，德國學者傅海波（Herbert Franke）也曾指出，金代文壇詩歌創作的盛況還是值得注意的。

觀察金代文士領袖學術成就的相關描述，以及金人對於一般士人學術表現的評價，都能看到書畫與詩文同是時人稱譽、品評的重點項目。像是任詢就被評爲「畫高於書、書高於詩、詩高於文」，金末名士李澥則是被評爲「賦不如詩、詩不如字、字不如畫」。元好問曾以〈跋國朝名公書〉一文介紹金人的書法成就，其中說明了任詢（一一三三—一二〇四，正隆二年進士）、趙渢（大定二十二年進士）、王庭筠、趙秉文、党懷英等名家的書法風格，認爲金代「百年以來以書名者，多不媿古人」。或因不評君主，元好問在文中沒有介紹金章宗，然而金章宗自是金代書法的首號人物。關於金代書家的名單，元人陶宗儀在《書史會要》中曾有整理。

繪畫部分，由於「士大夫詠性情、寫物狀，不託之詩，則託於畫」，且「詩與畫同源，豈有工于彼而不工于此者」，因此金士甚好繪畫，或是品評收藏，或是親力自爲。元人夏文彥曾撰有《圖繪寶鑑》，該書卷一是畫論，卷二至卷五則是畫家列傳，卷四便有四十六名金代畫家及其擅長項目的介紹。這些金代畫家，有些事蹟不明，有些是知名文士，後者有楊邦基（天眷二年進士）、蔡珪、任詢、王庭筠、耶律履、趙秉文等人。此外，夏文彥還列入了海陵王、允恭太子、完顏璹等金朝宗室。這份名單反映了金代畫壇的興盛。

相對於對詩、文、書、畫等藝文之學的重視，儒學與史學的研習就不太是金士關注的重點。儒學與史學雖然未曾消失於金代學界，但是相較於藝文之學，至少在貞祐南遷以前，金代士人的主要興趣並非在此。

在史學部分，從元好問的觀察來看，金代史學大致以《史記》、《漢書》、《通典》等研究爲主，關心的對象相對有限。此外，金代更無同時南宋的當代史撰述風氣。這種現象似與金代學術深受舉業影響、政治環境的不適合、以及文學的排擠效應等三項背景有關。金代的治學風氣亦與一般實施科舉的時代類似，科舉的規範影響著多數士人的學習方向。

由於在金代，詞賦進士科的地位一直高於經義進士科，於是對以舉業爲學問核心的士人而言，讀書就有優先次序，詩文最先，儒學次之，史學則是有餘力再鑽研。當然，史學知識也是詩賦創作的基礎，科舉準備亦需留意，於是當金朝考試範圍以正史爲主時，十七史便頗受士人注意，《資治通鑑》則因沒有列入考試書目中而不受舉子青睞。再者，北宋的歷史討論，尊王攘夷、君臣分際乃是重要議題。但在金代，這些議題的危險性可想而知，史學研究受到了政治環境的束縛。此外，金初的政爭、世宗等君主對於當代君主事蹟記錄的高度「關切」，也使民間對於本朝歷史的書寫

圖 5-2　武元直〈赤壁圖〉。臺北國立故宮博物院提供。

有所忌諱。

儒學的發展也有與史學類似的問題。儒學的研究既是受到了舉業與藝文之學的排擠，政治環境也是影響甚深。如同史學，尊王攘夷亦是北宋經學的重點議題，《春秋》之學因此發達，但在金代，這類議題都要迴避。金代儒學未能在北宋的成就上繼續發揮，另可留意的是宋金之間中原學術環境的變化。北宋儒學最爲突出的成就乃是理學，但在靖康亂後，主要學者多隨宋室南渡，北方理學遂因後繼乏人而沒落。北宋末年流傳甚廣的「新學」，也就是王安石（一〇二一—一〇八六）的學問，女眞高層則頗爲排斥，相傳攻下汴京進入宋朝國子監刮取所藏圖書之際，金朝便下令「凡王安石說者皆悉棄之」。相對而言，金初女眞高層最初接觸的儒學原是遼地士人帶來的漢唐經學，因此並無太多機會認識北宋儒學，稍後金朝科舉所用諸經又是全採漢唐注疏，民間所習便以漢唐經學爲主。漢唐經疏之學成爲金代儒學主流的現象，便使金代儒學在沉寂之餘，也有風格轉變的發展。

在重藝文輕經史的環境中，蘇軾（一〇三七—一一〇一）之學頗受金士重視，元人虞集（一二七二—一三四八）便有金人「風聲氣習」多得「蘇氏之餘」的說法，清人翁方綱（一七三三—一八一八）則言「蘇學盛於北」。以詩歌創作而言，貞祐南遷以前的金代詩人多以宋人爲宗，師法對象主要即是蘇軾與黃庭堅（一〇四五—一一〇五），李純甫（一一七七—一二二三，承安二年進士）便稱世章時期的詩壇翹楚王庭筠乃是「東坡變而山谷，山谷變而黃華，人難及也」。趙秉文則指出蘇軾的爲文、談道、作詩、書法等四門齊備的表現乃是「得古人之大全」，而蘇軾在新舊黨爭受到奸邪迫害之際，猶能「身愈斥、志愈不衰」，足當「忠義」之名。對金代士人而言，蘇軾可以作爲士人生命全方位的楷模，吉川幸次郎更進一步認爲，蘇軾乃是金人的「文明之神」。

金代士人學問的另一項特色是「三教調和」、「三教會一」等思想的流行。貞祐南遷後，金代士人開始有些反佛的聲音，不過一直不是主流意見。至於南遷以前，能有明確排佛表現的士人則相當罕見，可以看到態度較爲明確的士人或有大定進士呂忠嗣，但其作爲也僅是明言身後不願以佛教禮儀火葬，並無強烈的抗衡意識與積極改變三教地位的企圖。整體而言，對於佛道的愛好與包容是金代三教關係的基調，金士也多在不放棄儒學的情形下親近佛道兩教，他們有著類似唐代士人「內佛道而外儒」的風格。

貞祐南渡以前，由於金人多有學術領域中重藝文而輕經史，儒學領域中重漢唐經疏之學而不及北宋義理之學，三教關係中認同三教調和等傾向，金代中期以前的士人學問因此多有中古風格，相對於同時的南方，此時的北方文化保有相當濃重的「古風」。

南渡之後

貞祐南渡後，金朝士人面臨了嚴峻的挑戰，戰亂使得他們的生活充滿危機，舊有的生活方式也不能繼續。面對這些挑戰，從日常生活到學術文化，士人必須有所回應。不同的士人有著不同的因應之道，生活經驗轉化爲學術活動的資源。多元的因應之道，造就了此時士人各種表現上的多采多姿，南渡以後的艱辛歲月，居然是金代士人學術最爲輝煌的年代。

蒙軍南下後，士人的基本處境亦如一般百姓，也是無力扭轉大局，只能無助地接受時勢的擺布。然而其中還是有些差別，比起一般百姓，士人更有資源可以面對這場浩劫。這些資源來自於三方面，一是財富，能有士人子弟的金代家庭，其家境多具一定水準，比較能夠應對臨時的災難。二是知識，士人更有能力取得並判讀各方消息，也能藉由書冊知識規劃未來。三是關係，透過學習、應試、仕宦等經歷，士人能夠結交各地同好，意見的交流幫助了士人更能掌握時局，並且提供士人採取個人經驗未曾有過，但已有同好開始使用的趨吉避凶之法。當然，如果兵馬瞬間到來，這些資源未必有用，不過如果能有一點時間準備，士人就能主動應對。最後，士人群體中，各人所擁有的資源也有落差，於是就能看到已經仕宦或家境優渥的士人，他們的選擇可以更多。

戰火襲來，黃河以北的士人常會離鄉避難。離鄉的距離與時間會隨著個人的條件與考量而有差異，有的僅是逃到離家較近的鄉間或山區，等到蒙軍撤退後就返鄉重建家園，有的則會長途跋涉，或是再也無法回鄉，或是下次返鄉的時間已是金朝滅亡之後。離鄉時，有人攜家帶眷，有人孤身流離，有人帶著大量的錢財與圖書隨行，有人身無長物難得溫飽。大規模的移動，乃是金蒙之際華北地區最令人注目的社會現象。在這些移動中，士人最常見的目的地就是黃河以南，尤其是開封、洛陽一帶。

抵達河南後，士人與南遷的官員、軍戶、平民百姓一般，都要在困阨的環境中開始新生活。朝廷只能照顧軍戶，最多兼顧官員，在野的士人與平民就要自求多福。比起一般平民，士人有點優勢，他們能夠互相幫忙取得較多的生活資源。逃難時，士人常能藉其身分結交同爲士人的新朋友，或是同鄉，或是同爲南遷之人，或是在地士人。包含舊識，這些朋友彼此分享資源，或是幫忙安頓與支援生活物資，或是協助聯絡可以提供援助的有力者。在這段過程中，河南之地出現了不同於以往的士人交遊網絡。

承平之時，金代士人的交遊範圍有著個人背景條件的限制。除非有異地求學、參加科舉、入仕任官等機會，否則各地的士人多半僅能在家鄉建構自己的交遊圈。貞祐南遷之後，雖然並非全國多數，但有相當大量的金朝士人移動來到河南之地。急遽的大規模遷徙改變了原有金代士人的分布格局，聚居於河南也使該地的士人密度驟然提高，互動機會大增。此時聚居於河南的士人，若未出仕，他們原少機緣結識各方英才，但在此時，原先只能聞名的遠方士人，突然就在某次的場合中見面了，而且常常一次就見到一大群。更因當時的文壇名士或大老，由於身居朝廷要位，他們幾乎全隨金廷南遷，於是此一聚居還有匯集全國士人菁英的效果。最後，密集的相處使原先身分落差極大的士人有了更多的互動機會。以往在士人交遊中的地域分布與分層結構關係，如今已被這場動盪給攪亂了。

這種新式的士人交遊網絡對於新進士人而言，初次體驗震撼極深，元好問便是如此。元好問後為金士第一人，但在貞祐南遷時，他只是個年輕士子，尚未及第，亦無太多結識全國名士的機會。貞祐三年（一二一五），為了參加科舉，元好問前往南京（今河南開封）；貞祐四年（一二一六），為了避難，他從山西家鄉舉家遷至河南。就在這短短的數年中，元好問認識到了大量早就全國知名的士人。同輩有至寧元年（一二一三）的詞賦進士雷淵（一一八四—一二三一）、貞祐三年的狀元李獻能（一一九二—一二三二），長輩有趙秉文、楊雲翼。結識的場合，有時是朋友引見，有時是士人聚會，有時是元好問主動拜見。開始的經驗有點苦澀，元好問日後自承，最初不太能與這些名士討論學問，他接不上話。這些經驗刺激了元好問，他加緊砥礪學問。元好問的天分與學識基礎本即卓越，努力之後自有收穫，稍後他的詩文受到趙秉文等文壇大老所肯定，興定五年（一二二一）更得進士及第。

此時金士的交遊網絡，趙秉文乃是核心人物。趙秉文的政治與學術地位已是崇高，而且他還有一項極受大家歡迎的人格特質，很喜歡提拔後進，因此他的周圍聚集起了大批的同道與後學。在趙秉文經手科舉事務之後，他更是藉機拔擢了許多人才。但有人覺得趙秉文此舉另有私心。興定五年的考試中，趙秉文擔任了殿試的讀卷官，他錄取了一些自己覺得不錯的進士，元好問便是其中之一。這次的錄取出現了風波，部分官員不認同趙秉文的錄取標準，質疑他有私心。根據元好問的回憶，大臣師仲安在朝中質疑趙秉文、楊雲翼、雷淵、李獻能等人與元好問的關係，認爲他們都是「元氏黨人」。爭議愈演愈烈，趙秉文因此自請退休，元好問爲了自清也放棄了任官機會。正大元年（一二二四），元好問參加了「宏詞科」考試，這是開放給及第進士與已仕官員參加的高級科舉，元好問再次中第。這次的成績總算讓人肯定了他的實力，稍微平息了眾人對於趙秉文結黨營私的質疑。

古學運動

趙秉文引發的科舉爭議不只一樁。貞祐三年（一二一五），金朝開辦了南渡以後的首場科舉，由趙秉文典掌會試。在諸多考生中，趙秉文認爲李獻能的應試程文雖然「格律稍疎」，但是「詞藻莊嚴絕俗」，所以就取他爲第一名。放榜後，考生一片譁然，集結指責趙秉文「壞了文格」。宣宗對此相當不滿，認爲趙秉文「不公」。還好後來李獻能通過了宏詞科，證明文才出眾，爭議才平息，事件並未擴大。南渡後金朝開科六次，有三次出現爭議，前二次都有趙秉文，第三次則換李獻能涉入。正大四年（一二二七），李獻能已能典掌會試，他錄取了一名文筆氣魄恢弘，但是格律運用卻更疏闊的史學（一一七四—一二二五），「舉子輩復大譟」。

面對這些爭議，趙秉文與李獻能並非孤軍作戰，他們的周遭有批同道。這組士人略以趙秉文爲中心，內部雖多歧見，但有些共識，他們大都覺得科舉制度積弊已深，需要徹底改革。士人最重視的詞賦進士科中，大定二十八年（一一八八）後，府、會、殿等三試均開四場，分別考律賦、詩、策、論等四種文體，但在章宗後，逐漸以律賦的成績決定考生去留，其他三場只是檢查有無錯字、塗抹、犯諱等問題。同時律賦的評審也是愈來愈不重視內容，考官關心的是格律有無錯誤。對此，應試舉子快速適應，只願用心準備律賦，「模題畫影，至不成語言」但符合格律要求的寫作方式也大量出現。對趙秉文等人而言，科舉的審卷標準已經嚴重傷害了金代的文風，需要改革。對此，改革者在閱卷時，就轉而重視策、論，也以詩文的內容甄別考生水準。只是內容相對於格律，其品評標準較爲主觀，爭議也因此而出。

對改革者而言，文風淪喪的背後有著更大的隱憂。改革者認爲文風的衰頹也代表著士風的萎靡，士風的萎靡使士人只想鑽營利己，無法爲國爲民。但是此時的國家已到危急存亡之秋，需要士大夫振衰起敝，士大夫的振作與否便是這個世界能否獲得拯救的關鍵。爲了振興士風，便需提倡一種「正確」的學術取向與治學之道。救世的深層關懷乃是此時改革者振興科舉的初衷。

隨著局面的惡化，愈來愈多的士人努力思考救世的辦法，除了支持科舉改革，他們也積極參政，並對士人學問有了新看法。在詩文，講究的應該是內容，斤斤計較於文辭雕琢已經不合時宜。在所有的學問中，藝文之學仍是金士根本，仍須關懷，但也該注意藏有救世之法的儒學與史學。這些意見逐漸形成風潮。由於改革者多半主張士人的學問需要「復古」，關於這股風潮，就有學者稱之爲「古學運動」。另一方面，改革者的共識在於時弊需要糾正，但是如何糾正，何謂「正確」的學術取向與治學之道，改革者並未凝聚共識。於是稍後的發展便是，「古學運動」諸家各尋出路，各自提出主張。加上聚集一地，交流頻繁而討論風氣興盛，金末的學術瞬間百花盛開，廣度與深度皆是金代先前未見。

除了救世外，金末的士人另一項課題便是如何安身立命。以往熱中的詩文書畫、漢唐經疏之學已經無法滿足此刻金士的需求，原先用以安頓心性的佛、道等出世之學，此時也因如何處世才是士人的當務之急而不再適合。開始有部分士人轉向北宋學術找尋資源，他們看到了理學。而理學此時正在南方盛行，已有突破性的發展，也傳到了北方，北方士人開始留意。

雖然《元史》稱要到金亡之後，宋儒趙復才將理學帶到北方，原先北方百年不知理學。這個說法在一九七〇年代以後已被修正，現今已知理學在金一直不絕如縷，而在章宗以後，南方理學又已大量傳入北方，貞祐南渡之後則普遍爲金士所知。世宗以前，北方曾有王遵古與山西澤州士人傳習理學。章宗以後，邵雍（一〇一一—一〇七七）、朱熹等人的學問都受到了關注。朱學的北傳，一一九〇年代當是關鍵時間，時值朱熹晚年。此後不但朱熹名望已爲金人獲知，南方的道學著作也開始傳入金地。在此基礎上，南渡之後，理學成爲金士關注的焦點。

對於部分的金士，理學能爲生命帶來價值依靠，能在價值的回歸中重拾士人的理想與自尊，「自立」與「救世」兩項目標可在理學的研習中一併完成。只是對於多數的金士而言，即便理學的議題與想法開拓了他們的視野，可是仍然要用金人本身的學術理念，修正這些北傳理學內「不恰當」的內容，吸收需有取捨。目前看來，金士多半無視理學對於文學的貶抑，他們不同意文學只是承載道理的工具，金士以自身的文道觀念修正了理學的看法，認爲「文」、「道」各是主體。再者，排斥佛道才能獨尊儒術的想法也未被普遍接受。金末開始有些排佛言論，可是仍有一些喜好理學的士人仍是不離佛教，像是趙秉文就被劉祁指爲「欲爲純儒，又不捨二教」，佛、道仍是他們生命的寄託。第三，金士更關心的是理學能否爲現實生活提供解釋，至於形上議題就興趣缺缺，甚至還有點反感。曾經用心研習理學的王若虛（一一七四—一二四三，承安二年進士）就有些尖銳的批評，他承認宋儒之功在於將儒學理論推演得極爲精細，但也強調這些討論已近走火入魔。王若虛更引用宋儒葉適（一一五〇—一二二三）的批評，直指「今世學者」，其實就是理學家，往往撕裂聖賢之言以「牽合其論而上下其詞」，令人「茫然不可測識」。

南渡以後，新風潮衝擊了舊現象。最初是受到學術傳統日趨瓦解的刺激，尤其是舉業對於詩文創作的摧殘，有識之士感到焦慮。在苦思解決辦法的同時，金士也注意到了問題的不單純。一是文風的衰頹不僅影響了文學創作，也影響了士風與政治文化，於是提振文風便與重塑政治文化密切相關。再是配合金末局勢的惡化，學術傳統的破壞也不再是僅靠學風改造就能修補，更大的危機是在創造這些學術的士人，不論是立命價值或未來前途的崩潰似乎指日可待，更重要的課題將是如何拯救士人與這個世界。此時，金士由點而面，由科舉到學術，從詩文風格走向處世精神，他們探討了過去不談的問題，以積極的態度自我蛻變。這些成果，稍後將在大蒙古國統治中原之時，成為北方士人面對新時代的基礎。

三、宗教與方伎之學

宗教的流傳

女真人原有自己的薩滿信仰，他們透過各種儀式展現著對於自然萬物與祖先的崇敬。向外征服後，女真人先後接觸了流行漢地的佛教與道教，高層多有禮佛崇道之舉。相對於遼朝，金朝官方對於宗教的態度並不熱中，更加謹慎地處理宗教與國家之間的關係。金朝皇帝中，除了太祖不明、熙宗頗多崇佛之舉外，其餘的君主都有約束宗教的措施。先於天會八年（一一三〇），太宗便曾下令禁止私度僧尼，天德二年（一一五〇），海陵王也曾下令禁度僧道。海陵王應該是金朝皇帝之中對於宗教的態度最爲冷漠的一位，除了管制外，海陵王也曾在營修燕京時向官員表示不信風水，認爲「國家吉凶在德不在地」。世宗以後，出家者眾與寺觀財產過多的情形引起了朝廷的側目，爲了減少對於國家財政的傷害，金朝設法控制百姓出家與寺觀興建。大定十八年（一一七八），世宗禁止民間私建寺觀；承安元年（一一九六），章宗限制僧道剃度人數。

另一方面，朝廷的約束並未遏止宗教在民間的發展。金代的佛教仍是相當興盛，士人多願親近佛教，民間也有流行。金代士人一直愛好佛法，到了已有反佛聲音的金代晚期，喜佛者仍多，趙秉文與李純甫便相當喜歡佛教。李純甫在解釋理學時，曾說北宋諸儒雖然「深明情理」，但是「皆竊吾佛書者也」。這種說法引起了不滿，有人因此揚言要上報朝廷彈劾他的不當言行。後來耶律楚材爲李純甫的《鳴道集說》撰寫序文時，便指李乃「會三聖人理性蘊奧之妙，要終指歸佛祖而已」。李純甫與耶律楚材都曾受教於萬松行秀（一一六六－一二四六），萬松行秀是金代禪宗高僧，其著作豐富，子弟也多，影響甚廣。由於他的學問深厚，也主張三教合一，「以儒治國，以佛治心」，因此受到士大夫的歡迎。

佛教在民間的影響力，也能從民間大型佛教活動的盛行看到。在一些佛教碑文的記載中，可見金代地方常有「千人邑社」的組織。邑社的主持者有僧尼、富家、地方官員，他們糾眾集資，協助修繕寺院與供養僧侶。私人集資的佛教事業又有經書雕印。時有山西女子崔法珍發願刊刻《大藏經》，她斷臂苦行化緣募款，於是在許多地方人士的協助下，經過三十年的努力，大定十三年（一一七三）於解州（今山西運城）天寧寺印出了總共六千九百八十卷的《大藏經》。一九三三年，這部經書在山西趙城廣勝寺被發現了，由於首見於趙城，因此也被稱爲《趙城金藏》。《趙城金藏》基本上是中國首部刻本大藏經《開寶藏》的覆刻本，在《開寶藏》今日僅存十三卷的情形下，《趙城金藏》因此極具研究價值。

相對於佛教，金代道教更是興盛。在中國道教史中，金代的道教發展有著舉足輕重的地位。自從佛教東來後，儒、釋、道三家彼此競爭，也相互吸納著對方的種種。稍後，唐宋變革下的新環境帶給了三家成長的動力。轉變中，新型的三教流派出現了，佛教有了更爲貼近中國文化的禪宗與淨土宗，儒家也在北宋出現了多談理氣心性的新儒學。道教發展最晚，終於在金代，新道教誕生了。

金代的新道教主要有三大流派，即全眞道、眞大道、太一道。不同於過去的道教，這些新道教有些特色。一是更爲積極入世，主張苦行修道；二是常能吸收儒、佛的理論；三是在教眾規範方面，他們的信徒戒規多有暗合或明白認同儒家倫理之處，教團的管理辦法也是深受佛教規訓的影響。三大流派又有不同的發展，主要表現在與傳統道教教義的差異程度。雖然皆未涉及金丹、導引、房中等傳統道術，當眞大道與全眞道皆已不尙符水咒說，全眞道更是建立起屬於自己特色的修眞養性、內丹修練之法時，太一道則因仍是重視符籙而使其風格較爲古樸。

太一道是以傳授「太一三元法籙」之術而得名。「太一」原有「道」、「元氣」之意，也爲星宿與天神之名，從太平道到天師道都有太一信仰。「三元法籙」是一種符法道術，天師道的符籙密法或爲其前身。學者陳垣（一八八〇—一九七一）便認爲太一道是以老子學說治身，以「巫祝之術」治理人世。太一道重視符籙的同時，也強調守敬與清修，這是源自道教的傳統，對於信眾則要求以「篤人倫、翊世教」爲本，這是儒家倫理的結合。太一道由河南人蕭抱珍所創，天眷年間流行於河南、河北等地，傳說當時每年都有上千人入教，蕭抱珍也曾獲得熙宗召見。盛行一時後，約到元代中期，太一道或因被其他流派所吸收而隱沒。

眞大道原名「大道」，傳至蒙哥汗時期，道團內部分裂，其中一派在教名之上再冠「眞」字自名，該派後爲主流，「眞大道」便爲今日的慣用名稱。大道爲河北人劉德仁（一一二二—一一八〇）於皇統二年（一一四二）所創，其教法以《道德經》的清淨無爲思想爲中心，另再結合儒家的忠孝仁恕等倫理思想與佛教的五戒、十善等規範，三教合一的色彩十分濃厚。大道於大定年間傳遍全國，其發展遜於全眞道但盛於太一道。金朝也留意到大道的興盛，世宗曾在大定七年（一一六七）召見劉德仁，並賜號「東岳先生」。金元時期，大道及其後傳眞大道頗爲興盛，到了元代晚期，眞大道事蹟已無文獻記載，估計可能已經歸入全眞道當中。

對於太一道、大道、以及更爲盛行的全眞道，金朝既有尊崇，也有打壓。明昌初年，章宗曾經下令禁罷全眞道與太一道，大道雖然未獲指名，但可能也遭波及。這些禁令不久後就取消了，新道教的流傳並未受到太大的影響。尊崇或打壓的反應，說明了這些新道教的成長已經引起了金朝官方的注意。另一方面，金廷終究還是放手讓新道教繼續流行，這種策略除了可能是認識到禮遇會比嚴禁更能達到管理的效果，以及適度的開放可藉由販賣度牒與寺觀名額補充朝廷經費外，或許也與這些新道教都無意挑戰金朝的權威有關。新道教頗爲尊重在世倫理，他們認同忠孝之道。例如劉德仁在規勸教眾的九條教規中，第二條開首便是「忠於君」，馬鈺勸誡門人的「丹陽門人十勸」中，首條便是「不得犯國法」。這些態度多少令金朝較爲安心。

金代新道教的興盛有其社會條件的支持。在世宗初年之前與蒙古南侵之後，中原百姓皆是飽受戰亂所苦，需要宗教給予人生的希望。世章時期，雖是和平年代，可是基層百姓仍然不時受到天災人禍的侵襲，像是括地政策的紛擾、黃河水患的肆虐，他們的心靈仍須寄託的對象。此外，新道教也相當注重教團的組成與信眾的照護，形同一種民間的互助團體，這讓教眾的日常生活能有實質的支援。連同佛教在內，佛、道等宗教在安定人心、穩定社會秩序的功能上，在金代還沒有其他的力量可以取代。

全真道的興盛

全眞道是金代新道教中最爲重要的流派，至今仍是流傳廣泛。全眞道的創教者是王重陽（一一一三—一一七〇）。王重陽，原名中孚，入道後改名喆，後再改名爲嚞，道號重陽子，世稱「王重陽」。王家爲咸陽大族，王重陽頗得教養，傳說他先學經史，再學弓刀，亦善騎射，文武因而兼備。過去曾有說法，認爲王重陽乃是抗金不成而後失意入道，不過應非如此。許多全眞道的記載均指出王重陽早年曾經追求功名，可能參加過齊國科舉，但不第，天眷年間改應金朝武舉，仍是落榜。王重陽對於金朝的統治未見強烈抗拒，他的求道應是源於對自己生命的體悟。就在應試不果之際，王家遭到群盜洗劫，家道從此中落，他的祖父、伯父、父親又在這段時間相繼過世，王重陽備受打擊。正隆四年（一一五九），相傳在一次偶然的機緣中，王重陽獲得高人傳授修眞口訣，隔年，王重陽再遇「眞仙」傳授秘語五篇。王重陽開悟了，他決定出家修道。

最初王重陽先在陝西家鄉修行，大定三年（一一六三）前，他都在一處自掘的地窟「活死人墓」中居住。在大定七年（一一六七）前，王重陽都在陝西傳教，可是成果不佳，所收弟子極少。大定七年六月，王重陽決定離開家鄉。他一路東行，同年七月抵達山東半島最東邊的寧海州，遇見了當地富豪馬從義（一一二三—一一八三）。經過了百日的「教化」，馬從義醒悟了，決定拜王重陽爲師。入道後，馬從義改名馬鈺，道號丹陽子。

大定八年（一一六八）、九年（一一六九）之間，王重陽在寧海州、登州、萊州等地創建了五處會社，繼續在山東半島傳教。時運已轉，成果豐碩，此時先後收得譚處端（一一二三—一一八五，道號長眞子，寧海州人）、王處一（一一四二—一二一七，道號玉陽子，寧海州人）、郝璘（一一四九—一二一二，後名大通，道號恬然子，後號廣寧子，寧海州人）、丘處機（一一四八—一二二七，道號長春子，登州人）、孫不二（一一一九—一一八二，道號清靜散人，寧海州人）、劉處玄（一一四七—一二〇三，道號長生子，萊州人）等高徒。連同馬鈺，七人後被稱爲「七賢」、「七眞」。

「七眞」的能力極強，每人都能獨當一面，他們不但承接了王重陽的教誨，也能開創屬於自己的修道法門，更將全眞道從山東一隅傳至全國四境。這些傑出表現，除了道性極高外，多少也與他們的背景有關。「七眞」中，除了孫不二爲女子、王處一家世不明外，餘五人的背景都與王重陽類似，他們都是出身富家，入道前都有紮實的士人學識訓練。馬鈺「舊爲寧海著姓，祖宗皆以通儒顯宦，自弱冠之年，遊庠序，工詞章，不喜進取」；譚處端「大族也」，「十五有志於學，弱冠涉獵詩書，工諸草隸」；劉處玄父祖世居武官，曾捨良田八十餘頃與龍興寺；丘處機「世爲顯族」、「家世務農，世稱善門」；郝大通「世居寧海，爲州人之首戶。昆季皆從儒學」。此外，同爲王重陽山東門徒的劉通微（一一六七—一一九六）亦是「鄉里右族」。

這種背景也出現在第三代的門徒中，如馬鈺所收之「玄門十解元」中，出於「大族」、「巨室」者即有曹瑱、來靈玉、李大乘、雷大通、趙九淵、柳開悟與劉眞一等七人。「解元」乃是金代鄉試與府試兩級地方考試的榜首名銜，此十人能有解元之名，可知其學識程度甚受肯定。基本上，來自富家、曾爲士人是前三代全眞道士常見的兩種背景。

由於來自富家，部分道士會以家產支援傳教，這對全眞道的初期發展頗有幫助。影響更大的道士背景應是士人的身分，士人入道是全眞道的重要特色之一。由於這些道士在入道前已有學識基礎，入道後便可毋須基本訓練而能直接進到道法教義的深造。入道後，他們也能以早年所學加速吸收學習，並因入道前已有人生歷練與自身想法，他們可以根據所思所學對照前人經典與師友講授，建立屬於自身的教義理解。

另一方面，士人背景也對傳教頗有幫助。由於早年學習士人學問，這些全眞道士與士人之間的溝通便較容易。現存第一、二代全眞道士的交遊詩文中，道士常以「殿試」、「解元」、「秀才」、「書生」、「士大夫」等士人尊稱敬稱這些往來對象，可見他們能與士人密切互動。由於士人、士大夫官員乃是金代漢人社會的優勢群體，這些互動往來既利於在士人群體中傳教，也能夠透過士人群體的資源，或是延譽宣傳，或是聯絡引見，或是協助推廣，進一步擴張全眞道的影響力。

王重陽在大定十年（一一七〇）逝世後，全眞道由馬鈺、譚處端、劉處玄、丘處機等四人陸續掌教。同時，七子分赴各地傳法。王重陽在世時，全眞道主要流傳於山東，遍及全國的發展是弟子們的貢獻。七子的傳教風格不盡相同，馬鈺較重民間基層，王處一、劉處玄、丘處機等人則願與上層人士交往，多有高官名臣問道求教，連君主亦聞其名。大定二十七年（一一八七）與二十八年（一一八八），世宗分別召見了王處一與丘處機；承安二年（一一九七），章宗召見了劉處玄。在他們的努力下，大約至章宗時期，全眞道已在全國各階層中流行，名聲也是朝野咸知。

蒙軍南侵之後，全眞道邁入了下個階段的發展。得知了丘處機的盛名後，成吉思汗遣使邀請他前來會面。西元一二二〇年，丘處機率領尹志平（一一六九—一二五一）等十八名弟子自山東出發。由於成吉思汗已經西征，人在花剌子模，丘處機時年七十三，對於長途跋涉有所疑慮，因此先住燕京，並上書成吉思汗請求待他西征結束返回草原後再見面。不過成吉思汗回覆堅持希望丘處機前來，一二二一年，丘處機正式西行。一二二二年，丘處機抵達中亞，見到了成吉思汗，雙方透過翻譯晤談甚歡。一二二三年，丘處機辭行，隔年回到中原。這段行程，隨行弟子李志常（一一九三—一二五六）有《長春眞人西遊記》

記其見聞，此書也是今日認識當時西域世界的重要史料。

成吉思汗對於丘處機的到來極爲開心，隨後頒下命令，賜予全眞道豁免稅賦差役、掌管天下道門、可於蒙古統轄之地自由建立宮觀等三大特權。此後全眞道在中原的名聲達到頂峰，貴族與官員以結識全眞道爲榮，全眞道也在這些關係中進一步擴張勢力。藉由特權，全眞道在中原各地廣修宮觀，除了新建，全眞道也選擇了一些荒廢的佛寺或孔廟將之改建。據統計，從創教到西元一二二〇年間，全眞道有二十九處宮觀，到了西元一二二一年至一二四〇年之間，二十年中全眞道共增加了七十二處宮觀。宮觀擴充之際，門徒亦是大增。戰亂之時，許多漢地百姓淪爲奴隸，當蒙古同意全眞道可以任意收徒，所收門徒可以脫離奴隸身分時，全眞道便收留了大量淪落爲奴的百姓，使之成爲道士。此外，一般士庶也多主動入道。全眞道又有照顧百姓之舉，如派人到各地請求貴族、將領釋奴爲民，勸說官員用心治理地方等。蒙古的優禮，使全眞道成爲百姓最佳的庇護所，全眞道也是大蒙古國時期穩定中原社會秩序的關鍵力量。

術數方伎之學

金朝曾有一次「德運之爭」。明昌四年（一一九三），章宗要求商議本朝德運，當時下令中央政府七品以上的官員集議討論。這次討論並無結果，之後又有多次集議，直到泰和二年（一二〇二），金朝終於確定本朝德運乃是土德。

德運之說是一種信仰，也是一種政治宣傳。中國歷代政權在需要說法確認自身的政治合法性時，常會援引先秦學說作爲根據，尤其是《春秋》公羊學的大一統思想與鄒衍陰陽五行學說的五德終始說最爲常用，而德運之說即是來自五德終始說。五德終始說中，歷代各有德運，朝代更迭即是德運轉換所致。五德即是金、水、木、火、土，五德關係有相生與相剋兩種，兩漢以後的德運之說均採相生關係，即金生水、水生木、木生火、火生土、土生金，前代如爲金

長春眞人西遊記卷上

門人眞常子李志常述

父師眞人長春子姓邱氏名處機字通密登州棲霞人未冠出家師事重陽眞人而住磻溪龍門十有三年眞積力久學道乃成暮年還海上戊寅歲之前師在登州河南屢欲遣使徵聘事有齟齬遂已明年住萊州昊天觀夏四月河南提控邊鄙使至邀師同往師不可使者攜所書詩頌歸繼而復有使自大梁來道聞山東爲宋人所據乃還其年八月江南大帥李公全彭公義斌來請不赴爾後隨處往往邀請萊之主者難其事師乃言曰我之行止天也非若輩所及知當有留不

西遊記　卷上　一　連筠簃叢書

圖 5-3　《長春真人西遊記》書影，鈔連筠簃叢書本。

德，後代將爲水德，依序類推。決定了本朝德運後，既可依照德運制訂本朝禮儀，也能確認政權的合法性。金朝最終以土爲德，便是爲了繼承宋朝的火德，而這項繼承將以宋朝已亡爲前提，因此金朝才能繼代。換言之，金朝透過土德的建立否定了南宋的正統性。

德運之說頗爲迷信，於是在北宋，士大夫便開始以較爲理性的「名分有無」取代「德運承繼」作爲評斷政權合法性的根據。到了南宋，正名思想更得發揚，政權的合法性將以政權的具體狀況判定，能否統一天下、能否以仁義建國、甚或是否由漢人所建等都是判定條件之一。這種看法後來成爲主流，元、明、清便不再多談德運流轉與朝代更迭間的關係。相形之下，金朝的德運爭議就有「復古」的跡象，他們並未承繼北宋以降逐步強化義理討論的趨勢，反而重拾更早的五行德運之說。陳學霖先生便認爲，金代的德運之爭乃是中國正統論辨中，五德終始說的「絕響」。

在採用德運建構政權合法性的過程中，顯示了金朝統治群體的興趣所在。在女眞高層部分，早年原有的薩滿信仰中，在天人互動之際，人是相對弱勢的，如何應合難測的天意是信仰的講究重點。相對而言，北宋「名分有無」的判斷則是相當現實，認爲毋須揣測天命，唯有善盡人事。對女眞人而言，宋人管人不問天的看法走得有點遠。然而德運之說在後世所見，雖然有著過分講究天命的缺失，但其立說最初，其實是想用掌握天地運作的規律，提升人在現世中的主動能力，這是種理性化的發展。換言之，德運之說可以作爲全賴天命與盡從人事這兩項觀念的過渡橋梁，比起名實之辨，此說更能貼近女真文化的傳統想法。就此看來，女真高層採用德運之說建構金朝正統的做法便有其脈絡。

漢士官員能與女真高層共同利用德運之說詮釋政權合法性的背景，又與當代士人甚好象數之學有關，能在觀念上彼此相通。象數之學乃是一種利用特定的形象與符號解釋天人之道的學問，涉及這套學問的金代學術，則有象數易之學，以及包含曆算在內的術數、方伎等實用之學。術數乃是一種藉由天地運行規律把握人事吉凶的學問，另有「方術」之稱，包括卜筮、命理、相術、堪輿等均在其列。方伎則是醫學、數學等「伎藝」之學。象數易主要屬於儒學範疇的探討，多見士人參與，術數與方伎則已自成獨立學門，士大夫之外多有民間人士參與。雖然今日對術數與方伎這兩種學問的評價判若雲泥，前者多被貶爲僅是早期社會迷信行爲的學理化成果，但就傳統的學術脈絡而言，它們均是出於象數之學，學問的分化則是基於應用範圍而非學術本質，也因此醫學可見太素脈法等方術，而觀星占象又須通曉曆法知識才能進行，難以一刀兩分。

從民間到高層，金人對於術數方伎之學頗感興趣，也願努力深究。這些術數方伎之學，北宋已是相當發達，其成果金代多有繼承，個別項目甚至青出於藍。四庫全書僅收四部相書，其一即是章宗名臣張行簡（一一五六—一二一五，大定十九年進士第一）所撰的《人倫大統賦》，其說看來頗受四庫館臣的肯定。張行簡出自日照張氏，其父張暐（正隆

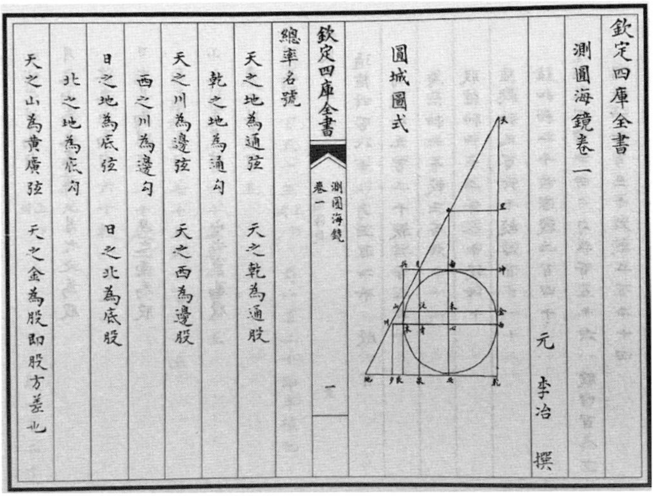
欽定四庫全書

測圓海鏡卷一　　元　李治　撰

圓城圖式

欽定四庫全書　測圓海鏡　卷一　一

總率名號

天之地為通弦　天之乾為通股

乾之地為通勾

天之川為邊弦　天之西為邊股

西之川為邊勾

日之地為底弦　日之北為底股

北之地為底勾

天之山為黃廣弦　天之金為股即股方差也

圖 5-4　《測圓海鏡》書影，文瀾閣四庫全書本。

五年進士）仕至御史大夫，其弟張行信（一一六三—一二三一，大定二十八年進士）仕至尚書左丞，自己則仕至太子太師，張家兩代三人皆是仕至二品高官，其家於金代漢人士大夫中政治成就最高。日照張氏以禮學見長，張行簡則另擅術數之學，除了相術，亦精曆學。金代名士多有精通曆學，張行簡、党懷英、楊雲翼皆是箇中高手，他們都曾以覆校曆法之功而得當代推崇。

楊雲翼在精通曆學之外亦通數學，他有《句股機要》、《積年雜說》等著作。金代擅長數學的士人不少，連以詩文見長的元好問亦有《如積釋瑣細草》一書。入蒙後與元好問往來密切的李治（一一九二—一二七九，正大七年進士）應是金代最為知名的數學家，他留下的《測圓海鏡》和《益古演段》

等兩本著作是中國數學史的經典，其「天元術」則爲元代數學名家朱世傑（一二四九—一三一四）「四元術」的先趨。也因如此成就，後世便將他與楊輝、秦九韶（一二〇八—一二六一）、朱世傑等四人合稱爲宋金元時期的四大數學家。

金代的醫學發展亦是達到了中國醫學史上的另個高峰。從金到元，北方名醫湧現，有三人最知名，分別是劉完素、張從正（一一五六—一二二八）、李杲（一一八〇—一二五一）。加上南方醫者朱震亨（一二八一—一三五八），這四人被後世合稱爲金元醫學四大家。他們各有擅長醫法，《四庫全書總目提要》便說「儒之門戶分於宋，醫之門戶分於金元」，其中，劉完素開創「寒涼學派」、張從正有「攻下學派」、李杲則有「補土學派」。此外，李杲之師張元素亦是當代知名醫家。有位張吉甫在金亡後爲張元素的醫籍《醫學啓源》撰寫序文，文中提到張元素曾被劉完素輕視，但稍後仍然治好了劉完素的病。其事難以確認，但略知兩人在世期間有些「互動」。張元素之學，後世有「易水學派」之傳。

這些醫家受到當代士人的尊重，許多名士與之交往，進而學習醫術。士人學醫在金代頗爲流行，如麻九疇便曾從學於張從正，元好問與李杲相善而有請益，劉祁自幼「於醫家書頗嘗涉獵」。宰執程輝（一一一四—一一九六，皇統二年進士）也是喜好劉完素之學，能用藥治病。程輝有次召見一名神童，當時他曾寫下「醫非細事」四字以爲嘉勉，沒想到這位神童竟將「細」字改成「相」字，害得程輝感到羞愧。消息傳出後，當時就有人覺得神童深中其病。從這個故事看來，金人對於術數方伎之學也非全然認同，還是有人覺得醫學終究是小道，不能過分沉迷。

第六章

世界征服——大蒙古國

十世紀以後中國以北諸族的崛起，由蒙古完成了總結。在成吉思汗的帶領下，蒙古人跨出草原，展開了他們的征服事業，大規模地改變了周邊世界的原有秩序。征服事業的開始，成吉思汗無疑是關鍵人物，他應和著草原人群的需求，也強勢地推動了他的理念。他的經營與構思奠下了大蒙古國的基業，他的個人魅力團結了一批忠心志士，其後人也傳承著他的精神。在這段過程中，中國一如其他地區，受到蒙古征服的劇烈衝擊。征服過後，由於大蒙古國乃是建立在成吉思汗家族與蒙古人的利益之上，其統治又包含了歐亞各地，因此施政便不會以中國想法爲核心，這使得中國在大蒙古國的時期，需要面對一個不同於以往的統治模式。就中國而言，大蒙古國統治的異族風格相當明顯。

一、開國前的蒙古

蒼狼白鹿

蒙古也有他們的起源神話。在西元十三世紀時成書的《蒙古秘史》記載，長生天所生的孛兒帖赤那與他的妻子豁埃馬闌勒，兩人渡海而來，住在斡難河源頭的不峏罕山下，大約是現今鄂嫩河上游的肯特山一帶，他們是成吉思汗的始祖。從孛兒帖赤那開始說明成吉思汗先世的說法，也被吐蕃人達倉宗巴班覺桑布（sTag-tshang rDzong-pa dPal-'byor bZangpo）於西元十五世紀撰成的《漢藏史集》所用。這個故事一如其他北族起源故事，情節並不複雜，也有些相似的樣貌。孛兒帖赤那與豁埃馬闌勒，蒙文原意各是「蒼色的狼」、「白色的鹿」，如同契丹起源的青牛白馬故事，蒼狼與白鹿也能被解釋爲兩個氏族的圖騰，於是兩人的結合故事就可以視爲早期蒙古社會兩個氏族的聯姻現象。以「狼」、「鹿」爲族人始祖的說法曾在早期許多北方族群的傳說中出現，由於共同的自然環境與各族的交流，這些北方傳說的內容常有承繼。

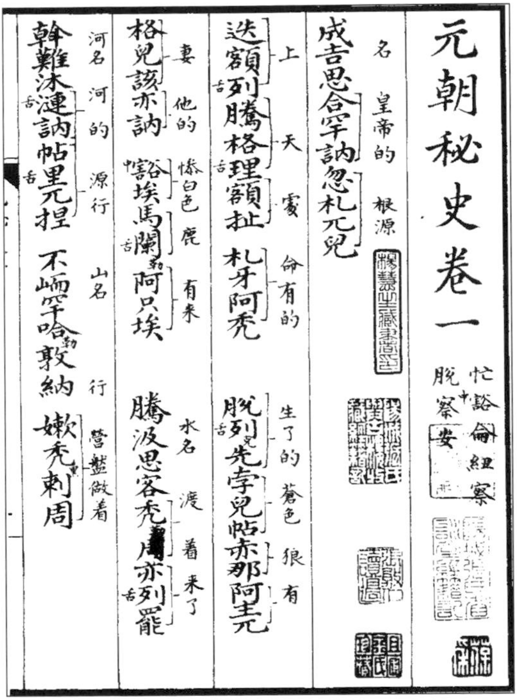

圖 6-1　《元朝秘史》書影，上海涵芬樓影印元鈔本，收入四部叢刊三編史部。

波斯人拉施特（Rashid al-Din Fadl Allah, 1247-1318）在西元十四世紀初所編撰的《史集》則提供了另一種說法。拉施特是伊兒汗國的宰相，在當時伊兒汗國第六任大汗合贊汗、第七任大汗完者都汗的授命下編撰了《史集》，這是一部以蒙古歷史為中心的世界史鉅著。在《史集》中，拉施特提到蒙古諸部原是突厥部落中的一群人，在距離編撰《史集》的兩千年前，蒙古諸部與其他突厥部落發生了嚴重衝突，被整族屠殺，只有兩男兩女逃出。其中兩人，或即是其中的男性，名字分別是捏古斯與乞顏。四人逃到了一處高山與森林環繞的豐盛草原地方，僅有一條狹窄小路能夠對外聯絡，位置偏僻但安全，該地名為額爾古涅昆。他們的後人就在山林中繁衍，等到族群壯大後，這些族人離開了山林，開始在草原上游牧生活。《史集》又指出，所有的蒙古部落都是捏古斯與乞顏的後裔，兩人後裔後來出現了一名能夠領導數個部落的領袖，他就是孛兒帖赤那，其妻即為豁埃馬闌勒。

可以感受到拉施特調和了神話與現實，比起《蒙古秘史》，《史集》的敘述更具現實感。現在看來，蒙古的先世與契丹先世類似，就漢人的分類而言，蒙古與契丹原先都是屬於東胡，早期大概都是生活在大興安嶺一帶的人群，不過契丹先世的生活範圍比較偏南，蒙古先世則是分布於契丹之北，像是額爾古涅昆就被認為應該是在額爾古納河的東方山地。這時候的蒙古先世被中原稱為「室韋」，此名原音與鮮卑相近，有學者就認為兩名乃是同音異譯，這說明了蒙古先世與鮮卑的密切關係。最初記下室韋的南方文獻乃是《魏書》，但作「失韋」，到了隋唐時期的文獻就多以「室韋」記其名。從《魏書》後，南方的文獻斷斷續續地留下了蒙古先世的歷史，加上稍後的突厥文獻，透過這些史料，蒙古先世的歷史已被逐漸勾勒而出。

室韋大約是南方在中古時期，對於生活在突厥以東、契丹以北、靺鞨以西之間地區的人群統稱。西元六世紀時，已能看到室韋有南室韋、北室韋、鉢室韋、深末室韋、大室韋等五大部，各大部各自獨立，各大部之內的部落沒有太多的緊密連結。室韋諸部逐漸參與了周邊世界，與鄰近強權多有互動，有些部落曾經入貢唐朝。與唐代同時的突厥也留下了蒙古先世的記載，當時稱爲「韃靼」，時有「三十姓韃靼」緊鄰突厥東側。隨著突厥的強大，「韃靼」之名在草原上流傳，稍後的回鶻承繼了這個用法，更將此名傳到南方。西元九世紀時，有唐人使用了「韃靼」之名，當時是用「黑車子韃靼」來稱呼回鶻的一個部落，這部落應該就是室韋的一部。慢慢地，從西方到南方，「韃靼」逐漸取代了「室韋」之名，而爲此時外人對於蒙古先世的總稱。

西元八世紀左右，隨著突厥的衰敗，有部分的蒙古先人向西遷徙。回鶻興盛之時，漠北的韃靼勢力已經相當強大，回鶻與之數次對戰，部分韃靼人臣服於回鶻，他們有些徙居回鶻境內漸與回鶻人融合，獨立的韃靼人則繼續活躍。九世紀中，回鶻汗國崩解，北方一度出現權力眞空，契丹因而崛起，韃靼也乘機大舉進入蒙古高原。十世紀初，整個漠北已經都是韃靼的活動範圍了。契丹建國後與之多次征戰，也留下了他們的記錄。在遼代的記錄中，這些北方部落有了新名稱，他們被稱爲「阻卜」。遼朝與阻卜時戰時和，阻卜發展一度受挫，直到遼朝滅亡後再度崛起。女眞建國後，這些北方部落轉爲金朝的強敵，金朝藉由征伐、修築邊牆，乃至於分化拉攏等策略不斷地想要壓制他們。此時金宋文獻對於這些北方族群又有新名稱，或叫「萌古斯」、「萌古子」、「萌骨」、「朦骨」、「盲骨子」、「蒙古里」，當然還有「蒙古」。

草原諸部

西元十二世紀時，「蒙古」本來是草原上一個部落的名稱，我們可以稱這個部落爲「蒙古部」。隨著蒙古部的壯大與日後大蒙古國統治策略的變化，「蒙古」逐漸變成了草原諸部的共稱。對於用語的發展，稍後將有說明。在此之前，可以先看看蒙古部及其周遭世界的早期樣貌。

進入到西元十二世紀，草原上有了新局面。從十一世紀以來，雖然遼、金常對草原發動戰爭，北方飽受摧殘，但是北方也在對抗過程中不斷成長，包括強化武備、構思各種管理部眾的制度、學習外地先進的生產技能等等，這些成長又帶動了草原世界的繁盛。這些競爭的局面中，有些部落出現了新的組織秩序，部落成員間的貧富貴賤日漸分化。在頻繁的交流中，各部不免有些摩擦，加上爲了爭取生活資源，各部衝突日增。當不是每個部落都能平均地成長時，強者日強，弱者被併呑，草原各方勢力進入了整合階段。

大概在鐵木眞（一一六二—一二二七，一二〇六爲成吉思汗）崛起的前夕，草原上已經出現了一些大型的部落聯盟，甚至是國家。先從蒙古部以外的草原諸部談起，首先可以看到乃蠻。乃蠻部是西北強權，活動於阿爾泰山周邊地區，《史集》稱他們「受人尊敬而又強大」、「有一支龐大而又精良的軍隊」。乃蠻已有頗爲健全的國家組織，使用畏吾兒（又作「畏兀兒」）文（即回鶻文），信仰聶思脫里教派（即景教），文化相當發達。乃蠻部東與克烈部爲鄰。

克烈部爲東部蒙古的強權，已能分官設職而有初步的國家組織，主要也是信仰聶思脫里教派。他們活動於鄂爾渾河上游一帶，該地水源豐富，一直是草原的中心，能夠據有此地，顯見克烈部的強盛。鐵木眞崛起時曾與該部君長王汗（本名脫斡鄰勒，因受金朝封王而有「王汗」之稱，漢譯又稱「王罕」）結盟，有學者推測王汗祖父馬兒忽思可能就是反抗遼朝的阻卜領袖磨古斯，此說如果爲眞，克烈部的興盛就已經相當久遠了。克烈部北邊與蔑兒乞部爲鄰，蔑兒乞部主要活動於肯特山一帶，《元史》曾說他們風俗驍勇，善於騎射，「諸族頗憚之」。

最東邊的大部是塔塔兒部，主要分布在呼倫貝爾湖周邊區域。「塔塔兒」是「韃靼」的另一種翻譯，從突厥與回鶻長期用此名稱呼蒙古諸部，可知該部當年的盛況。塔塔兒部常在草原與南方的衝突中首當其衝，加以內部政爭頻傳，在鐵木眞的年代雖然還是群雄之一，卻已不像過去一樣可以稱霸草原。大漠以南還有個汪古部。汪古部居於陰山一帶，因爲地理位置而與南方國家關係密切，多數時間被遼金納於轄下，有時還受命負責斥候，監視北方南來的威脅。

以上是幾個比較重要的大部。又有活動在額嫩河與克魯倫河之間的札剌亦兒部、貝加爾湖東西兩側的八剌忽諸部、葉尼塞河上游與烏梁海盆地附近的斡亦剌部（即明代的瓦剌）等時常參與草原活動的部落，但他們此時還不是草原舞臺上的要角。

這些部落國家的族屬與文化的成分相當複雜。十二世紀的草原上，雖然室韋後裔已經遍布各地，但也還有許多回鶻與突厥的後裔仍在繼續繁衍，各種族群疏密交錯地分散各地，也多交流。此外，草原是個開放空間，人群來來去去，許多外來族群遷居至此，這增加了草原人群與文化的多元性。當時草原各部的族屬與文化，目前看來，愈西方的部落就有愈多的突厥及回鶻的成分，就有學者認爲乃蠻人應是突厥語族，而克烈人若非蒙古化的突厥語族，就可能是突厥化程度最高的蒙古語族。

至於汪古人，他們居於多族匯集之地，族群與文化的狀況更爲複雜，南宋官員趙珙曾在嘉定十四年（一二二一）出使河北與蒙古議事，回國後寫了《蒙韃備錄》向宋朝報告探聽得來的蒙古消息，其中指出汪古人的容貌比其他的韃靼人「稍細」，大概是更文雅，因此他們就被稱爲「白韃靼」，跟其他的「黑韃靼」、「生韃靼」有所區隔。在元代，有汪古家族自稱是唐末沙陀族李克用的後裔，於是當時也常將汪古人視爲色目人。對於他們的來源，學界有沙陀突厥、回鶻、韃靼、党項等四種說法，多數則同意汪古人應該是屬於突厥語族。

至於鐵木眞所屬的蒙古部，由於位在草原偏東，成分相對單純些。蒙古部可能是在西元九至十世紀之際從額爾古納河故地往西遷徙，最後分布在肯特山區周遭及鄂嫩河與克魯倫河中上游一帶。西遷後，大約一直到十一世紀中葉以前，蒙古部內各部落間的關係還不緊密。經由百年發展，在十二世紀初合不勒汗的經營下，蒙古部更加團結，逐漸成爲草原東部的強權。合不勒汗後，蒙古部常與四方征戰，征戰的對象除了蔑兒乞、塔塔兒等草原諸部外，也有南方的金朝。

在這段時間中，蒙古部內的部落與氏族出現了地位與權勢上的分化。根據《史集》的記載，蒙古人分成兩部分，一種是尼倫蒙古，一種是迭列列今（迭兒列勤）蒙古，前者血緣神聖，是蒙古部的貴族，後者是「一般蒙古人」，除了少數如弘吉剌部外，多是貴族的附屬民。這種貴族與屬民的分層現象，也出現在同時的其他草原諸部之中。合不勒汗後，蒙古部的領袖一直都由尼倫蒙古中的泰赤烏部人與乞顏部人輪流擔任，合不勒汗即是乞顏部人，他的孫子是也速該，也速該的兒子則是鐵木眞。

鐵木真的建國

鐵木眞出生前，各大強權的衝突已經白熱化，草原進入了戰亂時期。由於地理位置，克烈部與蒙古部又是戰火中心。西元十二世紀時，克烈部與其四周的塔塔兒部、蔑兒乞部、乃蠻部持續著長期而激烈的戰爭，恩怨世代糾纏，後來擔任克烈部領袖的王汗因此生平坎坷。塔塔兒部曾協助遼朝捕殺王汗的祖父馬兒忽思，馬兒忽思之妻就設計殺了塔塔兒部的領袖及該部大部分的「那顏」（即官人、貴人）。之後，在一次塔塔兒部發動的復仇戰爭中，十三歲的王汗與他的母親一度被俘。王汗在七歲時也被蔑兒乞部俘虜過，連同十三歲的被俘，兩次都被他父親忽兒察忽思救回。等到王汗繼任爲克烈汗，便對蔑兒乞部發動兩次復仇戰爭，劫掠了許多蔑兒乞部的人員與財產。又在王汗繼位前，在忽兒察忽思過世後，王汗曾與其叔古兒汗（其名不詳）爭奪克烈部的領袖之位，古兒汗依附了長期與克烈部不合的乃蠻部，乃蠻部進攻王汗，王汗兵敗逃附也速該，後在也速該的協助下奪得汗位。此後，克烈部與蒙古部關係密切，與乃蠻部之間的仇恨就更深了。王汗的遭遇正是草原恩怨的一個片段。

蒙古部也與周邊各部多年交戰。合不勒汗的妻兄生病了，求助於塔塔兒人的「薩滿」（即巫人、祭師），但醫治失敗過世了。爲了復仇，合不勒汗諸子攻擊了塔塔兒部，雙方因此結怨。而後塔塔兒部復仇，捕獲了蒙古部的繼任領袖俺巴孩汗，將他送往金朝處死。

俺巴孩汗的繼任者忽圖剌汗爲此復仇，對塔塔兒部發動了十三次戰爭，互有勝敗。在戰爭中，合不勒汗長子斡勤八兒合黑被塔塔兒部捕獲，又被送到金朝處死；忽圖剌汗之姪也速該則俘獲了兩名塔塔兒貴族，其中一人名爲鐵木眞兀格，也速該以其名作爲自己新生兒的名稱，此即鐵木眞之名的由來。

蒙古部與蔑兒乞部也有長期衝突。俺巴孩汗之子合荅安太子（合丹太石）欲與蔑兒乞部結盟，蔑兒乞部不從，合荅安太子因而襲擊蔑兒乞部。此後蔑兒乞部曾有報仇，但被蒙古部擊退。期間，也速該聽聞蔑兒乞部將有婚禮，便與他的兄弟一同搶了新娘，這名新娘就是鐵木眞的母親訶額侖（一一四〇—一二二一）。除了大部間的衝突外，大部之內爲了爭奪領導權也有許多血腥鬥爭。蒙古部在忽圖剌汗之後，泰赤烏部與乞顏部就常爲爭奪蒙古部的領導權而有激烈鬥爭，乞顏部內的孛兒只斤氏與主兒乞氏也是如此。

這是鐵木眞早年的北方世界，鐵木眞的命運被這些恩仇牽動著。鐵木眞九歲時，也速該被塔塔兒人毒殺。也速該死後，泰赤烏部趁機奪取也速該原有的部民，一度囚拘鐵木眞。鐵木眞迎娶其妻孛兒帖時，蔑兒乞人聽聞消息，搶走了孛兒帖，隔年孛兒帖被搶回時已有身孕，所生之子即爲朮赤，其名蒙文原意爲「客人」。鐵木眞是貴族之後，本該擁有幸福尊貴的成長環境，可是早年卻是困苦流離。

除了仇恨外，鐵木眞也承接了前人的恩惠。迎娶孛兒帖的前夕，鐵木眞拜訪了父親的好友王汗，王汗熱情款待；鐵木眞聯絡上了少年時的伙伴，蒙古部札荅闌氏的領袖札木合，兩人結爲安答（即盟約兄弟）。透過王汗的領導、札木合的策劃，鐵木眞得以擊敗蔑兒乞部搶回孛兒帖。就在王汗與札木合的支持下，青年的鐵木眞擺脫早年惶恐度日的歲月，開始在草原上有了一席之地。

但稍後，鐵木眞卻與札木合反目成仇了。兩人不和的原因已難詳究，或是鐵木眞的壯大引起札木合的側目，或是鐵木眞在管理部眾時採取了一些背離舊俗的做法，像是試圖以部眾的功勞而非家世身分決定他們在部落裡的地位，這引起了尊重傳統的札木合不滿。總之，兩人開始競爭。從日後所見，這段競爭過程推動著鐵木眞的稱霸草原。

西元一一八九年，鐵木眞被他的支持者推爲蒙古部可汗，此時的蒙古部已經分化成鐵木眞陣營、札木合陣營、泰赤烏部等三大勢力。爲了對抗鐵木眞陣營，札木合陣營與泰赤烏部聯合，一一九〇年發動了「十三翼之戰」。這場戰爭是鐵木眞與札木合的初次大戰，《元史》說是鐵木眞大勝，《蒙古秘史》說鐵木眞大敗。後說較有可能，這使得這場戰爭成爲鐵木眞崛起以後，首次也是唯一的一場敗仗。但鐵木眞應該也沒有到大敗的程度，其實力依舊保留。而後更因札木合的秋後算帳，屠殺了支持鐵木眞的部落而引起了蒙古部民極大的反感，許多部民逃歸鐵木眞，鐵木眞的勢力繼續成長。

此後數年，鐵木眞跟隨王汗四處征戰，他的實力與名聲在這段過程中大幅提升。西元一一九六年，王汗與鐵木眞支援金朝進攻塔塔兒部，獲得大勝，此即斡里札河之戰。因爲援助有功，金朝封王汗爲王，授鐵木眞爲「札兀惕忽里」（意或「有威權的部落首長」），鐵木眞得此稱號，在草原中更有威望。西元一二〇〇年，王汗與鐵木眞大勝泰赤烏部與蔑兒乞部的聯軍，即斡難河之戰。西元一二〇一年，泰赤烏部等蒙古部餘眾，與塔塔兒、斡亦剌、蔑兒乞等部集結，共同擁立札木合爲古兒汗，他們聯合了乃蠻部進攻鐵木眞，鐵木眞與札木合二次大戰，史稱闊亦田之戰。在王汗的援助下，札木合陣營大敗，鐵木眞陣營正式成爲草原強權。

札木合陣營瓦解了，但鐵木眞並未獲得喘息。闊亦田之戰後，王汗與鐵木眞分頭清理敵軍餘孽，鐵木眞負責泰赤烏部，王汗負責追捕逃脫的札木合。捕捉到了札木合後，札木合說動了王汗，王汗開始視鐵木眞爲威脅。在王汗一次失敗的誘殺行動後，鐵木眞反擊，西元一二〇三年，合蘭眞沙陀之戰爆發。鐵木眞先敗後勝，王汗逃入乃蠻部邊境而爲其守將所殺，克烈部瓦解。稍後，札木合逃入乃蠻部。乃蠻部得知了鐵木眞崛起的消息，決定捻熄這股來自東方的惡火。西元一二〇四年，乃蠻部君長太陽汗糾集本部與鐵木眞所滅諸部殘眾進攻鐵木眞，雙方大戰。乃蠻部大敗，太陽汗傷重身亡，其子屈出律率眾逃入西遼。札木合雖然再次逃脫，隨後終於被擒。根據《蒙古秘史》的記載，鐵木眞原來有意勸札木合投降，但札木合堅拒，鐵木眞只好如其所願賜死。從十三翼之戰開始，兩人十多年的競爭終於劃下了休止符。

西元一二〇六年春，草原上的貴族與那顏在斡難河源「根本之地」舉行忽里台（即大聚會），眾人推鐵木眞爲「成吉思汗」，「大蒙古國」（也可蒙古兀魯思。也可，原意爲「大」；兀魯思，即人眾、國家）正式建立。此前，蒙古只是蒙古部的名稱，此後，蒙古將是草原上所有的人與地方的共稱。

二、世界征服

征服的開始

大蒙古國建立後，成吉思汗向外擴張，世界征服開始。從成吉思汗到蒙哥汗之間，大蒙古國對外征戰的節奏都很明確，每次的征戰都與歷任大汗的在位時間相始終。這與蒙古汗位傳承的制度有關。汗位交接之際，蒙古權貴都要回到草原參加忽里台，也就是選汗大會。爲了讓也是前線主將的貴族宗王回到草原，主要的攻勢都會暫緩或停歇，這使得整體戰事常有階段性的節奏。大蒙古國的對外征戰因此就可以大致分爲三個階段，分別是成吉思汗時期、窩闊台汗時期、以及蒙哥汗時期。最後，大蒙古國四名大汗中，僅有貴由汗在位期間並無大型對外征戰，其因或與貴由汗正在專心處理他與堂兄弟們的恩怨有關。

三階段的征戰均有西征與南征兩大方向。西征的對象以中亞為主，但在窩闊台汗時期則入侵歐洲，蒙哥汗時期則攻入西亞。至於南征的對象，成吉思汗時期主要是對夏與對金，窩闊台汗時期則在初期滅亡金朝，中後期進襲宋朝與吐蕃，蒙哥汗時期則是針對宋朝，但為了攻宋，也順勢征服了大理。每個階段中，兩大征服方向的時間安排也能看到蒙古實力的變化。在成吉思汗時，由於國力有限，蒙古不會兩線同時發動大型戰爭；到了窩闊台汗以後，蒙古就能兩線作戰，能夠同時西征與南征。

草原的人群對其西方之地一直相當熟悉，如有餘力便會往西擴張，而在蒙古西征之前，又有一些恩怨提供了擴張的動機。西元一二〇八年，屈出律逃到了西遼，並於一二一一年奪取了西遼政權準備重振旗鼓，對此成吉思汗需要根除後患。先是透過外交策略，蒙古爭取到了原為西遼屬國，位於西遼與蒙古之間的畏吾兒與哈剌魯的歸附。情報收集與外交手段也是蒙古得以快速擴張的重要做法。在削弱了西遼勢力後，一二一八年哲別率領二萬大軍進攻，順利擒殺了屈出律。

進攻西遼前，除了爭取西遼東方的畏吾兒與哈剌魯，成吉思汗遣使前往位於西遼西方的花剌子模，希望兩國能夠結盟，或至少建立貿易關係。花剌子模是中亞古國，一度臣服西遼，在西元一二〇〇年摩訶末（一一六九—一二二〇）即位後重振國勢。摩訶末的才智出眾，他領導花剌子模往西征服了大片土地，於一二〇九年與西遼正式決裂，並在一二一一〇年塔剌思河之戰中大勝西遼。此後，花剌子模再度成爲中亞強權，摩訶末在中亞穆斯林中有著極高的威望。莫訶末與鐵木眞可說是當時內亞世界的兩大新興巨星。

就在花剌子模與蒙古的國力都在快速成長之際，一次事件使雙方決裂，兩強終將決一死戰。當成吉思汗派遣的蒙古使團到達花剌子模邊境訛答剌城時，城市長官因爲貪圖蒙古使團帶來的財物，誣陷這些使人乃是間諜並殺害奪財。或因這名長官是摩訶末母親的親戚，摩訶末有所袒護，面對蒙古的問罪，摩訶末的態度強勢，並處死了前來的蒙古使臣。訛答剌慘案令成吉思汗極爲憤怒，結束了西遼戰爭後，成吉思汗決定向花剌子模復仇。

花剌子模的進攻，日後被視爲蒙古西征的序幕。西元一二一九年秋，蒙古攻入花剌子模。花剌子模擁有四十萬大軍，蒙古則集結了近二十萬人的部隊。蒙古的部隊除了蒙古軍人外，也包含了畏吾兒、哈剌魯的士兵，以及從金朝征服區調來的契丹、女眞、漢人部隊，而漢人中又有大量的工匠人才。花剌子模與金朝類似，是個擁有許多高大城牆城市的國家，摩訶末也根據自身的條件，採取分兵堅守大城的策略。面對一個與草原極爲不同的戰爭環境，蒙古使用了一些草原未曾使用的戰法，例如硬攻城池，此時漢人工匠派上用場。隨著戰況的白熱化，蒙古也開始使用屠城策略，守城不降者，城破後除了有價值的人員外，餘者全部屠殺。

蒙古便這樣一城一城攻破，花剌子模遍地殘骸，摩訶末節節敗退，最後逃到裏海小島，約於西元一二三〇年底病逝，死前傳位給其子札蘭丁。札蘭丁率領餘眾繼續對抗蒙古，然而難以挽回局面，後於一二三一年底逃到印度。一二二二年春，成吉思汗派軍進入印度追擊札蘭丁，但遍尋不獲，又因蒙軍不耐印度溽暑，只能撤軍。同年秋，成吉思汗決定東歸，一二二五年春返抵蒙古，蒙古的第一次西征結束。

西征的持續

成吉思汗決定東歸之際，中亞戰爭仍在持續。花剌子模各地仍有許多地方勢力不願臣服蒙古，此起彼落地反抗著蒙古的侵略。又有許多抗蒙勢力到處轉移，部分離開了中亞，這使得蒙古必須擴大清剿範圍。爲了追擊札蘭丁，蒙軍進入了印度，爲了追捕摩訶末，蒙軍進入了現今的伊朗與歐俄一帶。因爲餘孽未盡，蒙古需要再次根除後患。

西元一二二七年，成吉思汗逝世，三子窩闊台於一二二九年繼位。爲了徹底解決先前已經接戰，但卻仍未臣服的欽察人與斡羅思（即俄羅斯）諸國，窩闊台汗決定再次西征。一二三五年，窩闊台汗命令成吉思汗家族各支宗室皆以長子率軍出征，萬戶以下各級那顏也各遣長子從征，此次西征因此又稱「長子西征」。之所以下令以長子領軍，《蒙古秘史》說是得自察合台的建議，認爲這樣才能備齊足夠的兵馬。一二三六年春，爲數十五萬的蒙古大軍正式出發。相對於第一次西征，第二次西征時的蒙軍已有豐富的境外遠距作戰經驗，進攻的路線中也無類似花剌子模的強權，於是一路挺進。一二四一年，蒙軍攻入了孛烈兒（即波蘭）、馬札兒（即匈牙利），年底則越過了多瑙河，直抵維也納城附近。蒙軍快速進逼的消息不斷地西傳，歐洲大地籠罩在一片末日的氣氛中。一二四二年初，窩闊台汗逝世，蒙軍班師東還，歐洲各國鬆了一口氣。

西北征戰的同時，中亞的掃蕩工作繼續進行。成吉思汗歸國後，札蘭丁來到了波斯，集結了大量舊部四處擴張，從波斯到花剌子模都有他的效忠者，花剌子模似有復興跡象。得知消息後，窩闊台汗派遣綽兒馬罕率領三萬軍隊前往壓制，札蘭丁無法抵抗，於西元一二三

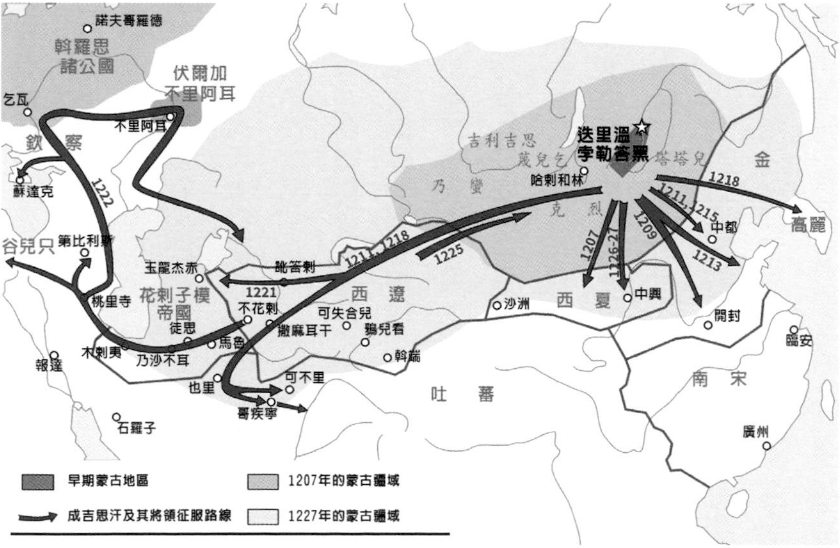

圖 6-2　成吉思汗的征服。via Wikimedia Commons, CC BY-SA 3.0.

一年逃至今日土耳其東部一帶，後爲當地居民所殺。札蘭丁死後，爲了穩定控制與掠奪資源，蒙軍在綽兒馬罕及其繼任者拜住的帶領下繼續侵襲各地小國，攻擊的範圍愈來愈廣，除了征服大部分的波斯地區外，也攻入了高加索山區與西亞。由於長期都由綽兒馬罕負責，這段時間的征服也被稱爲「綽兒馬罕西征」。經過了十餘年的掃蕩，在蒙哥即位前夕，東部伊斯蘭世界較大的政權只剩下木剌夷國，以及首都位於報達（巴格達）的黑衣大食，也就是阿拉伯帝國阿拔斯王朝尚未臣服。

西元一二五九年，蒙哥汗派遣官員常德聯絡時在西亞的旭烈兀（一二一八－一二六五），士人劉郁隨行，此行往返共費十四個月。歸國後，劉郁寫了《西使記》記下這趟旅程的見聞。《西使記》可以看到漢族士人對於遠方世界的新認識，像是「報達」是「諸胡之祖」、「故諸胡皆臣服」等記載，就看到了劉郁已經知道阿拔斯在伊斯蘭世界中的尊貴地位。

《西使記》也記了木剌夷。木剌夷是一個由伊斯蘭教什葉派分支亦思馬因教派所創的政權，《西使記》稱之爲「木乃奚」，提到「其國兵皆刺客」、「在西域中最爲凶悍」，如有不肯降服的國家，國主就會派刺客暗殺這些國家的君主。奉法蘭西國王路易九世（Louis IX, 1214-1270）之命出使蒙古的聖方濟各會教士魯布魯克（William Rubruck, c1215-1270），在歸國後於西元一二五五年所寫的《東行紀》提到，他在面見蒙哥汗時被嚴密盤查，詢問原因，被告知蒙古得到消息，有四十名「哈殺辛人」喬裝成各式人物準備刺殺蒙哥汗。「哈殺辛」即「assassin」的音譯，其詞日後即是英文的「刺客」。不清楚木剌夷是否眞有暗殺蒙哥汗的意圖或行為，可是對蒙古而言，他們顯然極具威脅，需要根除。

蒙哥汗即位後，下令其弟旭烈兀進攻木剌夷與報達，後世視此為蒙古的第三次西征。經過纏鬥，西元一二五六年底木剌夷遭到殲滅，一二五八年春報達城破，哈里發身亡，黑衣大食亡。報達陷落後，蒙古大軍繼續朝向地中海東岸挺進，並且有意揮師埃及，伊斯蘭世界大為震恐。一二六〇年四月，蒙哥汗死訊傳來，旭烈兀歸國，埃及馬木魯克王朝算端（即蘇丹）忽禿思率領大軍反攻，同年九月於今日巴勒斯坦北部的阿音札魯特（Ain Jalut）與蒙軍大戰。由於蒙軍主力已隨旭烈兀離開，埃及大勝，並取回地中海東岸。蒙古在西亞的擴張至此結束，第三次西征告終。

雖然奉教皇英諾森四世（Innocent IV）之命出使蒙古的聖方濟各會教士柏朗嘉賓（Jean de Plan Carpin, 1082-1252）在西元一二四七年撰成的《蒙古行紀》中指出，蒙古人有著「在情況許可時就征服全世界」的念頭。目前看來，即便眞是如此，這應該也是比較後期的想法。就征服歷程中的事件關係看來，蒙古的西征其實與鐵木眞的草原征服類似，可以說是前因轉成後果，前事的結果又轉為後事之因。屈出律的逃脫，帶出了征服西遼；為了征服西遼，蒙古聯絡花剌子模，稍後衍生出的訛答剌慘案使得蒙古進軍中亞；摩訶末與札蘭丁的暫時逃離，使得蒙古必須擴大掃蕩範圍，也留意到了歐俄與西亞，促成了後兩次的西征。

另一方面，事後檢討也能發現，即便成吉思汗或蒙古未必有著征服全世界的初衷，卻有其條件。一是成吉思汗確實是個征服的天才，他不僅是傑出的軍事家，也是個極具能力的政治家，後者又能從他外交策略的施展、人才的選用、以及國家體制的規劃等作爲可見一斑。二是成吉思汗之後的蒙古大汗，除去貴由汗，窩闊台汗與蒙哥汗也都有相當的才能接續成吉思汗的征服大業。三是蒙古將士一直熱中於軍事技能的提升，這使得除了強大的騎兵外，蒙軍總能不斷地適應新環境，增加新兵種，吸收新戰法，並且竭盡思慮找尋所有可用資源投入戰場。四是蒙古崛起之時，除了花剌子模外，歐亞世界並無足以抗衡的強權，這讓蒙古有了可趁之機。就在這一波波的征伐後，蒙哥汗時期的大蒙古國，其控制範圍估計可達二千四百萬平方公里，此一領土規模在人類歷史上僅次於大英帝國。

分封

大蒙古國建國後，成吉思汗按照草原上家產分配的習慣分封他的子弟。草原國家最重要的財富乃是人民，但因游牧需要牧場，因此分民的同時也會分地。第一次大規模的分封是在西元一二〇六至一二一四年間，成吉思汗將國內三十幾個千戶與蒙古東、西兩翼之地分給諸弟與諸子，後世稱他們爲東道諸王與西道諸王，或稱左手諸王與右手諸王。

西翼之地授予諸子，由第一夫人孛兒帖所生四子，即長子朮赤（一一八一—一二二七）、次子察合台（約一一八三—一二四二）、三子窩闊台（一一八六—一二四一，一二二九即位）、幼子拖雷（一一九一—一二三二）受封。東翼之地授予諸弟，時有拙赤合撒兒（一一六四—一二一九）、鐵木哥斡赤斤（一一六八—一二四六）、按赤台、別里古台等四人受封。草原習慣中，只有長妻之子才有資格繼承父親財產，因此獲封諸弟原本應該都是成吉思汗同母弟。拙赤合撒兒與鐵木哥斡赤斤是訶額侖之子，自有資格。另名同母弟合赤溫早逝，有子按赤台，遂由按赤台受封。比較特殊的是別里古台，他是成吉思汗異母弟，原無資格，但因功勞卓著，因此破例受封。從別里古台的受封，可見成吉思汗沒有拘泥於草原舊慣，畢竟這是他打出來的天下。可是成吉思汗也不會隨意分封，同樣立有大功的養弟失吉忽禿忽（一一八〇—一二六二）便因身分關係已有距離，只能得到較多的賞賜而未受封。

諸弟所得東翼之地約以現今中國的東北地區爲主。由於日後蒙古在該地並無進一步的擴張，於是他們的受封範圍變動不大，但也因此其日後權勢將隨著西道諸王的封地，因爲再次西征而有大幅擴張的情形下而相對不如。但是東道諸王仍爲蒙元政治的重要參與者。窩闊台汗逝後，東道諸王中權勢最大的鐵木哥斡赤斤便有意角逐大位；蒙哥汗逝後，東道諸王曾大力支持忽必烈對抗部分西道諸王所支持的阿里不哥（一二一九—一二六六）；忽必烈汗在位期間，東道諸王則因不滿於過分嚴格的管控措施而叛變，元朝政局一度動盪。

諸子得到了西翼之地，最終將是一片涵蓋了今日中亞、西亞、歐俄等廣邈範圍的境地。當時分封的原則約爲愈是年長，所得之地就離家愈遠，於是諸子便依兄弟順位由東向西得到封地，朮赤所得最西，察合台較東，窩闊台則離蒙古本部最近。至於拖雷，波斯史家志費尼（Ala-al-Dn'Aa-Malik Juwain, 1226-1283）在《世界征服者史》中指出，拖雷領地在「帝國中心」，即蒙古本部。草原舊慣，分家之後，年紀較長的兒子們都要拿著分配到的財產與牲畜離開，只有幼子守護老家，照顧老家的灶火，這就是「幼子守灶」的傳統。基於傳統，拖雷便未遠封，也在成吉思汗逝後繼承其父未曾封出的全部財產、人戶，以及軍隊。但也因爲所領人地皆在蒙古本部，就沒有出現可以獨立於蒙古本部的「拖雷汗國」。

其餘三子及其後人，日後以原初分封爲基礎，擴大建立三大汗國，此即朮赤汗國（又稱「欽察汗國」、「金帳汗國」，前名來自所轄多爲欽察人故地，後名則來自大汗居於金帳）、察合台汗國、窩闊台汗國。由於征服的進展，西征結束後，三子的封地範圍再有調整，不過封地位置仍依兄弟順序安排。此時，朮赤之地位於花剌子模故地以西，察合台之地約在撒麻耳干（今撒馬爾罕）與畏吾兒之間，窩闊台之地則在葉密立以北，包括乃蠻部故地。最後，在蒙哥逝後，有意爭奪汗位的忽必烈爲了爭取旭烈兀支持，他承認了旭烈兀在西征時所得土地的統治權，旭烈兀汗國於是誕生。旭烈兀汗國一般稱爲「伊兒汗國」，此乃旭烈兀及其後人均自稱爲「伊兒汗」，其國因而得名。

南征

如同西征，南征亦是蒙古擴張的重要成就。整個蒙古向外擴張的歷程中，在前期，西征更爲重要。成吉思汗時期，南征可以視爲西征的準備。雖然先有數次進攻，金、夏也已大受打擊，可是成吉思汗並未留戀南方，目光還是朝向西方。窩闊台時期，從將帥任命與軍隊部署的輕重分別看來，西征仍是主要方向。到了蒙哥汗時期，或因西方已有豐碩成果，當地的蒙古宗王與將領也能獨當一面，或因注意到了南方豐富的資源，可以進一步征服，蒙古的關注程度已有轉變，大汗親臨的戰場將是南方，兩方戰場的主從地位對調。

南征各階段的戰事也是由一波波的戰爭所組成。攻夏戰爭持續不斷，但主要的攻勢約有兩波，分別是西元一二〇五至一二〇九年，以及一二二六至一二二七年的戰爭；攻金也有兩波，第一波是成吉思汗所發動，時間約爲一二一一至一二一六年，第二波是窩闊台汗所發動，時間約爲一二三〇至一二三四年。攻宋戰爭的持續時間較久，如果連同更後的忽必烈汗滅宋則有三波，分別是窩闊台汗時期的一二三四至一二四一年間，蒙哥汗時期的一二五八至一二六〇年間，以及忽必烈汗時期的一二六七至一二七九年間。

事實上，成吉思汗對蒙古本部以外地區首次發動的戰爭並非進攻西遼，而是攻夏。在攻滅乃蠻部後，西元一二〇五年，成吉思汗首次率軍入侵西夏。此後，蒙古又在一二〇七年、一二〇九年、一二一七年、一二二四年四度攻夏，數次進攻令西夏元氣大傷。進攻西夏的原因，有一種來自於《大金國志》的說法，認為攻夏是為了避免西夏在蒙古日後攻金時從背後偷襲。雖然《大金國志》乃是元代中期左右舊宋地區書商拼湊前人資料之作，所用的前人資料也以舊宋文獻為主，可能有些南人臆測與後見之明，但是避免腹背受敵的做法倒也符合成吉思汗的基本風格，況且當時的幾次攻夏，蒙古確實也僅是驟進捲襲，並無太多停留，這與攻擊花剌子模的做法不同。

西元一二一一年春，成吉思汗正式進攻金朝。金朝本為蒙古部世仇，俺巴孩汗與斡勤八兒合黑皆被金朝所殺，成吉思汗攻金前曾向上天禱告，祈求上天助他復仇成功。《蒙韃備錄》曾記金世宗得知了民間流傳著「韃靼來，韃靼去，趕得官家沒去處」的民謠後，就下令每三年出兵一次屠殺蒙古百姓，號稱「減丁」。這說法可能是傳聞，但在金蒙對抗中，草原百姓死傷慘烈也是事實。從貴族到百姓，蒙古的攻金遂在覬覦南方財富之餘，多了復仇的動機。收集到一些情報後，當成吉思汗認為金朝國勢已衰，新任皇帝衛紹王又是「庸懦」之人時，復仇就此展開。

從西元一二一一年到一二一六年成吉思汗北歸爲止，蒙古的攻擊造成金朝極大的災難。戰爭告一段落後，蒙軍截斷了金朝領土兩大部分，即東北內地與南方中原的連結，南方的女眞人已難北歸。在中原，蒙軍掃蕩了黃河以北，河北、河東、山東、陝西北部等地百姓傷亡慘重，財物洗劫一空。一二一四年，金宣宗下令遷都南京（今開封），一二一五年，蒙軍進占中都（今北京）。進攻初期，蒙軍多以燒殺擄掠爲主，打完就退。隨著攻占地方的擴大，蒙古開始思考長期統治的可能性。不過成吉思汗並未留戀南方，還是想要專心西征。等到回到北方備戰時，成吉思汗便將任務交給大將木華黎（一一七〇—一二二三），由他全權負責中原的管理。

蒙古西征後，金夏暫獲喘息。西元一二二六年，已經班師回蒙的成吉思汗決定消滅西夏。一二二七年夏，就在西夏即將滅亡之際，成吉思汗逝世了。成吉思汗的安葬過程極爲神秘，至今仍未發現他的墓地。同年稍後，蒙軍攻破了西夏首都東京中興府，捕殺了夏末帝與全部的西夏宗室，夏亡。蒙古原意屠城，但在成吉思汗養子，時爲蒙軍大將的党項人察罕極力阻止下，中興府百姓免於浩劫。

西元一二二九年窩闊台汗即位，決定徹底解決金朝。一二三〇年秋，窩闊台汗親率大軍南征，經過三年的戰鬥，一二三四年正月，金朝滅亡。攻金期間，蒙古與宋朝達成協議，雙方聯合滅金。今已難知最初協議的內容，但在金亡當下，蒙宋原是約定以陳州、蔡州為界，北南各不相擾。不過宋朝君臣企圖收回故土，於一二三五年（宋端平元年）派軍占領了陳、蔡以北的汴京與洛陽，史稱「端平入洛」。此舉極為冒進，也令蒙古有了侵宋的藉口。先是黃河以北的蒙古駐軍很快便驅離了汴、洛的宋軍，而後窩闊台任命其子闊出、闊端分率東西兩路蒙軍南侵，蒙宋正式開戰。蒙軍在四川戰場多有斬獲，但未取得決定性的戰果，至於長江中下游以北的戰場，蒙軍就吃了許多苦頭，數次進攻皆被擊退。基於戰況膠著，蒙古有意與宋談和，唯宋朝不肯，雙方僵持不下。

西元一二五七年春，蒙哥汗下令征宋。此前蒙古已有準備，一二五二年，蒙哥汗派遣其弟忽必烈征服大理，以兀良哈台（一二〇一－一二七二）總理軍事。據《元史》記載，行前蒙哥汗告知兀良哈台，平定大理後可穿越宋境北上，與日後征宋時南下的蒙軍會師於長沙。一二五三年秋，征滇部隊出發。為免打草驚蛇，蒙軍需要繞過四川，於是借道吐蕃。一二五三年冬，在快速通過吐蕃後，蒙軍抵達了大理。攻下了大理國首都大理城，由於先前蒙古使者的被殺，忽必烈原意屠城，但在漢人參謀張文謙的勸止下作罷。一二五四年春，大理境內大致平服，忽必烈北返，留兀良哈台鎮守。

為了征宋，蒙軍繞過吐蕃、攻占大理，這是一種迂迴進擊的做法，也是草原軍事謀略的再次展現。草原的狩獵行動中，游牧民族本有包抄圍捕的手段。到了戰爭時，游牧民族便會將這些手段轉成戰術。可是這些戰術，過去只會在規模有限的戰役中實施，繞道包圍的距離與時間不會太長，然而蒙古此時的運用，已經將之轉爲大規模的戰略措施。先前滅金時，西元一二三二年最後一場消滅金軍主力的三峰山戰役，蒙軍除了從北方南下進攻外，也有拖雷所率領的右軍，從西部南下穿越宋境，而後北上夾擊金軍，這次的轉進夾擊令金軍措手不及而全軍覆沒。滅金時借道於宋的戰略，據說是成吉思汗死前的傳授。

準備妥當後，蒙古派遣三路大軍攻宋，東路軍攻擊長江中游，南路軍由大理北上，主力的西路軍由蒙哥汗親領進攻四川。當時蒙古的策略，大概是以東路、南路兩軍阻斷自長江下游前來支援的宋軍，待西路軍攻下四川後，各路蒙軍再集結順江而下進攻宋朝中央。這種做法是根據前次征戰失利的調整，整個布局更有層次。由於進攻四川無須像進攻長江中下游一般跨江作戰，似是適合善於陸戰的蒙軍施展，選擇由此主攻相當合理。但在宋朝的經營下，四川已與十年前不同，山城防禦體系已經成形。西元一二五九年春，蒙哥汗圍攻釣魚山城，久攻不克。同年夏天，或是染疫，一說是被宋軍飛石擊中重傷，蒙哥汗死於軍中。大汗過世，蒙古又要選汗，蒙軍再度撤退。

攻宋的教訓與成長

蒙古的征服，在宋地戰場上遭遇了極大的挑戰。境外征服的過程中，蒙古遭遇過幾個強大的敵手，例如也是新興強權的花剌子模，以及傳統強權的金朝，但這些強敵總是在一兩波的猛攻後不支倒地。然而宋朝卻是纏鬥甚久，從西元一二三五年首次攻宋到一二七六年占領臨安爲止，大蒙古國與後續的元朝總共發動了三波的大型攻勢，前後則花費了四十餘年才征服宋朝，期間更有大汗死於前線的嚴重挫敗。相較於當時的歐亞各國，宋朝確實難纏。

宋朝的防禦，自是得利於環境條件。比起北方，南方環境悶濕，北人未曾經歷的疫病也多，蒙古部隊或徵調自華北的漢人部隊都有適應不良的問題，像是蒙哥汗逝世前夕，攻蜀蒙軍之中已有瘟疫流行。長江天險也保衛了宋朝在江南的腹心之地，初期不善水戰的蒙軍難越雷池。另一方面，宋朝亦有不錯的準備，水軍便在戰爭初期表現強勢，屢建戰功。此外，宋朝在四川則有山城營修，此令蒙軍倍感苦惱。

依山築堡，據險自保，本是四川在亂世中的傳統防禦措施。西元一二四二年（宋淳祐二年），宋朝任命曾在兩淮抗蒙有功的余玠擔任四川安撫制置大使，主持四川軍務。在播州（今貴州遵義一帶）人冉璡、冉璞兄弟的建議下，余玠決定在四川建構一個山城防禦體系，這時他注意到了釣魚山的優良位置。釣魚山位於嘉陵江、涪江、渠江等三江匯合之地的半島上，約在四川盆地中央偏東，可爲四川防禦中樞。其地三側環河，僅有東側與陸連接，臨河山壁聳峻，上有面積二・五平方公里左右的平坦山頂，內有十多個水塘，九十餘口井，取水耕作皆便，適合長期據守。

除了釣魚山城，余玠另外尋找了類似條件的高地，修築大量堡寨，並移駐軍隊於其上。四川的山城，在余玠來蜀前已有十一座，余玠在任時再修十九座，余玠離任後至宋亡之前又有持續興修。除大型山城外，另有大量的小型關隘、屯寨、寨堡等防禦建設陸續整建完成。這些防禦措施遍布四川，形成了一套山城防禦體系。在此防禦體系中，一旦遭遇敵軍來襲，敵軍勢猛則退守山城，力竭則反攻，各城軍隊連結呼應。陸戰本是蒙軍強項，四川的地形原比長江中下游更適合蒙軍發揮，但在強化防禦後，四川卻成蒙軍夢魘，貌似垂手可得，實則難以掌握。蒙古征服世界的過程中，再也沒有一處能像四川一樣可以抵抗蒙軍進攻長達數十年的地方。清人魏源（一七九四—一八五七）在《元史新編》中評論蒙古用兵時，便說：「元代用兵，未有如攻蜀之拙者也。」等到忽必烈汗攻宋時，元朝就放棄了先取四川的做法，改採主攻長江中游的策略，不願再蹈覆轍。

如果不先攻蜀，勢必要直接挑戰長江天險與宋朝水軍。受惠於繁榮的江河航運及海外貿易，宋朝的造船技術精良，水手素質亦高，這是宋朝水軍的堅實後盾。與金朝的對抗中，宋朝水軍也已建置整齊，至南宋中期已有二十多支水軍，主要布防於長江中下游與兩浙沿海。南宋大臣章誼（一〇七八—一一三八）於紹興年間向宋高宗說明水軍建設的重要性時，便指出：「巨浸湍流，蓋今日之長城也；樓船戰艦，蓋長城之樓櫓也。」實戰中，南宋也曾仰賴長江水軍成功阻止了金朝海陵王的南侵。

相對而言，蒙軍對於水上作戰原是極爲陌生。但在因應境外戰爭所需，蒙古注意到了水軍的使用。西征與攻金之時，已見蒙古能夠遇河造船，臨時編制漢人部隊組織「水手軍」與「船橋軍」加入戰場。窩闊台汗攻宋時，蒙古水軍正式建制，唯因實力與經驗有限，戰果不彰。攻宋的失利，蒙古開始正視自己的弱點，試著結合自己的長處調整水戰的策略。李天鳴先生便指出，在西元一二四二年至一二四五年淮河北邊的幾場戰役中，蒙軍使用了「水陸協同三面夾擊水戰法」，以「正面由戰艦攻擊敵方戰艦，左右兩岸的軍隊使用弩砲向敵方射擊，並由騎兵予以掩護，以防宋軍上岸攻擊蒙軍的弩砲步隊」的戰法屢次擊敗了馳援的宋軍。蒙哥汗攻宋時，蒙軍繼續使用這種水陸協同戰法，在水戰中已能取得勝負參半的成績。不過，這種戰法需要陸軍協助，在水軍尚難獨當一面的情形下，蒙軍最多僅能沿江取勝，仍難突破宋軍的長江防線。

關鍵性的變化出現在忽必烈汗即位之後。忽必烈汗即位後，對於宋朝已是勢在必得，朝廷已有強化水軍的共識。在這過程中，忽必烈汗聽取了漢人將領劉整（一二一三—一二七五）的建議，開始挹注大量資源，水軍訓練與船艦建造大規模地展開。西元一二六八年後進攻襄樊時，元朝的用心終得成效，取得了豐碩的戰果。此時的十五次水戰中，元軍獲得了十三次的勝利，十次的成功阻援，有效地執行了封鎖水道、阻擋敵援的任務。攻下襄樊後，在一二七四年至一二七六年攻擊長江中下游時，水軍已是元朝的進攻主力，元軍在三大水戰中大獲全勝，並殲滅了宋朝全部的江上水軍與多數的海上水軍。

水軍的從無到有，從養成與建功，可說是蒙軍積極面對戰場，勇於解決各項挑戰的良好案例。水軍本非蒙古所長，養成過程多有挫折，但在多次嘗試後，終於找到成功的方向。蒙古先是善用他們的原有的陸戰優勢，在水軍仍屬青澀的時候開發出水陸協同作戰。待水軍壯大後，相對於宋朝好用巨艦團連成堡的被動防禦策略，蒙古總是積極進攻，視水軍如騎兵，也用了側背迂迴、夾擊包抄等各種陸戰常用的戰法。不吝學習在地經驗與廣納各方人才是蒙古成功的要素之一，於是蒙元水軍的主力，從將帥到兵卒多是漢人，蒙古高層也願意託付大權給予信任。相對於四川戰場，長江戰場的最終勝利展現了蒙古軍事能力優秀的一面。

三、傳位紛爭與國家體制

子孫鬩牆

從大蒙古國到元朝，傳位紛爭形成了蒙元政治的特色。這種現象的本質與一般北族政權的情形類似，與「有能者居之」的北族傳統有關。大蒙古國最初的汗位交接衝突，更令後世子孫可有仿傚的先例，強化了這種競爭風氣的延續。又在傳位競爭中，有志得位者需要多方結援，各方勢力也想藉由扶立新君取得大權，角逐大位就不僅是候選人一己之事，候選人陣營與支持力量也將參與其中，大量高層捲入的結果使得每次的汗位交接都會是政壇大幅震盪的時候，也牽動著蒙元政治的發展。

成吉思汗四子中，朮赤與察合台的不和似乎由來已久，兩人年歲相近，個性都算強悍，雙方關係緊張。根據《蒙古秘史》記載，在西征前，由於前景難料，成吉思汗曾經開會詢問諸子繼位之事。成吉思汗一問完，朮赤尚未答話，察合台就搶說不願讓蔑兒乞來的人管，朮赤聞言極爲不滿，兩人就在成吉思汗面前大聲怒罵。經過成吉思汗曉以大義，兩人不敢再吵，但又各不相讓，最後就乾脆一起推舉了「爲人敦厚」的窩闊台。這是大汗傳承首次浮上檯面的紛爭，這次紛爭可以視爲後來許多衝突的源頭，這些衝突又推動著日後大蒙古國的分裂。

成吉思汗逝後，表面上窩闊台眾望所歸，但卻仍有波瀾，關鍵在於拖雷的態度。這個狀況，蒙文與漢文的史料看不到太多線索，波斯文獻則有些描述。根據《史集》記載，選汗大會時窩闊台曾推拖雷爲汗，理由是按照蒙古體例，幼子當繼父業。這裡所說的是「幼子守灶」的草原傳統。窩闊台的推讓透露出他的顧忌，這顧忌應是源自此時的拖雷握有較多的軍隊。此外，《史集》也提到了朮赤與察合台、窩闊台不和，但與拖雷關係不錯，拖雷並未嫌棄朮赤的出身。這層關係不免令人聯想即便朮赤已經過世，但在選汗過程中長子系統是否因此支持拖雷。

西元一二二九年，選汗大會召開，從宗王聚集到宣告窩闊台汗即位，《史集》記前後歷時四十天，其中前三天狂歡，之後的日子則是「商量」。討論的冗長透露出會議過程很不順利，應該有些爭執。一二三二年，拖雷病逝。拖雷的死因，《世界征服者史》記為酗酒與疾病，但在《蒙古秘史》、《史集》、《元史》中則記窩闊台當時生病，拖雷想為窩闊台避凶去厄，於是喝了薩滿給的咒水，不久後逝世。有些推測，可能窩闊台擔心再有事端，於是設法逼拖雷自盡，《蒙古秘史》等記錄則是在維持事件的基本情節之後，給了一個讓拖雷較有體面的說法。眞相已難得知，但看來拖雷陣營與窩闊台陣營之間已有疑忌，這些恩怨將是後續衝突的根源。

拖雷過世後，他的遺孀唆魯禾帖尼努力地保護著他們的子嗣。史書對於唆魯禾帖尼的評價甚高，一來自是教養諸子有成，蒙哥（一二〇九—一二五九，一二五一即位）、忽必烈（一二一五—一二九四，一二六〇即位，廟號世祖）相繼為大蒙古國大汗，旭烈兀（一二一八—一二六五）則為伊兒汗國的開國君主，表現極為傑出；二來則是唆魯禾帖尼本身也是才智出眾，除了教養傑出諸子外，在窩闊台汗、貴由汗在位期間，身為窩闊台舊敵後人還能設法蓄積日後可供蒙哥爭奪大位的資源與人脈，足見其能耐。

然而唆魯禾帖尼一家在拖雷逝後仍能安穩生活，還有一些說法。《史集》提到，窩闊台「極其喜愛和尊重他們，並毫不延遲地滿足他們的一切請求」，曾多次給予唆魯禾帖尼一家許多的財富與權益。便有懷疑，此時的唆魯禾帖尼可能被窩闊台收繼了。因爲備受寵愛，窩闊台就不那麼擔心拖雷諸子是否會爲父復仇。收繼婚乃是草原舊慣，收繼兄弟妻妾亦是蒙古歷史常見，加上窩闊台與唆魯禾帖尼的互動親密，這種懷疑有些道理。無論如何，拖雷妻小一直保有權勢。只是對窩闊台周遭的人而言，唆魯禾帖尼是危險的。《史集》又記了些事。窩闊台的過世，傳聞說是被廚師毒死的，而這名廚師是唆魯禾帖尼好友的兒子；在貴由汗有意殺害拔都時，據說唆魯禾帖尼曾經遣人送信警告拔都。唆魯禾帖尼似

圖 6-3　旭烈兀及其妻脫古思可敦。Public domain, via Wikimedia Commons.

乎也在伺機報仇。

窩闊台汗過世後，汗位紛爭再起。窩闊台生前曾經指定其孫，也就是三子闊出之子失烈門接任大位，不過必闍赤（漢人視爲右丞相）鎮海（一一六九—一二五一）與中州斷事官牙老瓦赤支持二子闊端，皇后脫列哥那則是屬意其子，也就是長子貴由（一二〇六—一二四八，一二四六即位）。此外，成吉思汗幼弟鐵木哥斡赤斤也有心角逐。爲了達成願望，脫列哥那費盡苦心，經過了四年的「協調」，貴由終於即位。

在第三代的大汗之爭中，成吉思汗子孫的衝突更是激烈，尤其是貴由與朮赤次子拔都（一二〇八—一二五五）之間。早在長子西征時，《蒙古秘史》曾記在一次酒宴中，貴由與察合台之孫不里，以及將領合兒合孫等三人聯手羞辱了拔都。不里是拔都後輩，合兒合孫更屬下人，兩人的氣焰自是仗著貴由的權勢。窩闊台逝後，拔都推拒了參加選汗大會，這多少與先前積怨有關，然而選汗過程因此無法圓滿，貴由也是憤恨。西元一二四七年秋，即貴由汗在位第二年，《元史・定宗本紀》記他「西巡」。拼湊相關資料，貴由汗可能意圖發動西征，但是征討對象並非外國，而是拔都，蒙古中央與朮赤汗國的衝突一觸即發。隔年，貴由汗病逝於阿爾泰山，西征未果，大蒙古國分裂的危機暫時解除。

蒙哥汗的統治

蒙哥汗的得位使得大汗之位轉到了拖雷系後人手中，這是大蒙古國汗位傳承的一次巨大變化。貴由汗逝世後，窩闊台系子孫一時混亂，雖然貴由汗皇后海迷立有意扶立貴由後人，可是她能力有限，無法像脫列哥那一樣可以協調壓制不同的意見，貴由子孫又是各有盤算，無法團結。察合台系也不再全力支持窩闊台系統，先前貴由汗曾經干預察合台汗國的汗位繼立，察合台子孫因此分裂，部分察合台子孫不滿貴由汗而轉附拖雷陣營。朮赤系與拖雷系的後人們則團結一心，雙方決定共推拖雷長子蒙哥爲汗。加上唆魯禾帖尼的廣結善緣，資源累積豐厚，經過了三年的協商與一連串的屠殺事件後，蒙哥成爲大蒙古國的第四任大汗。

蒙哥汗在位時，蒙古盛況空前，他的時代也是大蒙古國最輝煌的時代。蒙哥汗對於統治有些想法，他遵循著成吉思汗的教條，繼續著世界征服的事業，也認爲蒙古不需學習外國，謹守祖宗之法即可。這些想法，有學者便認爲蒙哥汗對蒙古現況感到自豪，他具有強烈的蒙古中心主義。對內部分，蒙哥汗頗爲勤政，也知人善任，脫列哥那攝政以來的混亂朝政獲得整頓，政風多有改善，大汗威信因而提升。另一方面，蒙哥汗則實施了一些能夠強化蒙古統治的新措施，國家再次成長。

蒙哥的統治措施主要有幾項重點。第一，他提升了大汗的威信與中央的權力。過程

圖 6-4　蒙軍圍攻巴格達圖。Public domain, via Wikimedia Commons.

中，蒙哥汗改革了中央汗庭的官僚體制，其權責分工更明確，更能有效處理此時因爲中央集權而大量湧入的事務。此外，《元史》記蒙哥汗會親自草詔，再三修改，這透露出蒙哥汗正在嘗試提升大汗的決策影響力。第二，蒙哥汗清理了窩闊台汗以來的地方管理亂象，透過分設燕京等處、別失八里等處、阿母河等處等三大「行尚書省」，以行省官員的任命與各地事務的掌握，進一步強化汗庭的控制，削弱曾爲敵對陣營的窩闊台汗國、察合台汗國的權力，同時也減少了往年因爲中央監控不足，以致蒙古貴族或地方官員肆意妄爲，貪贓枉法的情形。附帶一提，朮赤汗國並未包

圖 6-5　蒙哥汗，《世界征服者史》插圖。Public domain, via Wikimedia Commons.

含在新設行省的治事範圍中，這是蒙哥汗對於朮赤系的尊重與回報。第三，從漢地到中亞，蒙哥汗下令清查全國戶口，重新調整賦役徵收的內容。這些做法強化了中央對於地方的控制，厚實了大蒙古國的財政基礎，而改革又是多少減輕了百姓負擔，尤其是規範了賦稅徵收的方式使之制度化，以及革除部分不合理的徵收項目，這些措施均能獲得各地百姓的歡迎。

漢地的統治在改革中獲得了改善，百姓生活較爲安穩。征服漢地時，蒙軍曾有大量的屠殺與俘虜，百姓慘遭荼毒。統治漢地之初，蒙古也還繼續擄掠大量人民前往漠北，對於倖存的中原百姓也未體恤。窩闊台汗即位時，朝中甚至還有將漢人全部去除，將漢地全部改作牧地的提議。窩闊台汗與貴由汗時期，蒙古中央對漢地統治的意見與態度主要來自三方，一是蒙古貴族，二是色目官員，三是位居汗庭的幕僚及地方上的漢軍世侯等來自於中原的官員。中原出身的官員多半設法維護漢地利益，希望減輕百姓負擔。不過此時權力在於大汗與蒙古貴族，他們也常傾向色目官員的做法，而色目官員更多願意幫助蒙古榨取漢地資源。於是，儘管在中原官員的努力下，漢地管理逐漸走上軌道，可是在中央的壓榨下，漢地百姓的生活還是十分辛苦。

到了蒙哥汗時期，情況大有改善。雖然相關改革的最初主要用意不在照顧百姓，而是想要更爲有效地擷取地方資源，可是因爲賦役制度的改革，徵收狀況比起過去更爲合理，百姓生活就較穩定。爲了穩定漢地控制，除了改革漢軍世侯的管理制度外，蒙哥汗也任命了其弟忽必烈主持漢地的經營。此時的蒙古貴族中，忽必烈比較親近漢人，更願聽取漢人幕僚的建議，他推動了許多招撫流亡、禁止妄殺、鼓勵墾殖等措施。以上種種，漢地百姓在蒙哥汗時期的生活略有好轉。

大蒙古國體制

大蒙古國的強大，除了軍事力量外，國家制度也是重要基礎。相對於匈奴、柔然、突厥、回鶻等早期的大型北亞政權，大蒙古國相對集權，對於國家資源的掌握更爲確實。相對於遼、金等國，大蒙古國更多地保留了北亞的統治習慣，維持住草原的主體性。可以說大蒙古國找到了一種能夠有效調和維護北亞統治習慣與因應當前國家需求的新體制。大蒙古國體制的創發，鐵木眞付出甚多。爲了要建立一個具備強大實力，且能全心效忠領袖個人的緊密團體，鐵木眞早在草原征戰時就有一些改革措施。改革之後，雖然各項具體措施都有草原傳統的源頭，可是整體的制度精神卻已大易其趣。當鐵木眞成爲成吉思汗後，先前的想法繼續發揮，新時代的大蒙古國體制也就誕生了。

大蒙古國的各項制度中，千戶制度最爲重要。十進位的編制形式原是草原傳統，成吉思汗也將以此形式整編草原百姓，然而不同於以往都是用於軍事組織，成吉思汗將這套編制用於日常的百姓管理，這使得大蒙古國的千戶制度既有政治制度的功能，也有社會制度的性質。建國後，成吉思汗將草原百姓分成九十五個千戶，以開國有功之貴戚、功臣爲千戶那顏，世襲領管。千戶的成員，除了少數千戶是由原先同部落的人民所組成外，其餘多由不同部落混編而成。如同遼、金政權在初期的改造，混編的過程破壞了原有的部落連結，舊有的草原人群關係不再成爲新時代國家團結的威脅。編組完成後，百姓世代繫於所編千戶之中，不得擅自變動，也須服從國家徵調，或負擔賦役，或應召從軍。這項做法強化了國家的動員能力，方便了物資調配，有效地支援了後續蒙古的征戰需求。

在對外征戰後，蒙古占領了更多的地區，對於這些地方，蒙古另有不同於草原的管理方式。最初在地方基層，蒙古先是保留了征服地區舊有的行政體制，並由降服的當地人員執行管理。各級機構增設達魯花赤之職，由蒙古指派的親信人員，通常是由蒙古人擔任。達魯花赤代表汗庭監督地方業務，原意爲「監臨者」、「鎮守者」、「長官」。稍後，蒙哥汗在全國分設三大行省，在原有的基層官府之上加設一級由中央直接掌控的高級機構。大蒙古國沿用征服地區舊有制度的做法與契丹類似，乃是源自草原的統治習慣，是一種因地制宜原則的發揮，這既讓蒙古統治階層無須費心創建全新的管理方法，也可藉著延續各地的統治傳統，降低各地百姓改朝換代後的不適應感，而利用已在當地行之有年適合在地環境的制度，也能提升統治效能。另一方面，雖然保留了征服區域的舊有機制，但在其內設置達魯花赤，其上設置行省的監控方式，這些中央集權的措施使大蒙古國對於各地的統治更爲緊實。

大汗周遭則有怯薛制度的建立。「怯薛」爲來自於突厥的蒙古語，原意爲輪班護衛。在西元一二〇四年進攻乃蠻部之前，成吉思汗便從軍隊中挑選了條件良好的士兵充當自己的護衛部隊，此即怯薛雛形。建國後，怯薛已達一萬人，內分四班，分由最親信的博爾忽、博爾朮、木華黎、赤老溫等四大「伴當」（即伙伴、僕從）率領，他們的後人也將世襲擔任四大怯薛的怯薛長。

怯薛與大汗的關係相當緊密，更因過往草原這類的親信護衛常與他們的主君存在著一種主奴關係，這種關係延續到大汗與怯薛之間，強化了大汗對於怯薛的信任。成吉思汗也將這些信任轉化成權益，他規定，普通怯薛的地位比千戶高，就算是怯薛的馬夫，地位也比百戶高。除了保護大汗外，怯薛還要負責大汗周邊各類事務的執行，包括起居照顧、產業經營、政務管理等，這使得他們的性質略近中原國家中的「近侍」。由於怯薛可以參與許多政治業務，在國事增多而需要可信之人處理時，大汗便會從中挑選適合的人選擔任政府官員，這又使得怯薛也是政治人才的儲備庫。

法律設置方面，則有札撒（原意爲命令、法規）的制訂。草原上原有「約孫」（原意爲道理、規矩、緣故）規範人群的行止，其中有若干內容獲得了成吉思汗的認可，成爲札撒的一部分。後在草原作戰時，爲了約束士兵，成吉思汗也會頒布一些軍令，如西元一二○二年進攻塔塔兒部前，成吉思汗便頒下了接戰不利仍須回頭再戰、戰鬥後再共同分配戰利品等軍令，這些規定成爲後來札撒的內容。稍後，法令的整合工作持續進行，成吉思汗意旨之下的「大札撒」逐漸完備。札撒的內容多元，有軍事管理、統治策略，另外也有些做人處事的道理，林林總總成爲大蒙古國的運作原則，是成吉思汗子孫的「祖宗家法」。札撒是新時代蒙古體制的代表，與草原傳統最大的不同在於極爲重視大汗的權威，其制訂乃是長生天代言人大汗的決斷，其精神則在維護以大汗爲中心的世界秩序。

「大札撒」與《蒙古秘史》皆以蒙文記下，蒙文的出現是蒙古劃時代的大事。蒙古早期並無文字，命令發布皆以使者口說宣諭。擊敗乃蠻部時，蒙古俘獲了掌理乃蠻金印與錢穀的畏吾兒人塔塔統阿，成吉思汗命令塔塔統阿利用畏吾兒字母拼製蒙古文字，此即畏吾兒蒙文。透過文字，蒙古政令得以文書傳承，傳訊更爲方便確實，各項記錄也能書面留記，前人經驗可以世代相傳。蒙文的制訂對大蒙古國的發展影響極爲深遠。

最後，大蒙古國的官僚體制也在逐漸成形，其中約以斷事官（札魯忽赤，原意爲司理詞訟之人）制度爲骨幹。西元一二〇二年消滅塔塔兒部後，成吉思汗任命其異母弟別里古台「整治外事」，負責審斷鬥毆、偷盜、詐僞等案件，這是斷事官最早的設置記錄。建國後，成吉思汗任命其養弟失吉忽禿忽（一一八〇—一二六二）擔任大斷事官（也可札魯忽赤），負責民戶分配與司法審斷，斷事官制度正式成形。在斷事官制度中，主要的職務皆稱斷事官，各斷事官分領國政，其首則爲大斷事官，該職類如中原的宰相。稍後，宗王、貴戚、功臣的「投下」（即封地）與汗庭的直轄地方也都設有斷事官，如貴由爭位期間，其二弟闊端的支持者牙老瓦赤便是總理中原地方事務的中州斷事官。

大汗與各斷事官周遭又有主掌文書的必闍赤（意即秘書）。隨著大蒙古國文書往來頻繁與貼近統治高層的機會，必闍赤得以參與國政，因此多有建言，耶律楚材便是以此身分提供了窩闊台汗許多治理漢地的策略。由於能有相當的影響力，耶律楚材就被當時的漢人稱爲蒙古的「中書丞相」、「中書令」。必闍赤與斷事官共同構成了汗庭推動政務的兩大機制。隨著統治區域的擴大，大蒙古國視場合而以畏吾兒蒙文、波斯文（回回字）、漢文等三種文字發布政令，也會分化出專掌各種文字的必闍赤，耶律楚材便是負責漢字文書的必闍赤，同時期主掌回回字文書的必闍赤則是畏兀兒人鎮海。此外，怯薛人員以及軍隊與千戶制度中的各級那顏也承擔著各項政治任務。這些設置是大蒙古國主要的政府制度，其發展也看到蒙古正在利用本身條件創造屬於自己的官僚體制。

當然，如就中國政治運作的思考而言，這套體制還是不夠官僚化，各級單位與職務的分層分工仍嫌粗糙，也留下了太多的地方自主管理空間。在忽必烈接任大汗後，除了爭取漢人的支持外，以漢地管理的需求爲中心再次集權中央、強化政府運作的效能，會是蒙元政權改易制度的另一項動機。在這些考量下，忽必烈汗啓動了改革，採行了大量的漢人制度，元朝政府將有一套中國樣貌的官僚體制。又爲了維護蒙古統治的主體性與尊重忠於忽必烈的北方貴族想法，新制中仍保留許多本族的制度與運作原則，這使得元朝的政府在中國的樣貌內，大蒙古國體制的精神依舊存在。

第七章

國家的轉型與兩難——大元

隨著征服的擴大與時間的發展，成吉思汗子孫的爭執與各地統治在地化的情形愈來愈多，這是大蒙古國分裂的契機。忽必烈汗即位後，黃金家族成員的爭執白熱化，各自爲政已成事實，團結的大蒙古國終成追憶。對中國而言，下一個階段的局面出現了。忽必烈汗與元朝，中國爲其重要根據，對於中國的治理，比起前任大汗，忽必烈汗及其子孫更爲用心。爲了爭取漢地的認同，元朝的國家體制與施政態度與大蒙古國有別，更爲「漢化」。當然，此一「漢化」仍是出於鞏固忽必烈子孫利益的考量上，其結果勢必難從中國士民之意。另一方面，草原仍是元朝統治重心，北國人事也將不斷地提醒蒙古統治階層，祖宗基業需要維護，草原榮光必須延續。有元一代，堆疊在利益、意識形態的各種不同聲音此起彼落，加上嚴峻的皇位繼承問題，直至蒙古退出中原，元朝政局始終紛擾。

一、世祖肇業

漢地的根基

忽必烈汗（一二一五－一二九四），中國歷史稱爲元世祖，他的時代正處於大蒙古國的轉型階段，他的作爲推動了這些變化，其人形象多元，後世評價也很複雜。

拖雷與唆魯禾帖尼共生四子，分別爲蒙哥、忽必烈、旭烈兀、阿里不哥（一二一九－

一二六六）。忽必烈與旭烈兀是蒙哥汗在位期間的兩大助手，當時蒙哥汗多以忽必烈負責東方的經營，以旭烈兀負責西方的征服。忽必烈能夠負責東方的經營，與他熟悉漢地事務有關，而熟知漢人之事又是忽必烈早年的教養環境所致。約於西元一二三六年，窩闊台汗將眞定之地授予唆魯禾帖尼爲其封邑。眞定位於現今河北，乃是漢地重鎮。在這段時間中，唆魯禾帖尼延攬了大量的漢人協助統治當地，忽必烈因此開始與漢人密切往來，並認識了許多中國知識。據說忽必烈相當崇拜唐太宗，對唐太宗在即位前便已匯聚天下英才的成就感到欽羨。一二四四年，《元史》記當時忽必烈想要「大有爲於天下」，開始廣招四方英才。蒙哥汗即位後，基於經營漢地的需求，忽必烈開設幕府招攬更多的人才。這些經歷使得忽必烈熟悉中原世界，也有許多漢人期待忽必烈能更上一層樓，希望能夠藉由他的力量改變中原的命運。

即位前，忽必烈身邊已經聚集了大批的幕僚，後世常稱這些幕僚爲「潛邸舊侶」。「潛邸」，意指皇帝即位前的居所。「潛邸舊侶」中有一群來自中亞或蒙古的知識分子與將領。這些「潛邸舊侶」中的中亞、蒙古人士，他們比起當時同樣族屬的政壇人物，其文化態度相對開放，有人甚至極爲熱中漢人文化。如畏兀兒人廉希憲（一二三一—一二八〇），他是舊金大儒王鶚（一一九一—一二七四）的學生，儒學造詣甚高，曾爲忽必烈解說《孟子》的要旨，忽必烈很欣賞他，就叫他「廉孟子」。

圖 7-1　元世祖像。臺北國立故宮博物院提供。

「潛邸舊侶」中又有一批漢軍世侯子弟，如根據地鄰近眞定的史家與董家，有史天澤（一二〇二－一二七五）以及董文炳（一二一七－一二七八）、董文用（一二二三－一二九七）兄弟等均與忽必烈關係密切。加上其他追隨忽必烈的漢軍世侯，他們的財富與兵馬是忽必烈實質力量的來源，西元一二五九年征宋時，忽必烈的部隊主力便是這批漢軍。「潛邸舊侶」中人數最多的是漢族士人。從認識忽必烈的經過與學問的取向來看，這些漢族士人大概可以分成三種類型。第一類是透過邢臺人劉秉忠（一二一六－一二七四）直接或間接引見的士人，他們的學問博雜，共同的特色是多爲邢臺同鄉，彼此之間也多有親友師生的關係，可被稱爲「邢臺集團」。第二類是研習程朱學問的儒士，如竇默（一一九六－一二八〇）、姚樞（一二〇一－一二七八）、許衡（一二〇九－一二七〇）等大儒。第三種是舊金遺士，他們多曾仕金，長於詩文之學，較爲知名者有元好問、張德輝（一一九五－一二七四）、王鶚等。舊金遺士與程朱學者常是透過漢軍世侯的引見而與忽必烈結交，不過舊金遺士與忽必烈的關係較爲淡薄，較少直接參與政治活動。整體而言，「潛邸舊侶」雖然成分多元，但漢人是主體，士人又爲大宗。

漢族士人積極協助忽必烈的漢地管理，或提出建言，或直接治事。忽必烈尊重他們的意見，漢地因而大治。卓越的政績提升了忽必烈的人望，投附者日眾，忽必烈的陣營急速壯大。但是這個發展也爲忽必烈帶來了一些負面的影響。漢地治理的成就多少是建立在約束蒙古以往不良的統治措施之上，然而這些約束卻影響了某些蒙古貴族的利益，加上過分親近漢人與陣營中的濃重漢風，忽必烈因而在堅持蒙古本位立場的高層中觀感不佳。稍後，蒙哥汗也注意到了忽必烈的活躍，忽必烈人望的攀高與陣營的壯大似乎使得蒙哥汗感覺到忽必烈已經失去控制。

西元一二五七年，蒙哥汗突然收回忽必烈的軍權，並且下令調查關中，也就是忽必烈幕府根據地的財務情形，意在確認忽必烈是否存有二心。對於忽必烈陣營而言，這是一次重大危機，如果無法度過，災難將隨之到來。忽必烈因應得宜，蒙哥汗釋懷，稍後還是重用他出征南宋。據姚樞的神道碑文所載，危機發生當下，姚樞建議忽必烈切勿力爭，最好親自回蒙請罪，忽必烈聽從其言。稍後，忽必烈的回蒙舉動與誠懇態度都讓蒙哥汗深受感動，蒙哥汗不再追究，危機暫時解除。忽必烈早年的政治生涯，漢族士人貢獻良多。

忽必烈與漢人的美好關係，在忽必烈即位之初的中統年間（一二六〇—一二六四）達到高峰。當時忽必烈仍與阿里不哥爭位，原先的漢人追隨者成了此時忽必烈陣營的主力，漢軍世侯的軍隊、漢人幕僚的謀略、漢地的財賦，種種皆讓忽必烈在對抗阿里不哥的過程中取得優勢。同時，忽必烈給予了這些追隨者豐厚的回報，這個回報可由中統二年（一二六一）的宰執名單中看到。當時的忽必烈汗援引了舊金制度建立漢式政府組織，政府中的高層職務有中書令、左右丞相、平章政事、左右丞、參知政事等宰相、執政之職。中統二年，當時的右丞相是蒙古人不花與漢人史天澤，左丞相是蒙古人忽都不花與契丹人耶律鑄，平章政事是回回人賽典赤贍思丁、漢人王文統、畏兀兒人廉希憲、蒙古人塔察兒，右丞是漢人張啓元，左丞是漢人張文謙，參知政事是同爲漢人的楊果與商挺。名單共計十二人，有三名蒙古人、二名西域人、一名契丹人、七名漢人。不過，三名蒙古人雖然位居高位，但非實際的政務推動者；以蒙古的角度而言，契丹人乃屬「漢人」；廉希憲雖屬色目人，其言行舉止卻已與漢儒無異。考量這三點，宰執中「漢人」勢力的強大清楚可見。此時政壇上漢人的活躍程度，在蒙元歷史上既是空前，也是絕後。

這美好的關係一瞬即逝，李璮事件發生了。李璮是實力最強的漢軍世侯，雄踞山東已久。中統三年（一二六二），正值忽必烈與阿里不哥在北方激烈交戰之際，李璮趁機起兵造反。此次造反並未成功，忽必烈迅速徵調大軍南下平定亂事，前後僅歷時五個月。李璮事件並未影響忽必烈的統治，但卻影響了忽必烈對漢人的觀感，此後忽必烈不再信任漢人，漢人的政治地位急遽下滑。

爲了剷除李璮餘黨，忽必烈連帶處置了朝中曾與李璮有過聯絡的官員，如曾受忽必烈重用但卻是李璮丈人的王文統便被處死，曾經推薦王文統的廉希憲則被貶官。牽連之後，漢人官員備受打擊。爲了根絕後患，忽必烈推動了一連串的改革，他取消了世侯子孫世代鎭守地方的措施，並於地方實施軍民分治，削弱了漢人世侯的基層勢力。此時最爲後世所知的政策則是規定地方要職分族任用，忽必烈下令往後地方路級政府要由蒙人擔任達魯花赤、漢人擔任總管、回回擔任同知。雖然從日後的實際任用狀況所見，這道命令沒有徹底落實，但是已經達到了宣示忽必烈旨意的作用，分族任用、避免漢人政治勢力過分膨脹的統治原則也被忽必烈子孫所承繼。

內外戰爭

蒙哥汗逝後，汗位之爭再度出現，國內形成了兩大陣營，各自擁護支持的繼任者。阿里不哥獲得了多數蒙古宗王的支持，也掌握了大部分的蒙古千戶部隊；忽必烈的主要支持者來自漢地，另外也爭取到了多數的東道諸王，以及少數的西道諸王的支持。阿里不哥在蒙古人內部占有優勢，其因主要有二，一是他在蒙哥汗時期就已經依據「幼子守灶」的傳統，以幼弟身分坐鎭草原，這段經歷增加了他繼位的正當性，二是忽必烈的漢風頗令北方疑懼，行漢法、用漢人皆讓草原貴族感到威脅。兩大陣營的分化，使得阿里不哥與忽必烈的衝突不僅是兄弟相爭，也是國內勢力的較量，其結果將牽動到大蒙古國未來的走向。雙方決裂後，即便阿里不哥陣營在北方擁有優勢，忽必烈陣營卻擁有南方資源源源不絕的供應，忽必烈陣營在衝突中逐漸取得上風。經過五年的戰爭，中統五年（一二六四）夏，阿里不哥投降。至元二年（一二六六），阿里不哥逝世，一說是被毒死。

亂事並未結束。此時的西道諸王，旭烈兀支持忽必烈，朮赤後人態度中立，察合台與窩闊台的後人則多支持阿里不哥。海都（一二三四—一三〇二），窩闊台孫，原是支持阿里不哥。在阿里不哥敗後，海都轉而經營自身勢力，並與忽必烈展開長期的抗爭。海都自立的動機，目前推測可能有二，一是想要重振窩闊台系的榮光，重新奪回大蒙古國的汗位；二是想要讓大蒙古國繼續保有草原文化的精神。爲了節制海都，忽必烈先是盡力拉攏察合台系，意圖東西夾擊，但隨後都被海都一一化解。化解過程中，海都初步整合了中亞的局面，實力穩定成長。

一波未平一波又起，海都的威脅尚未解除之際，新的危機又出現了。爲了壓制海都，忽必烈在至元十二年（一二七五）派遣皇子那木罕率領蒙哥諸子、阿里不哥諸子等宗王鎮守西北。蒙哥與阿里不哥的子孫對於忽必烈久有不滿，蒙哥子昔里吉等人趁機叛變。昔里吉的叛變打亂了忽必烈的布局，雖然叛變持續不久，至元十八年（一二八一）便被弭平，可是就在元朝忙於平亂之時，海都也趁機將勢力擴伸到天山南北。

對於海都爭取蒙古各方勢力的努力，忽必烈感到憂心。忽必烈決定加強控制轄下的蒙古宗王，管理措施趨嚴，這引起了東道諸王的反彈。至元二十四年（一二八七）春，東道諸王叛變了。經過三年鏖戰，至元二十八年（一二九一）元朝平定了東道諸王之亂，但此時的海都勢力又更加往東擴張，甚至一度占領大蒙古國時期的首都，位於今日蒙古國杭愛山西北部的哈剌和林，直逼蒙古本部核心。情勢惡化，元朝決定反擊。至元二十九年（一二九二），忽必烈命大將玉昔帖木兒（一二四二－一二九五）全面進攻。後續的戰爭中，元軍戰況順利，不斷往西推進，在忽必烈逝世前，海都勢力已經退回到阿爾泰山以西。

從忽必烈即位到他逝世爲止，整個蒙古世界一直維持著內戰的狀態。雖然最終元朝還是取得了勝利，東方的統治獲得鞏固，可是元朝已經無法像蒙哥汗時代一樣能夠有效掌控西方。另一方面，西方各個汗國之間的矛盾也在擴大。經過數代的傳承，成吉思汗子孫之間的情分關係已經消散，取而代之的是汗國彼此間的利益衝突，戰爭因而頻傳。最終，元朝及各個汗國的管理措施與文化策略都有在地化的趨勢，形貌已經日漸分化，對於各自的未來也已自有想法。大蒙古國的各個部分與黃金家族的各系子孫們，現在已經分道揚鑣了。

西北戰爭的同時，元朝亦對南方開戰。至元四年（一二六七）年夏，蒙軍再次進攻宋朝。忽必烈採取了劉整的策略，以長江中游的襄陽爲首要目標。雖然襄陽整備已久，蒙軍難以速取，但在蒙軍不斷增援包圍後，至元十年（一二七三）春，襄陽守將呂文煥終因糧盡援絕投降元朝。攻占襄陽後，至元十一年（一二七四）年夏，元軍進攻長江下游及宋朝首都臨安。元軍勢如破竹，至元十三年（一二七五）冬，臨安投降。然而仍有忠宋之士積極抗元，元軍遂在舊宋區域繼續掃蕩。至元十六年（一二七九）春，元軍進攻退駐廣東厓山的宋朝殘部，宋軍大敗，大臣陸秀夫（一二三七—一二七九）背著帝昺跳海自殺，將領張世傑突圍後遭遇颶風船毀身亡，元朝正式滅宋。陸秀夫、張士傑，以及至元二十年（一二八三）在大都不屈被殺的文天祥（一二三六—一二八三），由於三人的忠宋氣節，後世合稱他們爲「宋末三傑」。

平宋後，元朝繼續向南用兵，攻擊的對象是東南亞諸國。至元十九年（一二八二），元軍自廣州出發，渡海進攻現今在越南中南部的占城國；至元二十年（一二八三），元軍進攻現今北越與緬甸一帶的安南國與緬國；至元二十九年（一二九二），元軍自泉州出發，渡海進攻爪哇國。由於東南亞諸國的軍民奮力抵抗，水土不服也令元軍傷亡慘重，這些攻擊都沒有像平宋一樣征服其地。至此，蒙古的南方征服已達極限。

同時間，元朝也有東征，即侵略日本之戰。與東南亞戰爭類似，對日作戰最初也是源於元朝要求臣服，但是該國表現令元朝不滿，忽必烈因此下令征討，而日本令元朝不滿的表現則是不願回覆元朝的稱臣要求。至元十一年（一二七四）與十八年（一二八一），忽必烈發動了兩次征日戰役，但大敗。至元二十年（一二八三）原欲第三次征日，但因民力難以負荷，負責造船的江南地區民變四起，至元二十三年（一二八六）忽必烈下詔罷征日本，東方征服結束。

由於這些南征與東征的元朝部隊主力多為新附軍，也就是降元的舊宋部隊，曾有學者指出，這段時間的對外征伐可能是種既能開拓疆土，又能削弱潛在威脅的一石二鳥之計。平宋後，由於舊宋之地常有反元事件，對元朝而言南人甚難信任，藉由外派作戰消耗降元宋軍的實力有其道理。當然，就南方與東方的戰場條件而言，舊宋部隊本是元軍中最適合當地環境的部隊，重用也有道理，只是大量傷亡的結局不免令人揣測元朝背後的動機。最後，從這些征服行動可以感受到忽必烈還是保有蒙古大汗的性格，或是一種征服理想的實踐，認為不願臣服者就要滅其國治其民，或是同意征戰四方乃是保持君主威勢的良好策略。只是這種好戰的作為並未符合漢人典型的聖王樣貌，忽必烈窮兵黷武的形象也就難以擺脫。

治國與權相

西元一二六〇年，忽必烈搶在阿里不哥之先召開忽里台，在眾人擁護下成為新一任的蒙古國大汗。既是為了爭取漢地民心，也是為了提升政權的統治效能，在漢人群臣的建議下，忽必烈汗開始利用漢式體制大幅改造大蒙古國。除了政府組織與管理法規的再造外，

圖 7-2　臨摹本竹崎季長〈蒙古襲来絵詞〉局部：日軍追擊蒙軍。Public domain, via Wikimedia Commons.

忽必烈汗宣布建年號爲「中統」，此後蒙古將有漢式年號。到了至元八年（一二七一），忽必烈汗下令建國號爲「大元」，我們熟知的元朝此時現身了，蒙元歷史也常因此可以被分爲大蒙古國時期與元代時期。忽必烈汗逝後，根據漢人的禮法，他獲得了「世祖」廟號，日後的忽必烈汗將是中國歷史的「元世祖」。

世祖在位時期，贏得戰爭與鞏固統治乃是施政的兩大目標，漢式體制是達成兩大目標的工具。同時，充沛的資源又是能否達成這兩大目標的基礎，理財便是世祖施政的要項。早先的重用王文統就是在於他有不錯的理財能力，王文統被殺後，忽必烈仍然需要這類的人才協助財務管理。漢人既然不好用，或可從中亞出身的官員，也就是色目人當中尋找。

世祖的需求其實與大蒙古國前四名大汗的需

求類似，大蒙古國的施政目標也一直是贏得戰爭、鞏固統治、盡可能地徵取征服區域的人、物資源，而當時的中原管理亦是如此。爲了有效取得中原資源，蒙廷引入大量的人才。在基層執行徵收任務的部分，蒙廷任用了許多漢人徵收漢地的賦稅，儒士便因通曉簿帳計算而獲重用，這也是一般的蒙古統治階層認識到儒士價值的開始。在高層規劃財政策略的部分，最初原有耶律楚材（一一九〇—一二四四）主持漢地的財政管理，只是經過比較，蒙廷發現中亞官員更能開拓財源，於是加以重用。此後，一批被漢人視爲「聚斂之臣」的中亞官員加入了蒙元政府的工作。

中亞國家本來就有發達的官僚體制，其內不乏善於財政的官員。中亞又有興盛的商業，擁有許多善於營利的商人，這些官員與商人都是蒙古借助經營漢地稅務的好人才。大蒙古國時期較爲知名的中亞理財官員，或是活躍於窩闊台汗晚期及脫列哥那攝政期間的回回人奧都剌合蠻。奧都剌合蠻原爲商人，西元一二三九年取得了徵收漢地稅賦的工作。先前經過耶律楚材的規劃，漢地每年已能上繳五十萬兩銀，但奧都剌合蠻此時向

圖 7-3　察必皇后像。臺北國立故宮博物院提供。

蒙廷保證，由他負責可以收到二百二十萬兩銀。窩闊台汗很是喜歡奧都剌合蠻的提議，便將徵收漢地稅賦之事交給了奧都剌合蠻。窩闊台汗逝後，奧都剌合蠻繼續與脫列哥那密切合作，進一步提高了徵斂的數量，中原百姓苦不堪言。貴由汗上任後，爲了剷除脫列哥那的勢力，與脫列哥那關係親密的奧都剌合蠻遂被治罪處死。

奧都剌合蠻在中原的名聲很差，常見指他殘暴、貪污。這些中亞官員確實有許多是想在東方牟取暴利，貪污也是常見，然而關於殘暴，也就是不恤民力橫征暴歛，這種描述就牽涉不同立場的觀點。在徵收稅賦之時，常見中原出身的官員因爲體恤民力，不會過分徵求。相形之下，中亞官員便無這種在地情感。事實上，也有一些中亞官員，他們的工作目標只是盡力達成大汗的託付，此時，他們的橫征暴歛就是盡忠職守的表現。另一方面，對蒙古大汗而言，體恤民力的官員反而是存有私心，貪名忘國。調整了評價角度，可以看到中亞官員的努力，常是爲了滿足蒙古高層的需求，他們是蒙古獲取中原資源的最佳工具。可是中亞官員「盡忠報國」的努力，在漢人眼中不免就成了唯利是圖的奸邪之舉。中亞官員在中原的活動與形象，與大蒙古國的統治策略息息相關。

由於已有重用中亞理財官員的先例，在王文統被殺後，世祖找到了花剌子模人阿合馬繼任財政事務。阿合馬原爲世祖皇后察必的家臣，後入潛邸，早爲世祖所知，中統三年（一二六二）後專任財賦，不久位居宰相。在任期間，阿合馬建立官辦礦冶事業、增收商稅鹽課、清查戶口、推廣鈔法，這些理財成效頗令世祖滿意，開源之外也有節流，阿合馬曾勸世祖要節約開支。只是整體而言，開源還是多於節流，這就引起了朝中部分官員，主要是漢人儒士的不滿，認爲他汲汲於聚斂。對於反對力量的威脅，阿合馬除了繼續爭取世祖的認同外，也排斥異己，拉拔認同者，這又被反對者認爲阿合馬在結黨營私、恃寵專擅。從政日久，阿合馬的位望越高，反對者也多。至元十九年（一二八二）三月，阿合馬被暗殺了。日後所見，世祖對於阿合馬被殺事件的調查似乎並未窮盡，因爲各方線索隱約牽連到了廣大的漢人士大夫群體，以及這些人的精神領袖，太子眞金。

眞金太子

眞金（一二四三—一二八六）是世祖次子，由於長子早逝，世祖即位後諸子中便以他居長。眞金年輕時，正值世祖與漢士關係最好的時候，世祖爲他延攬了許多名士碩儒，如姚樞、竇默、王恂（一二三八—一二八一）等，給予了細心的教養，眞金因此甚好儒學，亦與漢人儒士親善。至元十年（一二七三），世祖採納漢人官員的提議決定建立皇儲，眞金遂成爲太子。

在世祖與漢人的關係惡化後，漢人儒士轉附眞金，視他爲下一個改變世界的寄託，眞金立爲太子後，他的支持者愈來愈多。阿合馬勢盛時，眞金陣營是主要的反對勢力，眞金也是敵視阿合馬。對於反對他的漢人儒士，阿合馬有恃無恐，但對眞金，阿合馬相當畏懼。《史集》留下一則故事，眞金有次用弓打傷了阿合馬的臉，世祖看到了阿合馬的傷勢，問了原因，阿合馬看眞金在旁，就說是被馬踢的，眞金大怒，大聲說這是我打的。《史集》又補充，眞金還會當著世祖的面直接揍阿合馬，「阿合馬一直都怕他」。阿合馬的順服與他的出身有關，他是忽必烈與察必的家臣，自然也是眞金的家臣，主奴分際不能逾越。理解了這層關係，就可以知道世祖爲何不制止眞金的出手，因爲這在主奴之間很正常，而阿合馬的柔順與忠心多少又能知道爲何世祖一直信任他。

阿合馬被殺後，眞金陣營的聲勢看漲，也暫時取得了朝政的主導權，親近眞金的蒙古人和禮霍孫一度掌政。和禮霍孫在兩年多的掌政期間主要進行了三件工作，一是懲治阿合馬餘黨，二是裁撤冗官，三是重用儒士。這三事是眞金陣營認爲的施政要項，但當時元朝甫平南宋，正在備戰西北、東征日本、南征安南與緬國，國庫大爲空虛，和禮霍孫的「諱言財利事」頗令世祖不滿。至正二十一年（一二八四），世祖罷黜了和禮霍孫，改命盧世榮主掌政務。盧世榮是漢人，也像王文統一般善於理財，先前則曾依附阿合馬。盧世榮上台後很快地就因爲多方樹敵而招致猛烈彈劾，他的理財措施不被眞金陣營接受，也牴觸了許多蒙古權貴的利益。但令世祖惱火的，恐怕是在彈劾的過程中，盧世榮過去的貪污案件一一地被舉發，看來盧世榮不像阿合馬一樣地忠順忘私。僅僅在任四個多月，盧世榮就被

圖 7-4　八思巴文虎符圓牌。至元六年（1269），忽必烈命國師八思巴（1235-1280）創「蒙古新字」（後稱「蒙古國字」）以為官定蒙文。八思巴據藏文字母，參照蒙語與漢語語音，仿漢文方形文字體製作，一般稱為「八思巴字蒙文」。此牌文字即八思巴文，其意約為「上天眷命，皇帝聖旨。如不欽奉虔敬，治罪」。Metropolitan Museum of Art, CC0, via Wikimedia Commons.

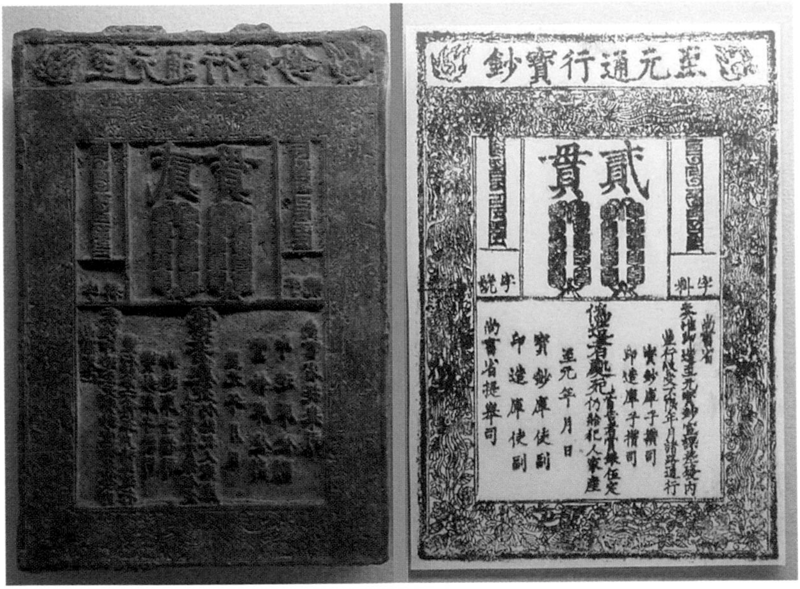

圖 7-5　至元寶鈔。By PHGCOM, via Wikimedia Commons. CC BY-SA 3.0.

捕處死。

盧世榮的下台再次提高了眞金的聲望，但此時發生了奏請世祖禪位事件。在眞金活躍的時候，無論是政策想法的落差還是政治實力的積累，世祖似乎感受到了眞金帶來的壓力，但眞金一直敬重世祖，並未逾越父子與君臣的分際，世祖也就沒有特別處理。就在眞金再次累積人望的同時，至元二十二年（一二八五），有江南行御史臺的監察御史上奏，建議世祖年歲已高，可以考慮禪位給眞金了。這份奏章層層上報，中央御史臺有官員看到奏章後，驚覺非同小可，私下扣住不呈。只是阿合馬的餘黨也得知了這份奏章，報告了世祖，世祖大怒，下令徹查。眞金聽聞此事後大爲震驚，不久便過世了。

眞金的過世，沉重地打擊了漢人儒臣與支持漢法的官員們，後世有時會認爲元朝喪失了一次改變國家體制的良機，元朝往後再也沒有機會轉型爲一個擁有更爲純粹漢式體制的國家。不過不宜過於強調眞金的驟逝就使元朝的發展走進了另外一個方向，雖然眞金可能是漢法派官員的希望，但也不知道眞金即位後是否還會保持初衷，畢竟前有世祖在李璮事件之後態度轉變的先例，而且從太子到皇帝的身分轉換，態度不免會受到影響。但無論如何，眞金的活躍曾經帶給支持者極大的希望，也給後世許多遐想的空間。

盧世榮被處死後，朝政一度回到眞金陣營的主導，這在眞金過世後繼續維持一段時間，直到忽必烈改以桑哥主掌朝政爲止。桑哥，《史集》說他是畏兀兒人，《漢藏史集》

則說他是吐蕃人，應以後說爲確。桑哥最初是吐蕃人帝師八思巴（一二三八－一二八〇）的翻譯，隨著八思巴面見世祖後，桑哥甚受世祖喜愛，至元十一年（一二七四）被任命爲總制院使，負責管理吐蕃與全國佛教事務。至元二十四年（一二八七），由於桑哥表現良好，忽必烈任命他爲平章政事，負責理財重任。

在掌政期間，桑哥頒行「至元寶鈔」並健全鈔法，爲元朝的紙幣流通帶來了不錯的效果。桑哥也檢查了全國的財務，清理各地賦稅並追查官員貪污，爲元朝帶來大量的財富。在甚得世祖肯定的同時，追繳欠稅也造成酷吏肆虐，百姓深受其害。這些亂象使得桑哥遭到彈劾，被指紊亂朝政，致使百姓失業盜賊蜂起。類似盧世榮，反對桑哥的勢力主要有二，一是漢法派官員，一是蒙古權貴，後者的反對也是因爲桑哥的改革影響了他們的權益。至元二十八年（一二九一），桑哥被處死。在漢文史料中，桑哥的被殺罪有應得，但在《漢藏史集》中，桑哥則被記爲因爲盡忠職守而被蒙古怯薛忌恨，世祖在無法平息怯薛們的怒氣下終於忍痛處死了他。《漢藏史集》的敘述提醒我們，桑哥的被殺，蒙古權貴可能是主要的推動者，而桑哥的形象也是相當複雜，在蒙古人與漢人看來是奸邪，在吐蕃人看來卻是忠臣。

二、中元時期

世祖之後

至元三十一年（一二九四）正月，世祖病逝，享年八十。世祖過世前夕，由於前任皇后察必的四子皆已亡故，後任皇后南必之子鐵蔑赤則仍年幼，世祖僅能以嫡孫作爲繼承人。世祖嫡子中，僅眞金與忙哥剌有後，但忙哥剌生前積極爭取大位，世祖甚是疑忌，連帶地影響了對於其子阿難答的觀感，繼承人選就縮限到眞金諸子之中。眞金有三子，二子答剌麻八剌（一二六四—一二九二）已逝，三子鐵穆耳（一二六五—一三〇七，一二九四即位）則較長子甘麻剌（一二六三—一三〇二）更得祖父忽必烈與母親闊闊眞所喜，鐵穆耳接班似成定局。

然而鐵穆耳的即位還是有些波折。由於世祖在眞金逝後一直沒有再次建儲，他的意向有些模糊。世祖雖然有些利於鐵穆耳的安排，但似乎不滿意鐵穆耳的貪杯嗜酒。另一方面，甘麻剌乃是眞金長子，又已擔任蒙古本部軍隊的指揮官多年，擁有不少的支持者。加上此時的皇位傳承仍然需要忽里台的決議，世祖未能改變此制，於是誰能即位仍要透過競爭才能確定。過往的忽里台，蒙古宗王與大汗后妃乃是繼任大汗人選的關鍵決定者，但在此次的競爭中，可留意到朝中大臣的影響力變大了。由於世祖逝世前所指定的三名輔政大臣，即玉昔帖木兒、伯顏（一二三七—一二九五）、不忽木（一二五五—一三〇〇），他們的立場都是傾向鐵穆耳，前兩人更是大力支持，這使得鐵穆耳在即位布局上有更多的優勢。經過一番角力，鐵穆耳即位，是為成宗。

《元史》對於成宗的施政評價是「善於守成」。對外部分，成宗結束了世祖時期的大量征戰，大德六年（一三〇二）海都逝世，大德十年（一三〇六）海都之子投降，最為艱鉅的西北戰爭至此告終。內政部分，成宗頗有振興儒治之舉，曾命儒學造詣甚高的康里人不忽木為平章政事，並且新建大都文宣王廟、下詔尊崇孔子。

不忽木是色目人，他的活躍也代表著色目人在成宗朝的得勢。不過不忽木用心於文教事業，成宗視為內政要務的工作卻是財政事務，於是更獲重用的色目官員，其實是具備理財專長的回回人賽典赤伯顏。此外，也見其他族屬而具備理財專長的官員獲得重用，如自幼服侍察必皇后而高度蒙化，也有回回名「暗都剌」的漢人梁德珪（一二五九—一三〇四）。賽典赤伯顏與梁德珪共同推動了許多成宗朝的政務，他們的合作又被稱為「賽梁秉政」。成宗重視理財的態度與世祖及先前的蒙古大汗差異不大，但與世祖時期不同的是，國家的財政並未因為成宗的重視而更健全，反而在冗官、貪污、濫賞等問題的大量出現下浮現了危機。

成宗在統治後期因為早年酗酒而健康不佳，朝政多由皇后卜魯罕與宰執負責。在位十三年後，成宗在大德十一年（一三〇七）逝世，年僅四十一歲。由於成宗無子，卜魯罕聯合了一批朝中大臣意圖共推親近色目人且爲虔誠穆斯林的忙哥剌之子阿難答爲帝。有個說法，推舉阿難答是穆斯林官僚群體的策劃成果。另一方面，答剌麻八剌遺孀答己與兩子海山（一二八一—一三一一，一三〇七即位）、愛育黎拔力八達（一二八五—一三二〇，一三一一即位）因有良好的政治關係，獲得了中書右丞相哈剌哈孫（一二五七—一三〇八）的支持，答剌麻八剌兩子也有意角逐皇位。阿難答的優勢在於卜魯罕的居中運籌及朝中官員的支持，答剌麻八剌兩子的優勢則在於海山掌有北方大軍，也得北方宗王擁戴。海山當時人在漠北，難以即時趕赴大都，愛育黎拔力八達則因人在漢地，遂能先一步抵達大都。稍後，愛育黎拔力八達襲殺了阿難答。在支持者的擁戴下，愛育黎拔力八達本欲繼立爲帝，但聞海山已經率軍南下，衡量局勢後，決定支持海山稱帝。海山即位，是爲武宗。

得位前的競爭，武宗所面對的局面比成宗更爲激烈，對於反對者的懲處也更嚴酷，卜魯罕被賜死，支持阿難答的官員被處死，色目官員也不再受到重用了。同時，酬謝則更豐厚。對於愛育黎拔力八達，雖有一時歧見，武宗仍是肯定其功，即位後便立之爲太子。當然，這個決定也是考量到太后答己與愛育黎拔力八達的政治實力，略有籠絡之意。對於在漠北長期跟隨的侍從與將領，武宗則授予要職，他們成了武宗統治期間的基本班底。武宗更是透過不斷地賞賜表達感謝之意。成宗以後，君主酬謝權貴支持的主要做法便是重賞，成宗因此耗盡世祖所留財富，不過當時還有色目官員爲他聚斂，稍微延緩了財政惡化的速度。然而武宗已無祖產可耗，色目官員也幫不上忙，獲得重用的蒙古權貴則無法提供有效的解決方案，加上武宗本身的生活也是奢靡，國家財政數次逼近崩潰。

由於酒色過度，武宗在位不足五年就過世了，時爲至大四年（一三一一），年僅三十一歲。愛育黎拔力八達繼立，是爲元仁宗。仁宗的行事風格與武宗不同，武宗與仁宗在年幼時皆曾受到儒士李孟（一二六五—一三二一）的教誨，但武宗在成年後就已離開南方成爲元朝北方部隊的統帥，風土沾染，他的言行舉止充滿著濃烈的蒙古傳統風範。相對而言，仁宗一直居於漢地，李孟也長期在旁講學，身爲太子的時期更是聚集了一批漢人儒士，經史藝文因而熟悉，漢風濃重。

就在武宗逝後而仁宗尚未即位的兩個月中，仁宗已先罷黜武宗朝的施政班底，提拔大量的漢人名臣，整個朝廷人事煥然一新。即位後，仁宗的施政重點有二，一是根除前朝弊政，除了繼續汰換不適任的武宗朝舊臣外，也停止了無謂的營繕，裁撤冗官，改革鈔法。二是大行儒家之道，除了重用儒士，也有許多崇尚儒學的措施，最爲後世津津樂道的就是開辦了元朝首次的科舉，時爲延祐二年（一三一四），史稱「延祐開科」。整體而言，仁宗扭轉了元朝的統治風格，使之更爲貼近漢族儒士的理想。但在現實環境的局限下，改變並不完全。爲了爭取蒙古宗王的支持，仁宗需要繼續重賞酬謝。進而朝政也非仁宗可專，還有母后答己在後節制。

相較於武宗，答己較為疼愛仁宗。兩子爭位之際，答己原是支持仁宗，而後仁宗也是仰賴答己的支持方能順利接任。此外，答己本身最初就有相當的權勢，稍後又是持續累積。武宗一朝，皇帝聖旨、皇太后懿旨、皇太子令旨，三者效用幾近相等，《元史》稱此為「三宮協和」，答己也從武宗時期就能干涉朝政。或是基於孝心，或是答己的強勢，仁宗即位後，遇到與答己意見相左時，仁宗總是順從答己。答己身邊聚集了一批以鐵木迭兒為首的官員，這批官員與仁宗的政治理念大為不同，保留更多的蒙古風格，也與儒臣相敵視。鐵木迭兒是成吉思汗功臣者該的玄孫，仁宗時擔任中書右丞相，《元史》形容他「恃勢貪虐」、「中外切齒」。除了鐵木迭兒，還有一些答己的親近官員被安插到仁宗的官員陣營中，他們的存在使得仁宗無法全力實踐自己的理想。

統治方向的擺盪

由於酗酒過度，仁宗三十六歲英年早逝，時為延祐七年（一三二〇），繼任者為其子碩德八剌（一三〇三—一三二三，一三二〇即位），是為英宗。《元史》記武宗立仁宗為太子時曾有「兄終弟及，叔姪相承」的約定，要求仁宗需將皇位傳回武宗之子。只是在即位後，仁宗夫妻終究希望皇位能夠傳給自己的兒子，適逢鐵木迭兒有意爭取仁宗的認同以鞏固其位，加上答己認爲碩德八剌比武宗之子和世㻋（一三〇〇—一三二九，一三二九即位）年輕柔懦而更易控制，在答己與鐵木迭兒的支持下，仁宗先在延祐二年（一三一五）命和世㻋出鎮雲南，再於延祐三年（一三一六）立碩德八剌爲太子。換言之，這次元代首度也是唯一一次的父子傳位還是透過大量的協商操作才能完成。同時，由於傳位己子需要答己與鐵木迭兒的支持，這也是仁宗常需退讓妥協的原因之一。

英宗即位之初，鐵木迭兒在答己的支持下大舉任用親信、排除異己，氣焰一度甚囂塵上。不過答己與鐵木迭兒應該是誤判了英宗的性格，英宗其實很有主見。英宗在位後的兩個月內就快速地展開清除鐵木迭兒黨羽的工作，隨即任命了與他年歲相近，對於國事看法相同的拜住（一二九八—一三二三）擔任左丞相，合力振興朝政。拜住，成吉思汗四大怯薛長之一木華黎的後人，世祖名相安童（一二四八—一二九三）之孫，家世高貴，在蒙古人眼中地位崇高。

至治二年（一三二二），答己與鐵木迭兒相繼病逝，英宗與拜住更得施展空間。從至治二年十月起，英宗與拜住推動了一系列的政治改革，其中約有五項重點工作，一是大量啓用漢人官僚與儒臣，二是汰除冗員與省簡官署，三是縮減宗王貴族的賞賜，四是實施能夠減輕農民負擔的助役法，五是頒行能讓國家法制更爲完備的《大元通制》。這些改革既可澄清吏治、造福百姓，也能解決長期以來財政困境，可以讓元朝在仁宗的基礎上繼續推進，使之更像一個儒治國家。

或因兩名領導人的年歲尚輕而充滿理想，至治二年時，英宗二十歲，拜住二十五歲，或因支持改革的官員在機會難得的情形下沒有謹慎考慮後果，從後來的發展看來，這次的改革似乎過於躁進。宗王貴族對於賞賜的縮減，以及因爲大量任用漢人儒臣而導致的政治權益受損等事都有相當不滿。此外，英宗也對前朝弊端進行大規模的調查，鐵木迭兒的餘黨對於此舉深感疑懼。反對力量迅速集結，至治三年（一三二三），於英宗從上都返回大都的途中，在南坡之地，反對者發動政變，英宗與拜住等人被殺，史稱「南坡之變」。

英宗被殺後，眞金長孫、甘麻剌長子也孫鐵木兒（一二九三—一三二八，一三二三年即位）在支持者的簇擁下宣告即位，是爲泰定帝。泰定帝來自漠北，行事風格與仁宗及英宗不同，國政方向又有變化。泰定帝強調所有的統治「悉遵祖宗成憲」，頗有回歸蒙古傳統的勢態，蒙古貴族因而相當活躍。泰定帝相當倚賴王府舊臣回回人倒剌沙，許多回回官員因而得到重用，朝中略有「回回集團」的成形。這段期間，漠北出身與伊斯蘭教信仰的官員乃是朝政的主導者。另一方面，泰定帝的調整也還不至於過分極端，畢竟國家重心已在漢地，他仍然保留了部分仁宗與英宗時期的改革及當時任用的儒臣，甚至還恢復了世祖以後並未正式實施的經筵制度，也就是由著名學者爲皇帝講授漢人經典與國家方略的活動，這使其統治政策略有一定的延續性。但整體而言，泰定帝還是大幅調整了施政的路線。

致和元年（一三二八），泰定帝於上都病逝，時年三十六歲，倒剌沙隨即在上都扶立了泰定帝幼子阿剌吉八（一三二〇—一三二八，一三二八即位），是爲天順帝。同時，留守大都的欽察人燕鐵木兒（一二八五—一三三三）趁機發動政變捕殺大都的倒剌沙黨人，迎立了武宗次子圖帖睦爾（一三〇四—一三三二，一三二八、一三二九兩次即位），即文宗。燕鐵木兒是武宗舊部，深獲武宗重用，武宗逝後就一直蓄積實力，意圖迎回武宗後人。由於此時的武宗兩子，和世㻋已經輾轉逃至中亞受到察合台汗國的庇護，離大都甚遠，相對而言，圖帖睦爾人在湖北江陵，距離大都較近，燕鐵木兒遂支持圖帖睦爾。上都與大都各有擁立對象，雙方展開大戰，史稱「兩都之戰」。大都派掌握了中原豐沛的資源而有相當優勢，上都派則要分兵提防來自西北的和世㻋大軍，武宗兩子的犄角箝制令上都派轉趨下風。經歷了一個月的對抗，上都派投降，倒剌沙被捕處死，阿剌吉八失蹤。

天歷二年（一三二九），在文宗的歡迎下，和世㻋大軍回到東方，途中和世㻋即位，是爲明宗。文宗讓位明宗，明宗封文宗爲太子，兩人見面歡宴，宴後明宗突然逝世，文宗再即位。明宗的暴斃很難不令人懷疑其因，明宗之子惠宗在日後便指其父乃是死於文宗的謀害。另一方面，對於武宗兩子，燕鐵木兒本來皆可效忠，不過和世㻋自有班底，即位後對燕鐵木兒的重視恐怕有限，但如是圖帖睦爾繼位，燕鐵木兒將是扶龍首功，兩相權衡，自需取捨。對於燕鐵木兒不離不棄的支持，文宗事後極爲感激，即位後也充分信任，燕鐵木兒便爲文宗朝第一重臣。

文宗在位期間，政治頗爲動盪。先是文宗繼續整肅天順帝的支持者，上都派餘黨惶惶終日，甚感不安；再是多有貴族認爲文宗得位不正，對其權威不表認同，謀反事件頻傳。同時，爲了鞏固帝位，文宗加緊拉攏支持者，大行封賞；又有頻繁的天災與民間亂事，元朝投下了大量的經費賑災與平亂。以上皆使元朝的財政危機更爲嚴重。就在這些風波中，至順三年（一三三二），文宗逝世，在位僅五年。文宗逝世後，明宗次子懿璘質班（一三二九—一三三二，一三三二即位）接位，即寧宗。寧宗在位僅四十三日即逝世，後由其兄妥懽貼睦爾繼位，即惠宗。

圖 7-6　元文宗像。臺北國立故宮博物院提供。

混亂的傳承

學界常將元代的歷史分成前、中、後三期，這三期剛好各占元代的三分之一左右的時間。前期是世祖統治的時期，共三十四年；後期是惠宗統治的時期，算到明軍攻進大都的西元一三六八年，約有三十四年半。

至於中期，則是元朝其他剩下的九位皇帝，也就是成宗、武宗、仁宗、英宗、泰定帝、天順帝、文宗、明宗、寧宗的在位時期，加總的在位時間是三十九年。明顯的，元朝十一位皇帝的在位時間相當不均衡，扣除掉與文宗並立的天順帝，其餘八位中元時期的君主平均在位時間不到五年。相對於世祖與惠宗各能統治三十餘年，元代中期的皇位輪替太頻繁了。

這種頻繁的皇位輪替現象，多少與中元九帝的壽命過短有關。中元九帝中，扣除掉被殺的英宗、疑似被殺的明宗、戰敗後不知行蹤的天順帝，剩餘六位皇帝的平均壽命只有二九・三歲，相對而言，成吉思汗到忽必烈汗等前五位蒙古大汗的平均壽命為五八・二歲，惠宗則是五十一歲逝世。壽命的有限，或是這些皇帝的生活習慣不佳，成宗、武宗、仁宗的逝世就與酗酒脫不了關係。這些不良的生活習慣又還跟蒙古遺風有關。例如飲酒，這原本就是草原上人際互動、調劑身心的風尚與習慣，當活躍於大汗周遭的蒙古親友都是如此時，大汗也難特立獨行滴酒不沾。此外，元朝並無良好的君主養成訓練，當皇帝面對極大壓力的政治環境而沒有較好的應對辦法時，放縱身心就成為他們抒解的做法之一，只是這些做法就需要付出極高的代價。

皇位更替的頻繁對元朝的國家發展產生了深遠的影響。世祖為他的子孫留下了許多遺產，他成功地將國家的重心轉入南方的農業地區，建立了一個融合了漢式體制與蒙古舊慣的大帝國，對外征戰也漸平息，局面日益穩定，國勢緩步上升，百姓生活回歸正常。世祖也留下了許多等待解決的問題，像是漢式體制與蒙古舊慣之間仍有許多矛盾，國政方向還不明確，種族問題也很嚴峻，這些問題都需要好的繼承人才能妥善解決。偏偏元朝的皇位繼承傳統一直沒能成功建立，國內各方勢力的意見又有較大的落差，元代中期的皇位更替場合就常成爲各種力量的角力場。在前任、後任，乃至於同時期的競爭者，他們的周遭都有各自的支持者的情形下，每次的皇位更替都是大小不等的政爭，國力頻繁內耗。再者，由於皇位更替形同政爭，新君上任就常有大幅的政壇人事調整，這常造成人去政息，政策左右搖擺。最後，元代中期的歷任皇帝與周邊的支持者，他們的文化背景、對於國家體制的想法，前後任常有很大落差，這加劇了國政方向的搖擺幅度。

初步所見，中元九帝的來源與行事風格約能分爲兩大類。一種是成長於漢地的君主，他們通常較爲親近漢人文化，願意讓元朝的運作增加更多的南方元素，也得到較多漢地大臣的支持。一種是長期生活於草原的君主，他們常能掌控強大的駐邊軍隊，支持者常更願意保留蒙古的政治傳統，避免政府的過分漢化。如果前後任的君主剛好各是這兩種出身，可以想見人事更迭與政策調整的幅度將會很大。然而必須留意的是，由於漢地長成的皇帝也需兼顧北方的意見，來自草原的君主還是要考慮到南方的管理，因此變化也不會完全走向極端，人事與政策的調整幅度會有現實的局限。類似的現實問題也出現在官員的意向上，即便原有支持的對象或自有關懷，可是基於利益或必要的政治互動，對於政策或文化立場與己不同的新任君主，官員自然也可以因應當下的政治環境調整自己的做法。

中元時期以後的皇位輪替情形也與大蒙古國時期的汗位繼承有些不同，這呈現了蒙元政權性質的變化。首先，大蒙古國汗位的競爭者是以成吉思汗的子孫爲主，但是世祖以後的元朝皇位競爭者只限於世祖後人，主要又是眞金後人。這種現象，反映了其他的成吉思汗子孫似乎已經認同了元朝乃是忽必烈家的財產，他們已無意參與忽必烈家內的競爭，也似乎透露著其他支系的成吉思汗子孫已經不再簡單認定元朝即是以往的大蒙古國。再者，在中元以後的皇位輪替過程中，朝中大臣的地位愈來愈重要。相較於大蒙古國的汗位推選時，官員的活動空間有限，中元以後的大臣在皇位競爭中常能發揮關鍵作用。這種現象與元朝政府的轉型有關，比起大蒙古國，世祖以後的元朝政府更加官僚化，官員們已能藉由官僚系統中的職分權責取得相當的政治力量藉以干預皇位輪轉。

具備關鍵性作用的大臣，不少人的原先身分是這些皇位競爭者的家臣，也因此他們的積極參與不僅是得利於元朝政府的官僚化，背後還有蒙古遺風的推動。具備家臣身分的官員對於自家主人的效忠程度相對較高，比起並無私人從屬關係的官員而言，他們更能始終堅持特定人選。於是就能看到雖然所支持的主人在這次的皇位競爭中失利了，他們還是堅定信念繼續支持等待下次機會，主人如果不在了，就轉而支持主人的子孫。這種滲透在公領域的私屬關係強化了競爭的激烈程度與延續性，而快速的皇位輪替更使得各系可有多次的纏鬥機會，一名家臣可以經歷多次的皇位輪替，可以多次推舉主家子孫。這種現象使得對於具有家臣身分的官員而言，現實考量的影響相對較小，而在皇位競爭中，各種想法的糾纏會使情況更複雜。

三、惠宗時期

早年的奮鬥

妥懽貼睦爾（一三二〇—一三七〇，一三三三即位）是中國歷史上元朝的最後一任皇帝，但是元朝並未亡於他手中。明人所撰的《元史》，記元朝「國亡」的時間為至正二十八年（一三六八）八月，但這是明軍攻入大都的時間，當時元朝仍然存在，只是退回漠北了。妥懽貼睦爾在至元三十年（一三七〇）病逝，享年五十一，在位共三十七年。妥懽貼睦爾逝後，其子愛猷識理答臘（一三三九—一三七八）接位，元朝繼續維持。愛猷識理答臘依照漢人禮法贈予其父廟號「惠宗」，因此就元朝立場而言，妥懽貼睦爾應稱「元惠宗」。但在南方，當明朝聽聞惠宗逝世後，明太祖認為妥懽貼睦爾退回漠北之舉乃是「知順天命，退避而去」，就稱他為「順帝」，「元順帝」這個敵國所給的名號就成為今日中文世界對於妥懽貼睦爾的慣稱。

惠宗的統治，一般可以分成三個階段。第一階段是燕鐵木兒家人及伯顏的掌政時期，時爲元統元年（一三三三）至至元六年（一三四〇）；第二階段是脫脫的兩次任相時期，時爲至元六年（一三四〇）至至正十四年（一三五四）；第三階段則爲「後脫脫時代」，即至正十四年（一三五四）至至正二十八年（一一六八）之間。第一階段的惠宗全然受制於權臣，第二階段才是惠宗開始眞正掌權的時期。惠宗的掌權，又是得力於脫脫的主政，君相之間的相互信任支持著此時的元朝。到了第三階段，或因受到罷黜脫脫的影響，或因無法解決皇后與太子的強勢干政，可以感受到惠宗對於國政已經意興闌珊。就在國家進入到了危急存亡之際，惠宗的逃避使元朝的局面雪上加霜。

惠宗即位前有段辛苦的經歷。明宗逝後，文宗一度想要阻止明宗勢力再起，除了壓制原先明宗的支持者，並於至順元年（一三三〇）殺害了明宗皇后八不沙外，也將身爲明宗長子的妥懽貼睦爾流放至高麗的一座小島。或因文宗夫婦心有愧疚，或是爲了平息朝中大量因爲同情明宗的不滿聲浪，在文宗逝後，文宗皇后以文宗遺命爲由，決定以明宗子嗣爲繼任者，由文宗較爲疼愛，而燕鐵木兒認爲年幼易制的明宗次子懿璘質班接任，此時妥懽貼睦爾被安置在廣西靜江。寧宗逝後，妥懽貼睦爾原可繼位，但因燕鐵木兒擔心妥懽帖睦爾追究前事，一直拖延接位事宜，直到數月後燕鐵木兒驟逝，妥懽貼睦爾才正式接任，年十三歲，時爲至順四年（一三三三）六月。

燕鐵木兒是元代最強勢的權臣，在他的示範下，後人與黨羽有樣學樣，元朝的政治生態再次變化。自世祖以來，元朝不乏權臣，但即便是到了混亂的中元時期，由於蒙元君權長期強勢，以及權臣原初身分常是家臣而與君主存有主奴關係，君臣分際仍是清楚，權臣仍受君主節制。但也在中元時期，由於皇位傳承競爭激烈，家臣擁立君主得位後君主重用家臣的情形愈來愈多，君主既是依賴這些家臣，家臣也理所當然地出現了扶立功成便可得到高位的期待。到了中元時期後半段，一種新的政治習慣逐漸成形，至燕鐵木兒時，隱然已有皇位由世祖子孫安坐，權柄則由自家掌握的思維。燕鐵木兒逝世後，朝政仍由其弟撒敦，以及撒敦之子唐其勢所掌。當時，惠宗爲了感謝伯顏（一二八〇—一三四〇）的支持，便命他爲右丞相，位在時爲左丞相的唐其勢之上。唐其勢極爲不滿，竟道出「天下本我家天下也，伯顏何人而位居吾上」之語。「天下本我家天下」，可說是元代權臣性質轉變的指標性言論。

稍後，唐其勢將不滿化爲行動，意圖剷除伯顏並推翻惠宗。伯顏即時因應，至元元年（一三三五）將唐其勢黨人捕殺殆盡，惠宗保住皇位。然而伯顏本爲燕鐵木兒陣營一員，在文宗時期爲燕鐵木兒副手，風格實是相同。清除了唐其勢的黨羽後，伯顏更加肆無忌憚，當時「天下之人惟知有伯顏而已」，累加在他身上的各式官爵封號職銜更高達二百四十六字，名銜字數之多為中國歷史之最，也反映了他在各項政務中涉入的寬廣與深刻。對於伯顏，惠宗即便憤恨，卻是難以抗衡。就在此時，伯顏之姪脫脫（一三一四－一三五五）擔心伯顏所為將會導致全族覆滅，於是開始謀劃推翻伯顏。經過與惠宗的多次溝通，在惠宗終於相信脫脫真是有意與之共同推翻伯顏後，兩人聯手於至元六年（一三四〇）發動了政變罷黜伯顏，伯顏稍後在流放途中病逝。此時，惠宗二十一歲，脫脫二十七歲。

除了結黨營私，侵權犯上外，伯顏對於國家事務似乎有些理想。元統三年（一三三五）十一月，惠宗下詔改元，該年改為至元元年，一般認為此次改元應由伯顏所主導。「至元」本是世祖年號，這種重複年號的做法自非漢人傳統，但是重新使用世祖的年號，似是伯顏欲將國家發展導回到世祖路線的宣示。此後，伯顏也有些正面的作為，例如節約宮廷開銷。可是有更多的措施，即便可能伯顏認為這是一種對於過往偏離世祖「舊典」的修正，但在漢人眼中卻是暴政。這些「暴政」，簡言之，將進一步確認蒙古高層的地位，縮減漢人各方面的權益，意圖清楚畫出統治者與被統治者之間的界線。最為顯目的政策就是至元元年（一三三五）的停罷科舉，以及至元三年（一三三七）下令漢人、南人、高麗人不得持有兵器、不得養馬。此外，伯顏指示各級官署的長官只能任用蒙古與色目人，也禁止漢人、南人學習蒙古、色目文字。民間在這種氣氛下，甚至傳出伯顏曾經建議殺光張、王、劉、李、趙等五大姓漢人的謠言。

脫脫施政

伯顏被罷後，轉由脫脫主導國政，他大幅調整了伯顏的施政方向，緊繃的族群關係暫時獲得舒緩。脫脫的改革大致有三項重點，一是重建文治，包括恢復科舉，設置宣文閣再建經筵制度，修《遼史》、《宋史》、《金史》三部正史及法典《至正新格》等；二是減輕百姓負擔，包括開馬禁與鐵禁、減鹽額、蠲賦逋等；三是彌補與蒙古宗室的關係，取消伯顏基於打壓政敵而對蒙古宗王的相關懲處。這些改革史稱「脫脫更化」。三大改革中，前兩項相當符合儒士的想法，甚受漢人好評，此與脫脫教養有關。脫脫年輕時受教於名儒吳直方（一二七五—一三五六），兩人關係良好，日後脫脫決定推翻伯顏與恢復科舉便是依據吳直方的建議而行。脫脫的儒學造詣頗高，執政時樂於親近儒士，也曾奏請惠宗留心「聖學」，即儒學，算是一名喜愛漢人文化的蒙古人。

至正四年（一三四四），脫脫因病辭職，至正九年（一三四九），脫脫再任丞相。相較於首次任相需要解決伯顏造成的亂象，脫脫再度任相時已要面對新問題。當時有三大問題需要解決，一是黃河的水患，二是南方漢人的民變，三是國家財政的惡化，這三大問題又是牽連糾纏。

自金代以來，黃河主流自淮河入海，此即「奪淮」。奪淮之後，在舊黃河到舊淮河之間由於地勢平廣，淮河河道也難負荷太多的黃河水量，一旦大雨，河水便四溢漫散，此時黃河便常有頻繁而嚴重的水患，河南、山東、淮北、淮南等地的百姓屢遭其害。又因元朝建都北方，亟賴南方的糧食物資的支持，於是一有河患，北南漕運即現危機。河患問題在惠宗時期日趨嚴峻，至正十一年（一三五一）四月，元朝命工部尚書賈魯（一二九七—一三五三）治河，徵調了十五萬的民夫與二萬的士兵供其使役，在大量的人力動員與賈魯的規劃下，同年十一月治河工程告一段落，暫時解決了河患問題。

治河期間，元朝徵調了大量的民夫，卻未妥善照顧，這催動了白蓮教的變亂。元朝吏治長期敗壞，在治河期間，基層官吏總是嚴厲督責、不恤民力，也剋扣民夫的伙食與工資中飽私囊，民夫苦不堪言，民怨急遽積累。當時流行於民間的白蓮教先是散播「石人一隻眼，挑動黃河天下反」的歌謠，後在預訂挖掘的河道中埋下一尊獨眼石人，待石人被挖出而消息傳開後，至正十一年（一三五一）五月，白蓮教領袖韓山童（？—一三五一）、劉福通（一三二一—一三六三）在淮北潁州起事，民變正式爆發。由於白蓮教眾在起事時約定頭裹紅巾作爲標誌，他們又被稱爲「紅巾賊」。

造成民怨四起之事，除了治河外，另一則是「變鈔」。惠宗在位期間依舊保持元朝君主的習慣，繼續濫賞與揮霍，國家財政困頓。爲了改善財政，至元十年（一三五〇）冬，脫脫建議變更鈔法，發行新版錢鈔「至正通寶」與「至正交鈔」，意圖藉由新舊折換充實國庫。但因鑄印過急，幣值大貶，物價高漲，民心因此動盪。後因南方民變，需要大量經費平亂，錢鈔鑄印更無節制，全國的經濟秩序陷入嚴重困境。

相較於首次任相，脫脫再次任相時的國政處理就沒有這麼理想，雖然解決了河患問題，但是治河所誘發的民變以及變鈔的失策，現在看來都是元朝滅亡的關鍵原因。此外，脫脫再次任相期間，或因吳直方已經退休而無法在旁隨時提醒，或因國用日急而必須加緊財政籌措，又或是因爲至正四年至九年辭相時，他與他的家人受了不少攻擊而使其心態有了變化，此時的脫脫開始與儒臣之間有些政見上的衝突，更多地重視理財官員的意見，也更爲剛愎恣意，施政風格有所調整。即便如此，脫脫還是努力地想要振興元朝。白蓮教起事後，至正十四年（一三五四），脫脫親赴南方督軍。但在此時，脫脫受到朝中政敵攻擊，惠宗解除了他的兵權。至正十五年（一三五五），脫脫被流放雲南，途中過世。

脫脫的失勢來自於多種因素的醞釀。脫脫再次任相時曾經致力報復先前攻擊他的政敵，這使得他的政敵也在伺機反擊。爲了固權，脫脫大力拉拔支持者，朝中勢力成形，這給了反對者攻擊他結黨擅權的藉口。脫脫又捲入了立儲紛爭。當時惠宗第一皇后伯顏忽都（一三二四—一三六五）無子，第二皇后奇氏（一三一五—一三六九）生愛猷識理答臘。惠宗甚是寵愛奇氏，在奇氏的勸說下，惠宗有意冊立愛猷識理答臘爲太子。脫脫對於奇氏的出身頗有意見，奇氏是高麗人，原爲服侍茶飲的宮女，得到惠宗歡心後逐漸上位，終爲第二皇后。伯顏忽都則是來自弘吉剌氏，也就是草原時期的弘吉剌部，在蒙元時代，弘吉剌氏與成吉思汗子孫世代婚配，地位崇高。兩相比較，就蒙古的傳統觀念而言，奇氏不免出身低賤。於是在惠宗準備舉辦太子冊立典禮時，脫脫多次藉故拖延，直到至正十三年（一三五三）六月愛猷識理答臘才被冊立為太子。此事使得奇氏與愛猷識理答臘對脫脫相當不滿，便與脫脫政敵聯手彈劾，脫脫因而下台。

表面上看來，脫脫的失勢是惠宗受到皇后、太子、以及脫脫反對者的鼓吹所下的決定，但惠宗可能不是被動地聽信他人意見而已，他可能心有主見，只是順水推舟，甚至是刻意為之。惠宗早年頗受權臣威脅，此時多少對於脫脫的強勢及黨人的集結感到憂心。脫脫對於儒士、漢法的重視也背離了朝中強調蒙古傳統的權貴官員的想法，於是惠宗便可藉由變更不同立場的統治班底，平衡朝中的各種意見。而脫脫執政日久，部分事務也與惠宗意見相左，例如脫脫對惠宗過於沉溺藏傳佛教一事多有勸諫，惠宗難免不滿。干預立儲之事更是關鍵，姑且不論因由，此事形貌已類燕鐵木兒所為，惠宗親身經歷，自當有感。換言之，就惠宗看來，脫脫已經變了，應要痛快處理防患未然。唯就日後所見，惠宗自壞棟梁，接任宰執皆無脫脫之才，亡國已可預期。

後脫脫時代

至正十四年後，元朝的政爭更趨激烈。由於惠宗的怠政，朝中的各方勢力都在找尋新的權力核心，又因奇皇后與太子的活躍，對於元朝的領導，此時的朝臣逐漸出現三種態度。第一種是並未表態，此類官員可以暫且不論。第二種則視奇皇后與太子爲元朝的實質領導人，或爲自己的權位，或爲國家的未來，這批官員聚攏成黨，對於惠宗的權威產生威脅。第三種則是依舊尊奉惠宗，於是就不滿於皇后、太子及其黨人的擅越。第二種與第三種態度的官員，雙方關係迅速惡化，就在南方民變愈來愈劇烈的同時，朝中鬥爭也同時白熱化。現在看來，如無朝中政爭，或許明朝還是可以推翻元朝，但應該不會這麼順利。

元朝的滅亡，南方的民變自是關鍵，然而民變的產生又有些大環境與結構性的背景。十四世紀時，全球氣候似乎發生異常，從日本到英國，歐亞世界同時出現了大量的天災，元朝也是水旱災頻傳。元統二年（一三三四），也就是惠宗即位後第二年，單就上半年所見，正月，山東東部有水災；二月，今日安徽淮南的安豐路有旱災，灤河則有大水潰溢；三月，江南、浙西等地區有「水旱疫疾」，山東又有暴雨；四月，河南開始乾旱，一直到八月都沒降雨；五月，江浙饑荒；六月，淮河水災；七月，池州路（今安徽池州）饑荒。這半年的災情有大有小，但全國四方皆有。更大的災害又在後頭，至正四年（一三四四）五月，大雨連下二十餘日，黃河潰堤，除了河道周邊地區外，河水也灌入運河，北從今日河北南部、南到江蘇北部、西從河南西部、東到沿海的大片地區全受洪水捲襲。水災之後是饑荒，隔年接著是瘟疫蔓延，這幾年黃河北南之地「田萊盡荒，蒿藜沒人，狐兔之跡滿道」。水、旱、饑、疫等災情不斷，形成了元末民變的溫床。

氣候異常是民變萌發的重要背景，但是民變在先前的醞釀與日後的擴大，則與元朝的統治密切關連。從元朝統治南方以來，各地民變一直此起彼落。早期的民變多與抗元復宋有關，在忠宋遺民隨著時間凋零後，民變的原因就改以官逼民反爲主。甚令百姓反感的元朝統治有兩種，第一種是元朝中央的不當政策，主要是過多的賦役課徵，以及過苛的治理歧視措施；第二種是元朝未能有效節制官員的貪贓枉法，此使部分官員常在執行公務時欺虐。前項問題的癥結自在元朝，後項問題雖是個別官員所爲，但是元朝無法妥善防制也是罪過。在元朝統治尚稱穩固時，還能逐一鎮壓各地民變，但在天災轉趨激烈，民變規模擴大，又有白蓮教串連各地，元朝再因政爭無法快速因應時，問題就難以解決了。

大約在至正二十年（一三六〇）時，南方已經發展出浙東方國珍（一三一九—一三七四）、浙西張士誠（一三二一—一三六七）、江東朱元璋（一三二八—一三九八）、兩湖陳友諒（一三二〇—一三六三）、福建陳友定、四川明玉珍（一三二八—一三六六）等反元陣營，他們除了抵抗元軍的進攻，彼此也在爭奪地盤。這段時期中，元朝其實有些機會能夠壓制南方的崛起。早在至正十四年（一三五四），脫脫大軍一路南下，戰況一度順利。但因陣前換將，元軍自行潰散，未能擴大戰果，南方也得喘息機會。稍後，元朝重組軍隊，並分權給地方將領，各地元軍因而調度靈活，戰況似有轉機。但是當時元軍的兩大將領，察罕帖木兒支持太子，孛羅帖木兒則反太子，雙方時有衝突，又使元軍難以齊心。至正二十四年（一三六四），孛羅帖木兒以清君測為名入據大都，由於過於跋扈，隔年被惠宗設計殺之。孛羅帖木兒死後，察罕帖木兒逝後接替其位的擴廓帖木兒隱然成為元軍領導，但他又與另名元軍將領李思齊（一三二三－一三七四）不和。就在南方激烈兼併的同時，北方自顧不暇，等到南方搶先一步完成整併後，仍在內訌的元朝已然無力回天。

至正二十八年（一三六八）正月，朱元璋在應天府即位，國號「大明」，建元「洪武」，改應天府為「南京」。同年八月，明將徐達（一三三二－一三八五）攻下大都，惠宗、奇后、太子、擴廓帖木兒，以及忠於蒙元的官員將領一同北返草原，元朝結束了對於中國的統治。

第八章

漢制框架中的蒙古統治

為了有效統治，蒙元對於漢地的管理愈來愈重視漢人與漢法。世祖以後，元朝的國家體制大量地引入了漢人的傳統章法。這些引用，自也必須考量蒙古統治階層的需求，因此又有改造。在政府組織與官員任用的部分，元朝大量地參考了金朝的成果，這使得元朝的國家體制也會繼續朝向強化君主專制的方向前進。在族群政策與百姓治理的部分，元朝多有源自北族傳統的規劃，漢地過去未見的分族管理措施與戶計制度因而實施，蒙元統治的族群關係、官民互動也就有其時代特色。

一、集權與分權之間

中央政府

忽必烈改革後，元朝中央政府的最高機構是中書省。就地位高低排列，省內長官依序有中書令、右丞相、左丞相、平章政事、右丞、左丞、參知政事等宰相、執政之職。中書令不常設，右丞相常為首相。員額部分，以設置較為固定的仁宗至惠宗之間為例，一般是右、左丞相各一人，平章政事四人，右、左丞各一人，參知政事二人。中書省之下設有六部，其內的職務配置與各部職掌多與漢制相同，而此一省六部將為元朝的行政中樞。放到中國政治制度史的發展中，元代與南宋、金代都是屬於一省制的時代。

由於金代乃是尚書一省制，南宋則爲中書一省制，元制似是來自宋制。然而元朝中書省的內部結構與職務配置多採金制，尤其是多相制，也就是設置多名宰執的做法最能看到承繼金制的結果，金代的尚書一省制方是元制的前身。承繼之餘又有變化，元朝提高了丞相的品秩，增加了平章政事的員額，左右分設之職則依草原舊慣而以右爲尊，這些皆與金制不同。

相對於唐宋之制，金代的尚書一省制更能彰顯皇權，承繼其志的元代中書一省制亦有如此效果。不過在現實運作中，有兩種現象使得元朝君主對於政事的掌握，普遍而言不如金朝君主的深入與全面。一是受限於文化背景，元朝君主除了世祖外均對處理國政的興趣不大，即便世祖亦僅是「以成效責中書」，而以「委任責成」，也就是以指明政策目標而不計較於執行細節的原則交辦政務。二是元代高官常有家臣身分，宰執亦然，家臣政治因而成形，主奴關係使得君主更能放心託付權力。對君主而言，家臣乃是忠心的管家，是「自己人」。值得注意的是，主奴觀念又會蔓延到整體的元朝君臣關係中，官員將習於或樂於以臣奴自居。此時，家臣政治在現實上降低了君主的專斷程度，主奴關係卻在觀念上強化了君主的權威。目前學界多半認同這種元代的君臣觀念，對於明清皇權的上升提供了助力。

元朝曾設尚書省，但非定制，在設置當下也有架空中書省的情形，因此即便是兩省並置之時，元朝的政府體制仍是屬於一省制。元代曾經三次設置尚書省，分別是世祖至元七年至八年（一二七〇－一二七一）、世祖至元二十四年至二十八年（一二八七－一二九一）、武宗至大二年至四年（一三〇九－一三一一）。這三次尚書省的設置原是出於理財目的，機構的性質原是類似北宋的三司，但因其職能含括了中書省的各式業務，並且可以指揮六部與節制地方行省，權力又是遠高於宋代的三司。尚書省的設置和擴權與政爭有關，以首次設置為例，是阿合馬想要跳脫舊有中書省的人事與權責的框限，意圖以尚書省專辦財政業務進而擴權的結果。

這種君主或權臣藉由新創官署，企圖改變政府施政方向或調整權力版圖的做法，在元代屢見不鮮，阿合馬倡議建尚書省為一例，眞金陣營有意創建門下省又為一例。在阿合馬利用尚書省擴權時，眞金陣營原是比照辦理，有意另設門下省節制阿合馬。然而世祖雖已同意設置，並已預派廉希憲為侍中，但因阿合馬的反對，此事最終作罷。尚書省與門下省的設置，主要就是出於權力競爭的考量。這種靈活的官署設廢是元代政治制度發展常見的現象，「因事而置，事已則罷」的頻繁也使得元朝的政府架構不時地調整。後世所見，這對行政傳統的建立與官僚運作秩序的穩定頗為不利。另一方面，這種靈活調整的做法，乃至於制度雖有漢式名稱，其內容卻與漢制大異其趣的現象，也是元朝君主與蒙元統治階層不太受到漢人思維牽制的表現，對他們而言，政府組織的調整可以更從現實的需求決定。

在元代，常態性建置而權勢相當於中書省的機構有主掌軍政的樞密院與主掌監察的御史臺。樞密院設於中統四年（一二六三），乃是李璮亂後的改革之一。另在征戰之時，元朝則於戰區臨時設置「行樞密院」總理地方軍務，事畢則罷。相較於中書省多有漢人擔任要職，由於軍事業務的機密，樞密院高層多由蒙古親貴擔任。

御史臺是元朝相當重視的機構，《草木子》曾記，傳說世祖曾道：「中書朕左手，樞密朕右手，御史臺是朕醫兩手的。」比起唐宋，元朝提升了臺內官員的品秩等級，也增加了御史臺主力官員監察御史的名額設置。成宗後，元朝再設江南諸道行御史臺與陝西諸道行御史臺等兩大行臺就近監督地方，大都御史臺、江南行臺、陝西行臺就有「中臺」、「南臺」、「西臺」的簡稱。整體而言，從行政、軍政、監察等三大機構分立的架構規劃，到省、院、臺各機構中的職務配置，以及對於御史臺的重視，這些做法都是源於金制，也因此元朝使用的「漢制」其實多是金朝改良後的「漢制」。

元朝另有一些負責宗教事務與特定族群管理的中央官署，其性質特殊，並非漢人王朝可見。首先是主管全國佛教與吐蕃地方事務的宣政院。宣政院原稱「總制院」，至元二十五年（一二八八）經桑哥的建議而改名。宣政院原是主管藏傳佛教，在藏傳佛教成為蒙古統治階層最為尊崇的佛教支派後，元朝便令宣政院一併管理所有的佛教事務。為了禮遇佛教，元朝賦予宣政院極高的政治地位，因此宣政院能與中書省、樞密院、御史臺並立，其人事與業務運作自成系統。元朝長期以來皆由中書省負責全國官員的選任，只有樞密院、御史臺、宣政院、宣徽院等四大機構能夠獨立於中書省之外。

地位不及宣政院，但也是主管宗教事務的官署，又有主管道教事務的集賢院、主管基督教事務的崇福司、主管伊斯蘭教事務的回回哈的司。由於同時也能管理各教教眾，這些官署也是另類的治民官府，性質也會接近漢地的州縣官府。但與州縣官府不同的是，因爲各教教眾散布各地，這些另類的治民官府遂無特定轄區。例外的是宣政院，雖然佛教僧侶遍布全國，宣政院也在各地設有僧錄司、僧正司等下屬機構，但在吐蕃，該地的政教合一，宣政院因此能夠兼爲該地的地方官署，總管吐蕃全境的「軍民錢穀」，此使宣政院有一處特定範圍的轄區。這些管理宗教事務與特定族群的官署，其設置是種因人設制的蒙古統治原則的展現。

如同契丹，蒙元亦有專爲服務皇室而設的中央官署，其職能獨立於國家政府之外，且常專爲特定皇室成員而設。這類官署數量很多，有專門服務君主及其家人的斡耳朵（即契丹之斡魯朵）諸寺，如長信寺（世祖）、長慶寺（成宗）、長秋寺（武宗）、承徽寺（仁宗）、長寧寺（英宗）、寧徽寺（明宗）、延徽寺（寧宗）等；有專爲太子與后妃所設的官署，如儲政院（有時改稱詹事院）、中政院（前身爲中御院）、資正院（又稱資政院，後稱崇政院）等。斡耳朵諸寺與后妃官署除了服務君主與后妃外，又負責管理他們的私屬人戶及財產。這類官署的設置，代表著蒙古家產封建制在漢式政府體制中的保留。

改制後的元朝政府，雖然主體架構與職官設置多自漢式體制而來，也能看到增設了許多源自蒙古傳統與因應新時代需求的官署和職務，元朝政府的規模因此相當龐大，在中央政府部分，中書省、樞密院、御史臺之外，又有六部、十五院、十寺、三司、四府、十四監的設置。加上地方官署也有類似設置，整個元朝政府常設機構的數量遠多於唐、宋等漢人王朝。由於設置繁複，各處機構的功能多有重疊，這降低了行政效率，也造成了嚴重的冗官問題，而冗官又是造成元朝財政困境的癥結之一。這些做法雖然展現了蒙古政權的特殊性，卻對元朝的政務運作帶來了不良影響。

地方政府

對於地方政府，元朝的改革延續了一段時間，組織結構要到成宗時期才較穩定。穩定之後，元朝除了沿用金宋的地方機構之外，另在其上增設了「行省」作爲地方最高的管理機構。行省作爲地方的常設機構乃爲中國歷史首見，行省新制疊加於金宋舊制之上也使元朝的地方政府架構更爲龐大。

中統元年（一二六〇），蒙古先是設置了十路（道）宣撫司作爲漢地管理的最高地方機構，負責簽發士兵、運送軍需物資、徵收賦稅等業務。在以宣撫司作爲地方行政機構的

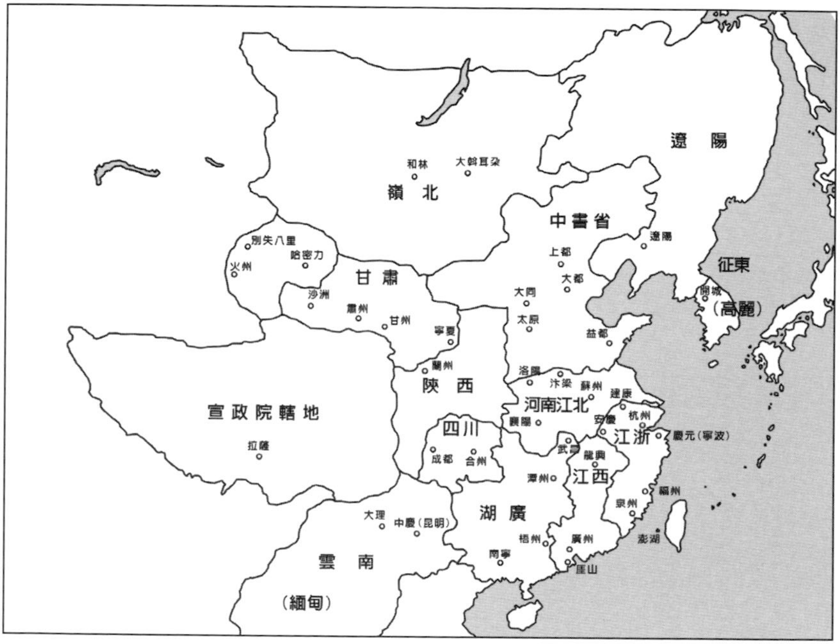

圖 8-1　元朝行省圖。

主體時，行省制度也在發展。金代本有行臺尚書省，此爲後世行省的濫觴。大蒙古國時期也有行省。對於歸順的漢人地方豪強，蒙古授予各種漢式官銜加以酬庸，如果這些豪強的領地相當於金朝一個路區以上的範圍，蒙古就會以「行省」、「領省」之銜授之。此外，對於稍後蒙古增設的高階地方機構，漢人常是附會稱之爲「行省」，這種稱法也被蒙廷沿用而泛見於各式的漢文政令之中，於是蒙哥汗時期的三大地區管理機制便有「行尚書省」之名。

「行尚書省」雖然只是斷事

官體制的漢式名稱而非眞正漢式體制，不過其中由汗庭直接任命斷事官、斷事官由多人組成、諸斷事官共同處理一地事務等原則，成爲了日後元朝行省的制度淵源之一。忽必烈即位後，蒙元開始設置具有漢式內容的行省。先是爲了征伐，大量的中央宰執被外派前往各地總理軍事業務，其間宰執得以暫立行省辦事。在至元十三年（一二七五）到至元三十一年（一二九四）世祖逝世前大約二十年左右的時間，各地遍設行省，組織架構逐漸固定，轄區範圍也漸明確。到了成宗朝，行省已經正式成爲元朝地方上的最高機構了。

行省的全稱是「行中書省」。中國歷史上，「省」原是宮禁的別名，中書省、尙書省等都是因爲源自宮中官署而得名，行省制成形後，「省」即成爲地方機構的名稱，至今仍爲中華人民共和國所用。在唐宋制度中，「行」原是高官暫理或兼管低階職務的意思，於是「行中書省」原來就只是一個朝廷外派宰執臨時處理地方事務而設置的中書省分司機構。成宗朝以後的行省當然已經不是中央外派的臨時機構，可是「行省」之名的保留，卻也一直提醒著其中的官員，他們是中央的官，不是地方的官。由於源自中書省，行省的職務編制與運作機制也與中書省大致相同，同樣是多長官制，政務決斷時也由省內長官共商議事。定制後，元朝設置了遼陽、河南江北、陝西、四川、甘肅、雲南、江浙、江西、湖廣、嶺北等十處行省。至於今日河北、山西、山東、內蒙東南部等地則未設行省，由中央的中書省直轄。

元朝的行省設置，一處令人注目的規劃在於轄區的遼闊。如在南宋舊境的主要區域，宋朝設有十七路，元朝則僅設江浙、江西、湖廣等三行省，這使得同爲一級行政機構，元朝行省的轄區幅員遠比南宋的路大得多。元朝行省轄區的廣大，與行省轄區原是一種「軍區」有關。最初爲了方便調度足夠的資源與兵力，行省的職權範圍必須夠廣，等到日後轉型爲地方管理機構時，這種轄區形貌繼續保留，元朝行省的轄區就比中國傳統的一級地方轄區還要大上許多。附帶一提，這種軍區性格的殘留現象也還能從行省轄區的形貌可見。俯瞰行省的區劃，可以明顯看到蒙元由北制南的意圖，尤其是南方三省由北向南狹長延伸的轄區形態，猶如蒙元深入南宋舊境的指爪。行省轄區的軍區形貌，以及行省能夠節制轄內兵馬等情形，皆使元朝的地方管理保持著軍事統治的精神。

由於轄區範圍廣大，加上可以總攬轄內民、財、軍等政務，地方業務幾乎無所不包，學界曾經討論過元朝行省的權勢是否過大，是否已經大到元朝的中央地方關係可以解釋爲出現了一種地方分權的狀態。目前看來，雖然元朝賦予行省掌理轄內所有事務的權限，可是現實上的行省施政受到了許多中央的節制，而高級官員皆由中央任命與省內長官必須兼用多族的做法，也使行省高層難以齊心對抗中央，這些措施均使行省運作無法專擅，不易脫離中央的掌控。轄內兵馬的調動也是如此，行省只能小幅調動軍隊，大型的軍事行動仍然要受樞密院指揮。此外，御史臺在地方監督上頗爲強勢，常與行省衝突，省臺之間的制衡關係也使割據現象難以發生。李治安先生便認爲，「大而不專」或許是評價元代行省權力較好的說法。

圖 8-2　劉貫道〈元世祖出獵圖〉。臺北國立故宮博物院提供。

行省之下，元朝設有路、府、州、縣等下級單位分層管理地方。這些下級官署的編制大約承繼金宋之制，但有兩個現象可以補充說明。首先，各級官署中均設達魯花赤一職，此與金宋有別，達魯花赤與漢式政府官員之間的互動也是元朝地方官府的重要議題。再者，元朝的地方行政層級關係複雜，雖然以三級制爲主，也就是行省（含省）—路（或府）—縣（或州），可是卻有相當多的地區是採四級制。像是四川行省的成都路，其下轄九縣七州，但七州又下又總共設十一縣，所以該地的層級關係就有「四川行省—成都路—仁壽縣」的三級制，以及「四川行省—成都路—彭州—濛陽縣」的四級制等兩種形態。此外，也有「中書省—上都路—順寧府—奉聖州—永興縣」的五級制，以及「嶺北行省—和寧路」的兩級制，不過後兩種形態就很罕見。在漢人王朝時期，地方行政層級的設定相對單純，雖有例外，但全國都盡量以一種層級關係爲設置原則。在元代，多種的層級關係則是常態，而這既是因地制宜原則的發揮，也是元朝因應廣土眾民各地文化落差極大的結果。

軍事制度

大蒙古國時期，漢地駐紮著蒙古軍與漢軍等兩大系統的軍隊。蒙古軍來自草原本部，怯薛爲其菁英，千戶制度下的蒙古將士爲主體，探馬赤軍則爲其分支。來自漢地的軍隊則被編爲漢軍，窩闊台汗時期之後，漢軍以蒙古軍制度爲基礎而有萬戶、千戶、百戶、牌子頭（即十夫長）等編制。爲了回收地方軍權及因應新的國家格局，忽必烈汗在即位後開始著手改革軍事制度，除了創設樞密院集中軍權外，也改造了軍隊組織，此後的元朝軍隊約可分爲兩大系統，一是中央的宿衛部隊，二是地方的鎮戍部隊。

中央的宿衛部隊乃由原有的怯薛組織與新建的侍衛親軍所組成。怯薛雖然一直功能多元，護衛大汗總是他們的重要任務，到了元代，他們也繼續是君主身旁最親信的宿衛。但同時，怯薛還有其他任務，且在長期維持萬人的編制下，隨著征服區域的擴大與軍隊需求的激增，即便軍事功能依舊保留，怯薛已經越來越難作爲大汗武力的主體。而忽必烈即位之初，大量的蒙古軍隊支持了阿里不哥，而支持忽必烈的漢軍系統仍然保有濃厚的私人軍隊色彩，不易放心信任。在忽必烈亟需更多的直屬部隊保衛中央與平衡地方軍力的情形下，他便藉中國禁軍設置的經驗，創立了主要由樞密院所統轄的衛軍。

至元元年（一二六四）後，這些衛軍改稱爲「侍衛親軍」。據姚燧（一二三九—一三一四）指出，中央衛軍的建立乃是其叔姚樞的建議。侍衛親軍的衛士身分屬於普通的士兵，由於規模更大而有更爲純粹的軍事功能，很快地便取代了怯薛成爲元朝中央武力的主體。至元十六年（一二七九）後，侍衛親軍逐漸依照族群分組安置，計有蒙古衛軍、色目衛軍、漢人衛軍等三種系統。

侍衛親軍的來源有二。一種是從地方部隊選調精銳士兵而來，蒙古衛軍與漢人衛軍多採此法補充。征服南宋後，元朝也選調舊宋士兵，此使漢人衛軍之中也有宋地軍人。另一種來源是朝廷授權大臣徵召其族人組編而成，色目衛軍常採此法建置。到了元代末年，侍衛親軍已設三十四衛，內有五個蒙古衛軍，十二個以色目人爲主體的衛軍，十七個以漢人爲主體的衛軍。侍衛親軍主要的守護地區是元朝的兩座都城，也就是大都與上都，以及中書省直轄的「腹裏」地方，也就是今日的河北、山西、山東，與部分的河南及內蒙等地。必要時，侍衛親軍還可出軍鎮壓地方叛變或對外作戰。

地方的鎮戍部隊乃由駐紮於草原的蒙古部隊與鎮守在全國各地的各種部隊所組成。元朝的幅員廣邈，中外路程遙遠，各地又常造反，爲求迅速弭平動亂，朝廷相當重視地方鎮戍部隊的設置。鎮戍部隊也是分族設置，稍後即有蒙古軍、探馬赤軍、漢軍、新附軍等四大系統。軍隊之中有兵種設定，略有騎兵、步卒、砲軍、水軍四種，蒙古軍與探馬赤軍以騎兵爲主，漢軍與新附軍以步卒爲主。

元朝依照地域部署不同族群的部隊，淮河以北由蒙古軍與探馬赤軍鎮守，以南則由漢軍與新附軍鎮守，而淮河以南的部隊主要又是駐紮於長江下游地區。這種分族分地的部署措施，一與自然環境有關，淮河以北的寬闊乾冷環境自對以騎兵爲主的蒙古軍與探馬赤軍較爲有利；一與政治考量有關，由於舊宋境地時有動亂，危險的南方配置可靠性較低的漢軍與新附軍，「腹心之地」的北方部署可以信賴的蒙古軍與探馬赤軍，一遇亂事就先由南方部隊打頭陣，親信部隊則退可防禦，進可向南征伐，這對元朝是種較有層次而且安全的規劃。

元朝軍隊之中，分族編組是基本原則，於是蒙古軍、漢軍、新附軍便主要由蒙古人、舊金漢人、舊宋漢人分別組成。至於探馬赤軍，由於《元史・兵志》曾說「探馬赤軍則諸部族也」，便有舊說認爲是由色目人所組成。這個說法已被修正。現今學界大致認爲，在對外征服初期，蒙古從草原部落中挑選強悍的士兵組成精銳部隊，他們在戰爭中擔任先鋒，戰後則鎮守占領地區，這些部隊在窩闊台汗之後被稱爲探馬赤軍。「探馬赤」，原或漢人用語「探馬」，意即「先鋒」，此詞於傳入北方後被蒙古採借。最初探馬赤軍的主力乃是弘吉剌、兀魯兀台、忙兀台、札剌兒、亦乞烈思等五部之人，之所以選擇這五部乃是因爲他們極爲驍勇善戰。隨著編制的擴大，日後也能看到漢人、色目人加入，可是蒙古人一直是探馬赤軍的主體。

元朝的軍隊總數現今已難得知。元朝不令「外人」得知軍事機密，即便在樞密院也僅有長官能知詳情，文獻檔案亦無相關記錄。於是距離元朝退回北方不到三年，在洪武三年（一三七〇）編寫完成的《元史》，也僅能留下元朝「有國百年，而內外兵數之多寡，人莫有知之者」的描述。今日推算，元朝軍隊數量約在九十萬到一百二十萬人之間。

二、官員任用途徑

怯薛授官

怯薛授官與吏員出職是元朝比較重要的入仕管道，高級官員多由怯薛入仕，中低層的官員多以吏員晉升。亦有以家世為選官依據的蔭敘與承襲制度，以軍事功勞轉任官員的軍功制度，以及學校入仕、入粟拜官等制。元代中期延祐開科以後，又有科舉取士的管道。

自成吉思汗以來，怯薛長期作為蒙古統治班底的人才儲備庫，世祖以後這種功能依舊保留。怯薛乃由高官貴族的子弟補充，初以蒙古人為主，在蒙元朝廷開始大量任用蒙古以外的族群協助統治後，外族的高官貴族子弟亦得入充怯薛，怯薛便也包含了色目人、漢人、南人，成為一個以蒙古人為主但有各種外族加入的多族團體。世祖以後，由於怯薛一直未曾編入漢式的官僚體系之中，其人員都不具官人資格，因此在制度上他們要等到成為漢式政府的官員時才算正式「入仕」，於是從怯薛轉任為漢式政府官員的過程就成為怯薛入仕的管道。

然而在入仕之前，怯薛早就能夠參政，也很活躍。在大蒙古國時期，怯薛常受大汗差遣執行政務，其中一項重要的工作就是溝通內外，包括傳達大汗命令，上呈各方消息。到了元代，怯薛仍是君主與外朝政府之間政令往來的橋梁。作為君主耳目喉舌的功能，使得怯薛的政治地位一直相當重要，連宰執亦不免受其挾制。除了直接向大汗建言外，怯薛常能透過溝通內外之際影響朝政，或是誘導君主發布怯薛所好的命令，或是扭曲或假傳聖旨。

還有一種特殊狀況。元人危素（一三〇三—一三七二）在耶律希亮（一二四六—一三二七）的神道碑文中曾留下一則故事。至元十四年（一二七七），中書省接獲了「漢人盜鈔六文殺」的聖旨，於是遵照辦理，一時間大都監獄滿是犯人。時任吏部尚書的耶律希亮向世祖報告此事，世祖大爲吃驚，因爲他沒有頒布這則聖旨。後來才知道，原來這是一名怯薛聽到了世祖與蒙古兒童的玩笑話後，就用了聖旨的形式把這些話傳給了中書省。如果故事爲眞，看來即便機會不多，怯薛影響朝政的作爲還會有「誤傳」這種方式；而聖旨能夠如此輕易傳出，又可見怯薛在元朝的政令傳達中有著相當大的發揮空間。

如能入仕，怯薛可以獲得比其他入仕管道的官員更好的職務。如果是家世較爲優良的怯薛，像是可以擔任必闍赤、寶兒赤（即廚子）、速古兒赤（即供應衣服之人）等高級怯薛職務的人員，他們所能獲得的首任職務常是中高階的職務。從《元史》的記載來看，他們的首任職務位階常在三品到五品之間，這種等級的職務在絕大多數由其他管道入仕的官員的從政生涯中，是一輩子都無法獲得。

四大怯薛長的子孫，其待遇更優渥。以木華黎之後，英宗朝名相拜住（一二九八—一三二三）爲例，他在至大二年（一三〇九）十二歲時擔任「宿衛長」，也就是怯薛長，延祐二年（一三一五）十八歲時入仕的首任職務便是正二品的太常禮儀院使，後於延祐七年（一三二〇）五月升爲從一品的平章政事，同年七月則升爲正一品的中書左丞相，當年拜住才二十三歲。拜住的祖父安童（一二四八－一二九三）更是傑出，他在中統元年（一二六〇）十三歲時擔任怯薛長，至元二年（一二六五）甫入仕便擔任正一品的中書右丞相，時年十八歲。他們的境遇令人嘆爲觀止。

怯薛身分世代相襲，入仕後又是前途光明，許多家族因此累世高貴。能夠世代擔任怯薛的大家多數源自大蒙古國時期，後代子孫的地位高下則是取決於起家始祖與成吉思汗家族的親疏程度，以及對於國家的貢獻，如果起家始祖是親密家臣且有重大功績，後代子孫便能獲得蒙元持續照顧。怯薛世家中，最爲尊貴者即是博爾忽、博爾朮、木華黎、赤老溫等四大怯薛長之後，他們都是「大根腳」（意即好出身、好家世），可以視爲蒙古的四大家族。

進入元代後，赤老溫家的後代發展比較有限，原因目前不明，其他三家則備受寵信。木華黎家的成就前述可見，至於博爾忽家更是「五世六王六太師」，成宗朝名臣玉昔帖木兒便是博爾忽之孫，玉昔帖木兒之孫阿魯圖在惠宗時期也仕至中書右丞相。史料中所能找到的九十一名三家後人中，就有四十五名仕至三品以上高官，其中又有二十八名最終擔任一品高官與三公。這三家的顯貴也是長期延續，雖然各家自有沉浮，但整體而言一直到元末都還不斷出現高官重臣。怯薛參政也使元朝有了門閥政治。

這些來自怯薛及透過家世取人管道入仕的官員，有些元人對他們的政治活動評價正面。像是元末名儒虞集（一二七二—一三四八）便認為這些「公卿大人之子弟」從小就在家中學習朝廷典章，怯薛任職時又培養出謹慎周延的態度，他們的能力比起沒有家世背景的官員更為卓越。不過，這段敘述是出自虞集寫給惠宗朝中書左丞王士宏的序文，王士宏本身就是高官後人，叔父王泰亨仕至平章政事，王士宏也是當過怯薛服侍過文宗，虞集的評論多少有些愛屋及烏。

比較常見的漢人說法則會認為這些閥閱子弟的能力不足、品行不佳，他們敗壞了元朝的政風。元末明初有位江南士人權衡寫了一部《庚申外史》，內容主要描述惠宗在位期間的元朝歷史，部分應是實況，部分則屬南人訛傳，如書中稱惠宗乃是宋恭帝趙㬎（一二七一—一三二三，一二七四—一二七六在位）之子就有嚴重錯誤。權衡也評論了元朝以家世取人、重用閥閱子弟的現象，他說「元朝之法，取士用人，惟論根腳。其餘圖大政為相者，皆根腳人也。居糾彈之首者，又根腳人也。蒞百司之長者，亦根腳人也」，「所謂根腳人者，徒能生長富貴，臠膻擁毳，素無學問」。雖然有點偏激，但應該講出了一些事實。

吏員出職

宋代以後，中國的政府人員身分可分兩大類，一是官人，一是吏人。官與吏都爲國家辦事，可是官貴吏賤，兩者身分落差很大。因爲入仕乃是成爲官人的過程，吏人不是官人，因此吏人需要經由一道「出職」的程序方能成爲官人，出職之法便是吏人的入仕管道。在宋人的觀點中，吏人拘泥小節，唯利是圖，總是貪贓枉法，於是爲了避免敗壞政風，就在制度設計上讓吏人極難成爲官人，需要數十年的年資方有出職資格；就算可以出職，也要設法阻滯其升遷速度，不宜讓吏人出身的官員擔任重要職務。又因宋代科舉盛行，進士出身官員壟斷高級職務，吏員與其出身官員雖然遍布基層，卻不會成爲主要的政務推動者。在元代，這種安排被打破了。

最初，蒙古不太理解宋人的官吏之別，也沒有受到中國士大夫歧視吏員的影響。對蒙古而言，政治人物的身分地位是來自於他們的家世與功績，他們親近或效忠大汗的程度才是大汗任官授權的主要考量。對於漢人，最初的取用原則就看其人是否能有資源或才幹，能夠率領大量人戶投靠，能有實在的政治貢獻，這樣就可以授予重任。此時，吏人是種「治國之匠」，能夠負責許多行政工作，是統治天下的重要工具。同時宋人所以爲的吏人行事風格，就蒙古的立場看來也不見得是壞事。拘泥小節其實是謹慎從事，講求利益也得到了許多蒙古權貴的認同。觀念的差別使得蒙元的吏員制度設計就不會保留舊宋觀點的歧視做法，對於吏人就相對重視。

除了蒙古統治階層的認可外，對於金朝制度的承繼與當時政治環境的需求也是推進元朝重視吏員的重要背景。原先金制就不像宋制一般地打壓吏員，雖然也有官吏之別，卻開放了更多吏員從政的空間。在大量承繼金制的同時，金朝對於吏員參政的規劃也被蒙元保留。元朝各級政府長官多用「根腳人」，行政庶務的處理能力有限，辦事精幹的吏員便是好幫手。蒙古高層的想法、舊金制度的承繼，以及蒙元政治環境的影響，吏員在元朝就有更多的發揮空間，表現良好便快速拔擢，官吏之間也不會有太多的差別待遇。

依照工作內容，元朝的吏職大致可以分成四種。第一種是令史、司吏、書吏、必闍赤之類的「案牘吏員」，他們主要負責官方文書的製作；第二種是譯史、通事之類的「翻譯吏員」，主要負責口頭與文字的翻譯；第三種是宣使、奏差之類的「宣達吏員」，主要負責政令傳達；第四種則是其他庶務的吏員，像是掌管印信的知印、負責收發與保管文書的典吏等。「翻譯吏員」的普遍設置與地位之高是元朝的特色，以對內溝通為主要的工作內容也是漢人王朝罕見，這是一種因應元朝多族多語的環境而產生的時代建置。

元朝的吏職有著如同官職一般的層級架構，各級吏員有不同的政治前途。吏職內分「有出身」與「無出身」兩種，前者主要是中上級機關的吏職，像是令史、譯史、通事、宣使、知印等，後者則是地方機關的低階吏職。吏員可在這套吏職系統中逐級升遷。符合各種吏職的出職年資後，吏員也能任官。如果順利的話，從縣司吏這種低階吏職任起，如不選擇中途以「無出身」吏職出職，繼續在吏職體系中升遷到「有出身」的吏職，大約經過二十至三十年左右便可出職任官，接著就能擔任監察御史之類的中階官職。相對而言，一樣都在吏職中待上二、三十年，宋吏出職後最多僅能獲得低階官職。與漢人王朝相較，元代吏員的政治前途極佳。

出職之後，對於「有出身」吏員，元朝並未限制他們在出職後的最高任職極限；對於「無出身」吏員，仁宗、英宗兩朝因爲重儒政策而曾經一度縮限爲僅能當到從七品的官職，但在其他時期，元朝通常規定他們出職後最高可以擔任四品官職。由於「有出身」吏員的數量不少，「無出身」吏員也能升爲「有出身」吏員，比起漢人王朝，元朝的吏員有著更多升任高官的機會。姚燧曾在〈送李茂卿序〉一文中指出，當時的官員有八成五是出身自吏員。不清楚這個數據的來源與可靠性，但是吏員出身的官員應該是元朝官員的主體。在吏員中，漢人乃是主體，於是大量的官員出自吏員，大量的吏員來自漢人，元朝政府因此擁有許多吏員出身的漢人官員。

或是爲了謀生，或是懷抱從政理想，不少儒士投入吏員行列，元代出現了許多的「儒吏」，這是前代少見的情形。但同時，「儒」與「吏」的衝突就不只是出現在兩群人之間，而是一個人的兩種身分之間。元末名士柳貫（一二七〇—一三四二）曾爲一名多次擔任吏職，後來也有當官的儒士劉彥明（一二七五—一三三九）撰寫墓誌。對於劉彥明任吏期間的事蹟，柳貫只有記下他與上司的衝突，衝突結果都是「投筆謝去」。差不多的時代，元末名臣蘇天爵（一二九四—一三五二）曾在至正十一年（一三五一）為一位畫家李士行（一二九二—一三二八）撰寫墓誌，文中指出由於當時的公卿大臣「喜尚吏能，不樂儒士」，李士行只能暫時「遊名山」、「泛舟江湖」。從這兩則敘述看來，有些儒士一直無法屈就於吏職工作，政壇高層則是在重視吏人時也貶低了儒士價值，這時的儒吏需要更多的調適，不願為吏的儒士也只好另尋高就了。

科舉取士

在沒有科舉前，蒙元的儒士可由兩種管道入仕。第一種即是由吏出職，這條管道應該是儒士，也是漢人在元代最重要的入仕途徑。第二種則是從教官入仕。元朝的官學中設有教官職務，從低而高逐級升到能夠得到官員身分的教職也是一條入仕途徑。不過，各級教職的名額有限，升遷又很困難，一般教官要升到能有官員身分的「教授」，經過層層考試後，最快需要十四年，一般需要三十餘年。

有位儒士程端學（一二七八—一三三四）在一篇祝賀「花教授」任滿的文章中，提到了當時教官們的升官前途。程端學指出當時的教官們，約有十分之三、四可以升到正九品的州教授，有十分之二、三可以升到從八品的路教授，有十分之一左右可以升到也是從八品的縣主簿。縣主簿的品秩雖然與路教授相當，卻已是縣府的最低官職，屬於治民職務，算是眞正「從政」了，可是能夠獲得此職的教官又是鳳毛麟角。相反地，逆推回去後會有十分之六、七的教官永遠當不到「教授」以上的官職。另一方面，就算是當上了縣主簿，不但品位仍低，也差不多要退休了。總而言之，從教官入仕不會是儒士參政的好管道。

教官入仕的前途有限，想要有更好的政治前途就要從吏員當起。可是在傳統的士人觀念中，吏職又是「小人」工作。無法再像過去一樣尊榮地從政，蒙元士人對於自身處境頗多感慨。這種情形在延祐開科後有了變化，儒士們迎來了期待已久的科舉制度。

蒙元是曾經實施科舉制度的朝代中，開科時間距離開國時間最久的朝代。單就北族王朝而言，遼朝大約是在遼太宗會同（九三八－九四七）初年就有科舉開辦的記錄，金朝則是在金太宗天會元年（一一二三）便見興辦，遼金兩朝都是在占領漢人居地不久後就有了科舉。相對而言，如果將西元一二一四年視爲蒙古占領漢地的開始，蒙元則是百年之後才有科舉。

在這百年中，蒙元也有些類似科舉的措施，像是西元一二三八年就曾開辦「戊戌選試」，當時在耶律楚材的建議下，蒙古辦理了一場針對儒生的考試，這次選試一度被認爲是蒙元最初的科舉。不過，「戊戌選試」有很多做法異於一般認定的科舉制度，尤其是科舉本是選民爲官的制度，但是「戊戌選試」的及格者卻僅有少數得以出仕。現在看來，「戊戌選試」應該是種「儒戶」的甄選考試，用來挑選合格的儒士讓他們成爲「儒戶」。由於不是爲了選拔菁英當官，「戊戌選試」的考試難度不高，能夠寫出通順的文章就可過關，也一次就錄取了四千零三十人，這人數是後來元朝科舉歷年總錄取人數的三．五倍。因此目前大多不將「戊戌選試」視爲蒙元的首場科舉。

從占領漢地到延祐開科之間的百年中，開科建議此起彼落，只是基於各項因素，科舉一直未能興辦。到了延祐二年（一三一四），在英宗的支持下，元朝首科終於開辦了。因爲元朝的入仕制度在長期的發展下已經完備，加上不少蒙古高官貴族一直排斥科舉取士，開辦後的科舉，在不想讓科舉制度排擠到吏員出職與各種家世取人管道的既有運行空間的考量下，其錄取名額就相對有限，進士的仕宦待遇也無特別優禮。最終，元代科舉每榜最多錄取百人，又常不足額錄取，有元一代的取士數量遂是歷代最少，共一千一百三十九名。另一方面，元朝也是曾經舉辦科舉的朝代中，實施時間最短（共四十六年），開科榜次最少（共十六榜）的朝代。

取士人數的稀少，使得進士官員難以構成元朝文官的重要力量。相對於兩宋的科舉出身者（含「特奏名」）。「特奏名」即是多次考試不過而後朝廷恩賜功名的特殊及第者）約占官員總數的三分之一強，元朝的科舉出身者僅占官員總數的四．一%。相對於兩宋一百三十三名宰執中有九二・五%，也就是有一百二十三名為科舉出身者，根據桂棲鵬先生的研究，元朝只能找出十七名仕至中書省宰執的進士官員，且多擔任左丞與參知政事，僅有至正十四年（一三五四）右榜進士鎖鑄一人能夠仕至平章政事。無人能夠當到中書省與各行省的丞相。相較之下，宋元落差極大。

科舉取士對於元朝政治運作的影響不大，卻對元代的族群交流帶來了一些改變。開科後，元朝科舉採行族群配額制，百人的錄取名額中，蒙古、色目、漢人、南人各占二十五名。這種做法自然對於漢族（含南人）士人很不公平，僅占全國總戶數百分之三的蒙古與色目人竟能獲得一半的錄取名額，這使得蒙古、色目考生的競爭程度遠較漢族考生為低。然而這種優禮鼓勵了許多的蒙古與色目人，參試者大增，更多的蒙古、色目子弟努力鑽研漢人學問。

另一方面，雖然元朝保障了蒙古、色目人的仕宦權益，但因元朝重視的是由家世取人管道入仕的官員，精確地說，是保障有「根腳」的蒙古、色目人，所以在先前的制度中，家世有限的蒙古、色目子弟其實沒有太多入仕的機會。但在未設家世門檻的科舉實施後，這批寒門子弟的入仕機會大增，他們是族群配額制下的得利者。最終，在步入政壇後，由於深受漢人學問的教養，這些北族的進士官員已難完全認同蒙古的傳統價值，與蒙古權貴亦無緊密連結，他們將以士人自居，好與漢族士人交往，政壇上的漢士官員因此多了援助，社會上則出現了「多族士人圈」。對漢族士人而言，族群配額制限縮了從政機會，卻帶來了一批同道中人，實是失之東隅，收之桑榆。

元朝科舉制度的設計也對後世影響甚深，這使得現今論說中國科舉制度的發展無法避談元朝制度。元朝科舉異於前代而對後世產生重大影響的制度主要有二，一是區域配額制，二是單科考試制。除了針對考生的族群身分外，元朝也對考生的出身地域實施了配額制度。元朝科舉採用三級制，考試有三關，分別是地方辦理的鄉試，以及中央辦理的會試與廷試。由於廷試不再黜落，能有淘汰機制的就是會試與鄉試。鄉試中，全國共錄取三百人，其中各地各有錄取名額，各地中又分族配額；會試錄取一百名，無區域配額制，但保留族群配額制。雖然偏遠地區的考生到了會試還是要與繁華地區的考生一起競爭，但因鄉試中區域配額制的實施，至少錄取機會多了些。

如果單就族群配額制度來看，元朝似有種族歧視，但是如果連同區域配額制一併考量，則見配額制的規劃也會有照顧全國各族各地考生的想法，希望能讓教養環境先天不良的舉子也能有個基本的參政機會。當然，選民爲官本來就不只有選賢與能的目標，也是國家分享權力的過程，分享權力之餘又能爭取參與者的效忠，於是分族分地的配額制度既可擴大政權的統治基盤，也能強化各類子民的國家認同，這做法便有實務利益的考量。

另一處變化則爲科目的設定。唐宋的科舉制度有著多元的考試科目，此即多科考試制。在唐代，經常辦理的科目大約有秀才、明經、進士、明法、明書、明算等科；在兩宋，進士科雖然獨大，也還是會舉辦進士科以外的「諸科」考試，而進士科到了南宋又分化成經義進士科、詩賦進士科等兩科。這些科目各有考試內容與及第待遇，能夠照顧到不同專長的考生。到了元代，由於開科已經不易，遑論多科並舉，權宜之後，只能開設單科，這就是「德行明經科」。

在德行明經科中，儒學是主要的考試內容，這使得兩宋以來對於儒學與文學在科舉中的地位孰重孰輕的爭議自此告一段落。另一方面，雖然只開一科，但因鄉試與會試，這兩關皆有多場測驗，而在針對漢人與南人的「左榜」中，每關的三場測驗中有一場專考古賦、詔誥、章表的寫作，於是在著重儒學之餘，也保留了一些審查文學能力的關卡。這種設計使得即便只開一科，還是能夠試出菁英儒士該有的程度。最終，儒學的測驗又以程、朱註解爲主要依據。區域配額制與單科考試制，日後都被明清所繼承，元朝科舉因此在中國科舉制度的發展中占據著一個轉型的樞紐地位。也因爲這些措施，總結來說，元朝科舉就是一種涵蓋多元族群的單科考試制度。

三、治民之道

分族而治

對於境內族群，蒙古陸續施行了一些管理措施，整合來看就是蒙元的族群統治政策。一般的說法認爲蒙元朝廷將人民分成四種，即蒙古、色目、漢人、南人，其中蒙古人的地位最高，色目人次之，漢人再次，南人地位最低。由於人分四種而有等級，今日多以「四等人制」稱呼蒙元的族群政策。經過了長期的討論，學界對於這些說法有些補充與修正，在加入更多角度的觀察後，也對蒙元的統治策略提出了更多的解釋。

討論「四等人制」的族群劃分方式與各族的待遇落差，最常被作爲例證的現象是科舉的族群配額制。元代科舉將考生分成蒙古、色目、漢人、南人等四種，其中的分類可以證明元朝是有四大族群的劃分。考試時分「右榜」與「左榜」，蒙古、色目考生考難度低的「右榜」，漢人、南人考難度高的「左榜」，加上錄取率的厚此薄彼，這些措施可以證明元朝對於四大族群存在著差別待遇。

但在這些制度中，也能看到所謂「分族」與「歧視」的情形並不單純。在「歧視」的部分，對漢族士人而言，名額設定與分榜考試的做法自是不公，但如結合到區域配額制，這些做法也可以說是爲了照顧弱勢族群。所謂的弱勢族群，在族群配額制中，便是指較難擁有豐富的漢人學問學習資源的蒙古、色目考生。在「分族」的部分，一般總說蒙元是以金、宋舊境爲劃分標準，舊金地區之人屬於漢人，舊宋地區之人屬於南人，但在鄉試一關的族群配額中，多屬舊宋境地的四川行省卻只有「漢人」的名額，當地的考生在科舉制度中屬於「漢人」。科舉制度的設定提醒我們，元朝的族群分類標準比一般的說法更爲複雜。

先談「分族」的問題。如果僅是想要概略地解釋蒙元時期「四大族群」的成分，或許可以說「蒙古人」約是生活在蒙古草原的人，蒙古以西之人則是「色目人」，以東以南之人是「漢人」，舊宋地區之人是「南人」。此時，色目人與漢人的界線就在金夏之間，所以舊夏地區的唐兀人（又作唐古人）是色目人，舊金地區之人是漢人。不過這個說法忽略了時間的變化，單從「南人」必須要等到元朝征服宋朝之後才會出現的情形，便可得知「四大族群」的設定會隨著時勢而調整，調整的原因又在於蒙元政權統治需求的改變。

由於是基於蒙元政權的統治需求而生，分族的辦法受到了政策的影響。北族政權的統治原有因俗管理的傳統，蒙元多有延續。在實務上，分族立法集體管理也是方便，政令宣達可以逐類通說，因此在蒙古政權逐漸納入多樣族群後，各種人群分類的措施便陸續出爐。對蒙古人而言，南方人們的樣貌與風俗看起來差不多，管理辦法便可集體設定，「漢人」的類型就在政策的討論中逐漸成形。在大蒙古國時期逐漸成形的「漢人」，便包含了生活環境、文化傳統看起來與眞正的漢人差不多的女眞人、契丹人，甚至是高麗人。「色目人」更是蒙古統治政策下的產物。被分類爲「色目人」的人群，他們的體貌多樣，原居地相去數千里，使用文字有畏吾兒文、波斯文等各式的歐亞文字，原先也各有自己的國家、宗教、與文化傳統。但在漢地的管理中，這群人的數量有限，雖然在因俗而治的原則下，管理政策最好逐類設定，但是也有許多場合可以不用考慮他們的背景落差，集體規劃一套獨立於漢地百姓以外的管理規範即可。在集體管理時，他們就能被視爲一種人，又因所含人群的多元，各式文書中他們就逐漸被稱爲「色目人」。「色目」是「各色名目」的簡稱，「色」與「目」都是「種」、「類」的意思，「各色名目」就是「各種各類」的意思，而「色目人」便可以是「蒙古人」與「漢人」以外的所有族群的總稱。

由上可知，蒙古「四大族群」的分類乃是因應國家管理而設，雖然也會參考其中人群自身的血緣、語言、文化、歷史傳統等條件，但是這些條件未必是主要的考量原則。因爲有著現實用途的考量與發展調整的過程，這些分類的內容就有經常變動、模糊不清的情形。早期蒙古在稱呼各種族群時，偶爾會用「色目人」通稱所有本族以外的族群，此時漢人也在「色目人」之中。四大族群的分類，大約要到元代中期才逐漸穩定。可是元朝一直沒有頒布全面解釋國內族群的分類及其定義的法令，現今最多只有看到適用於個別場合，及針對特定或部分族群的規範，這些規範既是數量繁多，也常相互牴觸，連元朝的官員都會感到困擾。

彙編元朝法規的《元典章》曾留下一件犯罪記錄。延祐四年（一三一七），濟寧路官府審理了一件竊盜案，其中的嫌犯張不花是女眞人。當時的審理官員查到了大德八年（一三〇四）有道命令，規定此類犯罪的懲處，「漢兒、高麗、蠻子」要刺字，色目人不用，可是命令中沒有提到女眞人。審理官員不清楚女眞人是不是色目人，爲求愼重，就請上級說明。案件從行省上到中書省，中書省再下給刑部解釋。刑部查到了至元六年（一二六九）中書省有份投下達魯花赤的任用規定，其中指出女眞人屬於漢人，刑部據此作出解釋，張不花該刺字。

從這個案例可以看到，就算是到元代中葉，官府還是很難掌握各族的分類。附帶一提，刑部的確認除了援引法條外，還解釋了如何辨識色目人，提到了因爲女眞人有姓氏，色目人沒有，所以女眞人不是色目人。其實定居漢地後，很多色目人也爲自家定了漢姓，像是畏吾兒人廉希憲便是用了其父布魯海牙曾經擔任過的「廉訪使」職銜首字作爲漢姓，後人也都改姓「廉」。色目人自立漢姓的情形在元代頗爲普遍，刑部的這道解釋看來是有疑慮的。只是下達後是否又會造成基層官員在辨識族群時的困擾，我們就不得而知了。

分等對待

元末明初的浙江士人葉子奇曾在《草木子》中評論元朝的統治策略，認爲元朝總是「內北國而外中國」、「內北人而外南人」。這是一般漢人的想法，蒙元也確實有許多可被視爲族群歧視的政策。不過具體而言，如同族群分類的做法，這些對待的態度與施行的規範也有些變動的歷程。

原先，族群並非大蒙古國分別人民待遇的主要標準，當時的經濟待遇多由戶計分別，政治待遇多以根腳定奪。不過，族群身分與戶計、根腳之間存在著密切關係，使得原是戶計與根腳所決定的待遇落差，也會造成族群差別待遇的效果。蒙古對於各種戶計的對待方法有所分別，軍戶與匠戶較受禮遇，對待民戶就較刻薄。雖然軍戶與匠戶中也有漢人，多數的漢人卻屬於民戶，於是苛待民戶也是苛待漢人。政治場合也是如此，蒙古優禮大根腳子弟，家世有限的子弟不易參政，難得高位，但因大根腳家族多是蒙古人，於是不同家世的對待之道又會被視爲不同族群的分別待遇。

大蒙古國的相關規定已有族群分等的效果，專門針對族群身分而訂的差別待遇規定還是少見，要到元代以後才會開始出現一些以族群身分爲標準的管理措施。蒙元針對各種族群集體採取差別性待遇的規定，尤其是比較歧視漢人的做法，差不多是在李璮之亂之後才大量出現。

李璮的叛變使得忽必烈連帶懷疑漢人的忠誠，除了至元二年（一二六五）規定地方路級政府官員的分族任用之制外，亦有至元六年（一二六九）不准契丹、女眞、漢人擔任投下達魯花赤，至元十九年（一二八二）、二十三年（一二八六）禁止漢民持有武器等規定。往後元朝不時會有這些做法。至大四年（一三一一），元朝規定了怯薛入仕最初所授的散官與職務之間的品位關係，散官品秩要比職務品秩爲低，但降低多少就視族群身分而定，而「蒙古人降一等，色目人降二等，漢人降三等」。惠宗至元三年（一三三七）四月，又禁漢人、南人、高麗人不得持有武器，禁漢人與南人不得學蒙古、色目文字，並要求重要機構的長官只能由蒙古、色目人擔任。

可是也要強調，這些規定在現實上未必會徹底落實，如分族任用之制就常是如此。很多規定也是一時之制，像是惠宗的禁令就是伯顏政策下的產物，而在禁令頒布的四個月後，也就是八月時，元朝又允許高麗人可以持有武器，也開放邊區漢人需要「鎭遏生番」時可以持有武器。進而在有元一代，更多的時候不會有這些嚴苛的管控。只是這些規定三不五時地出現，也極具針對性，受限的一方總是漢族之人，這在觀感上就有很強烈的效果。

整體而言，蒙元並未特別在百姓生活的場合中全面實施族群分別待遇，各族可以混居，也能自由地交友與聯姻。元朝所實施的族群差別待遇主要出現在政治場合，尤其是官員的任用，愈重要的職務，蒙古人爲主、色目人爲輔、漢人參酌任用、南人相當少用的現象就愈是常見。這種做法有其道理，畢竟元朝的核心利益是在蒙古統治階層權益的長久維持，如果蒙古人無法掌控元朝，元朝也不會是元朝了。於是政治運作中最重要的官員授任，能讓蒙古人長期穩固地掌握國家權柄就會是關鍵所在，對於擁有在地資源且人數眾多的漢族之人，謹慎地控制他們力量的成長就會是施政的重點。

另一方面，蒙古官員的數量卻是有限，其能力亦難充分因應漢式體制所需，元朝的統治對象又以漢地與漢民爲主，漢式官僚體系也需要大量的漢官協助執行，這使得現實上的官員任用還是要有更細膩的處理。首先，許多色目人官員擁有相當於漢官的行政能力，也因沒有在地關係而不必顧忌他們會與漢人聯合反抗蒙古的統治，於是色目官員就可以作爲輔助蒙古執政的重要助手，他們可以得到不少相當於蒙古人的禮遇。再者，多有漢官已經世代效忠蒙元，家族成員也有貢獻，蒙古統治階層自是願意回報他們的努力，這使得現實中還是能有許多漢官可以進到政壇高層。最終，從大蒙古國以來，參用各族使之彼此制衡的做法已是統治習慣，族群交相任用與集體決策已是政治運作的重要原則，色目官員也需要漢族官員的輔助或監視。經由這些統治策略，漢族官員還是能夠擁有基本的政治空間。

由於並無全面性的法律，分類內容、對待方式也常因場合、時間而有變動，目前學界已多否定蒙元曾有法定且固定的「四等人制」。但在政治場合之處，很難否認元朝沒有族群差別待遇。只是現實中的影響因素還很多，家世條件就是關鍵，具體而言又有個人的際遇與才幹等問題。總之，在論說元代的個人地位高低與國家對待的優劣程度時，仍有許多層面需要考慮，如果只想提出一個含括性的說法，或許整體上蒙元的統治確實有著族群差別待遇的傾向，但如是個案討論，族群未必是決定身分的唯一或最重要的因素，官方與民間的場合皆然。

戶計制度

眞正全面影響國內百姓日常生活的蒙元人群管理措施，應該是戶計制度，這是一套蒙元政府爲了全面管理國內的人力、物力而建立的制度。制度中，蒙元政府根據職業與族群，以戶爲單位將全國百姓編入各種「戶計」之中，而全國戶計就被統稱爲「諸色戶計」。「諸色」亦即「各類」，「計」應指「計簿」，即官方記錄戶口、賦役、收支等事的文冊。編入各種戶計後，百姓必須世代承襲，不得自行改易，亦要承擔國家指派的義務，或是納糧繳稅，或是出人辦事。國家對於諸色戶計的遷徙、分家、婚姻等活動都有嚴格控管，也可因應朝廷的需求，重新簽補、放還、變更其中人戶。

戶計制度對於全國百姓全面而且嚴格的控制，在千戶制度中已見端倪，因此戶計制度是種蒙古統治策略的延伸發展。對於草原，千戶制度打破了傳統的部落連結，是個新時代的制度，或許可以解釋是種進步的做法；但對中國，唐宋變革以後的百姓生活早已自由，職業選擇不受限制，社會流動相對頻繁，戶計制度遂對中國社會的發展造成了逆退的效果。

戶計制度最初在漢地的實施，可以溯自西元一二三五年的「乙未刮戶」。當時蒙古甫平定金朝，隨即便對金朝舊境進行大規模的戶口調查。此次調查的動機是爲了清理出蒙古貴族與漢地將領所藏匿的百姓，讓這些百姓成爲國家的編民。目前已經不太清楚這次調查的具體內容與後續的處理，但從日後類似的調查推測，這次的調查應該也會順便登錄財產資料，並分別設定百姓應盡的國家義務。而後，蒙元又在一二五二年（窩闊台二年）、一二七〇年（至元七年）、一二八九年（至元二十六年）有過三次的調查，這些調查都是以收刮人戶作爲主要目標，但是編納戶計的做法也是越來越常見。戶口調查以外的時期，蒙元朝廷也會根據需求陸續編納各類戶計、建置管理辦法，戶計制度就在這段過程中日益成熟。

元代戶計的種類繁多，估計可能不下百種。戶計是以承擔政府的義務內容，也就是以職業的類型作爲主要的分類標準，另外也會結合族群身分、社會地位等其他的劃分辦法。在各式標準下，元代可有幾種類型的戶計。第一種是以職業爲別的戶計。其中又有兩種類型，一是分布地方與職業類型較爲普遍的戶計，像是軍戶、匠戶、站戶、醫戶、鹽戶等；

二是僅在特定地方或較爲專業的戶計，像是專產糯米的糯米戶、專種葡萄的葡萄戶、專做脂粉的脂粉戶、分布在廣東沿海的採珠戶（又稱蜑戶）、分布於福建沿海的鯊魚皮戶等。

這些職業戶計，家中每代都需出人出力承擔政府規定的特定任務與勞役，像是軍戶需要出丁從軍，匠戶需要保養維修各種官府所需的器物或建設。站戶則是負責各地站赤，也就是驛站的相關業務，其工作包括迎送往來的官府人員、維護運輸用具等。站赤可分水站與陸站兩種，在維護運輸工具的部分，水站站戶就要保養船隻，陸站站戶就要負責飼養馬、驢、牛、駱駝等牲畜。由於常有貴族官員濫用站赤服務，許多站戶也常因此無法支應維護費用而破產。曾有元人指出，所有的戶計中，站戶的負擔最爲沉重。相對而言，由於蒙古重視軍人與工匠，對他們照顧有加，軍戶與匠戶的負擔就比較輕鬆。至於沒被劃入特定戶計的百姓，他們被全部編爲「民戶」。民戶多爲務農，也有城市居民與其他職業的從事者，是人數最多的戶計。

第二種是以社會身分爲別的戶計，這些戶計的社會身分特殊，蒙元因此另外管理。這類的戶計主要有賤戶（奴婢、娼妓等）、驅戶（有家的驅口，驅口即是奴隸，最初來自於俘虜）、斷案主戶（因案沒官或給予事主的罪人家屬）、投下戶（屬於貴族封邑的百姓）、怯憐戶（屬於君主與后妃的百姓）等。第三種是以族群身分爲別的戶計。政府文書中可以看到依照族群身分分設戶計的做法，此時就有南人戶、北人戶、蒙古戶、契丹戶、女眞戶等設定。

還有一種比較特殊的戶計，即宗教戶計。這類戶計有僧戶（佛教僧侶）、尼戶（比丘尼）、道戶（道士）、女冠戶（女道士）、也里可溫戶（基督教人員）、回回戶（伊斯蘭教信徒，元人稱「木速蠻」，即穆斯林）、答失蠻戶（伊斯蘭教士）、迭里威失戶（伊斯蘭教蘇非派成員）。這類戶計的規範對象是宗教人員，其中有出家眾與教士，也有一般的信徒。

宗教戶計的設定，一是基於方便管理，二來也有優禮宗教之意。由於宗教人士常有獨特的生活方式，不易承擔一般世俗人員的賦役規範，獨立管理會是比較適合的做法。蒙古人一直重視宗教信仰，對於世界各地的宗教也一視同仁，全都用心尊崇，於是在獨立管理後，就能方便政府採取比較優待的賦稅徵收方式禮敬這些宗教人員。同時，蒙元也要求這些宗教人士爲國服務，除了主持宗教儀式外，蒙元朝廷基本上希望他們做好一件事，那就是向上天祈禱國運昌隆、君主福壽萬年。

如同族群分類，蒙元未曾針對所有的戶計進行一次全面而系統的說明，前述介紹的戶計分類，其實是不同時間不同規範的彙整成果。族群政策與戶計制度的發展過程，某種程度也反映了蒙元朝廷的治事思維，遇到狀況再設法解決。這種因事設制的做法呈現出一種務實的風格，可是在制度逐漸成形後，各項規範的邏輯關係與整體章法的系統性就會有所不足了。

九儒十丐

諸色戶計中有種專爲儒士所設的「儒戶」。儒戶之設，約是源自西元一二三八年的「戊戌選試」。蒙古滅金之初，華北士人顛沛流離，死難者眾，倖存者多淪爲驅口。經由耶律楚材的建議，蒙古決定安頓儒士，於是辦理選試，入選者被編入儒戶。在後續制度完善後，儒戶應盡的國家義務也漸清楚。至元十九年（一二八二），中書省下令儒戶每家每代需有一人讀書習儒，習儒子弟可以在家學習，也能就讀官學。儒戶不用負擔差役，可以減免賦稅，相關待遇大致比照宗教戶計。

對待儒戶的措施，透露出蒙元對於儒士的看法。對漢人世界而言，儒士是知識菁英，是文化與傳統的承擔者，但對蒙古世界而言，最初卻難有這些認識。在接觸後，蒙古高層開始察覺到了儒士擁有兩種不錯的實務功能。第一種是治理漢地的才能。成書於至正二十六年（一三六六）的筆記《南村輟耕錄》中，作者陶宗儀曾記，有次耶律楚材聽到一名善於製弓的西夏人獲得重用，便向窩闊台汗提醒，如果製弓需要弓匠，治理天下也要「治天下匠」，窩闊台汗聞言後就開始重用耶律楚材。不清楚陶宗儀如何得知這則故事，但從《元史》也留下了相同記載，或是抄自《南村輟耕錄》，或是來自不同的來源，這則故事元末明初時已被認爲是種歷史事實了。

關於耶律楚材與窩闊台汗之間的互動，在《南村輟耕錄》百年前，約於至元四年（一二六七）成文的耶律楚材神道碑文則提供了另種說法。作者宋子貞（一一八六—一二六六）提到了耶律楚材常向窩闊台汗建言「天下雖得之馬上，不可以馬上治」，也推薦了許多儒士協助蒙古徵收漢地稅賦，而後宋子貞說，「國朝之用文臣，蓋自公發之」。這則記載的眞實程度也許更高。無論如何，不管窩闊台汗的重用儒士是否眞由耶律楚材所發，也許僅是後人的褒美之詞，這些敘述都透露出，儒士之能被蒙古高層重視，「治天下」的才能是關鍵之一。

另一種蒙古統治階層肯定的特質，在後世的敘述中就比較隱晦。由於儒家禮儀中常有祭天地、拜先賢等祭祀行爲，也有一些通達天地的學問，像是《易經》的卜筮之學，在蒙古的初步印象中，儒人貌似薩滿，儒學是「儒教」。另一方面，薩滿不僅具備宗教功能，也是草原上各種實用知識的傳承者，而當時的儒士也能兼通醫學、天文曆算等各種方伎術數之學，就蒙古人的角度而言，兩者形象接近。事實上，有不少當時投附蒙古的儒士，最初是先以方伎術數之學引起蒙古高層注意。於是當蒙古優禮各方宗教之時，儒家也被一視同仁，在蒙古規劃各種宗教戶計時，儒戶也被等同待之。

治國能力與宗教性質的認可是蒙古與儒士建立關係的開始，對於蒙古高層而言，儒士兼有匠人與教士的身分，因此不太可能會完全忽視他們的價值，還是會有個合理的對待。但對儒士而言，這還是不夠。目前看來，儒士對於蒙元政策的不滿，主要與前代比較而來。在漢人王朝的時代，儒士最受尊崇。即便是金代，儒士也獲女眞統治階層的重視，當時的漢人社會中，儒士仍是地位極高的社會身分。但在元代，先有族群背景的隔閡，漢人居多的儒士群體連帶地受到壓抑，後在各種社會身分中，蒙元又是重視僧道、工商人士，乃至於武人，政治場合中也還有吏人分享著朝廷的信賴，儒士已非天之驕子。換言之，元代儒士的待遇不差，只是他們已非一枝獨秀。

宋朝的遺民謝枋得（一二二六－一二八九），在入元後曾有一篇贈送友人的序文，其中提到當時有伶人作戲嘲笑儒人，說「我大元制典，人有十等」，有「一官二吏」、「七匠八娼、九儒十丐」，先者爲貴，後者爲賤，之所以賤乃「無益於國」，對國家沒有貢獻。不清楚伶人作戲之事是否虛構，但對「九儒十丐」之制，謝枋得在敘述的最後，透過了評論肯定這項說法，並認爲這是元代實況。類似的描述也出現在另名南宋遺民，也是知名畫家鄭思肖（一二四一－一三一八）的書中。鄭思肖以忠宋聞名，原名「之因」，宋亡後以思趙而改名「思肖」，所畫蘭花皆不附土，喻指故土不再。崇禎十一年（一六三八），有人從蘇州承天寺的井底挖到了署名爲他的著作，名爲《心史》，書序就說：「韃法，一官、二吏、三僧、四道、五醫、六工、七獵、八民、九儒、十丐，各有所統轄。」

這兩條記載一度是說明「九儒十丐」之制的鐵證，言者據此強調蒙元儒士的悲慘遭遇。不過，現今可以看到的蒙元典制史料都沒有這種分等對待之法，這兩條記載也有「七匠八娼」與「七獵八民」的矛盾。先在清代，就有王士禛（一六三四—一七一一）懷疑元代儒士地位並非長期低落，認爲謝、鄭兩人所說只是科舉實施前的情況。到了民國時期，陳垣（一八八〇—一九七一）進一步指出兩人之說「出于南宋人之詆詞，不足爲論據」，不管是科舉實施之前或之後，均無「九儒十丐」之制。現今學界多已不取「九儒十丐」之說，取而代之的解釋是，蒙元儒士的地位比起前後時代確實頗有不如，已非萬民敬仰的身分，然而他們的社會地位絕未落到僅僅優於乞丐的程度。事實上，無論官方與民間，儒士還是受到相當的尊重。「九儒十丐」之言，大概是當時的江南士人，一種來自於今非昔比而自怨自艾的說法。

第九章

統一與統合之間

大量「外人」的入居，漢地北南的統一，皆使蒙元時期中國百姓的生活有著特殊的時代風貌。蒙元時期的「外人」，其種族複雜，原有的文化背景落差甚大，但在入居漢地後，爲了適應環境，不少人有了「漢化」的表現。這些「外人」同時也帶來了許多中國以外的新知與生活風尚，雖然傳布不算普遍，漢人卻是時有沾染，略有學習，多族文化可見交流。隔閡已久的中國北南百姓，現在已爲一國之民，雙方不再有國境的屏障，無論是生產交易或文化觀念，深刻而頻繁的互動因而產生。從長期的歷史趨勢所見，元朝的統一爲中國迎來了一個新時代，內部統合日深，人與人的關係比過往更緊實，這些成果將是明清發展的重要基礎。

一、漢地內外的文化交流

多族士人圈

族群關係一直是蒙元史研究的重要議題。學界原多認爲蒙元時期有著各族互動有限、蒙古人不重漢人文化等現象，經過了長期的討論，現今多已同意此時各族常有往來，也有許多學習他族文化的興趣與表現。此時的族群關係，有三種可以深入觀察的現象，一是漢人以外的族群對於漢人文化的學習，二是他族文化對於漢人生活的影響，三是各種漢人以外的族群在中國生活時彼此的文化交流。三種現象中，前兩者的學界成果較爲豐富。

一九三〇年代，史學名家陳垣留意到了色目人的漢化現象。透過《元西域人華化考》的考證與整理，陳垣先生指出，蒙元時期已多漢人學問造詣極高的色目人。之後，許多學者進一步指出，從君主到一般平民，頗多蒙古人甚好漢學，他們或是喜愛藝文，或是精研儒學。得知了他們的成就後，學界繼續探討這些蒙古、色目人的學習環境，以及他們與漢人的交往過程，於是現今又能得知，在民間社會中，各族可以透過多種方式建立關係。經由漢人學問的學習與親友關係的連結，許多蒙古、色目人融入了漢人社會，更有部分的外族人士已經自視或被認可爲「士人」。透過蕭啓慶先生的分析，可知當時各族群的士人交流熱絡，「多族士人圈」的關係網絡已經形成。

漢人文化原是東亞的優勢文明，多有他地人士仿傚學習。但是，蒙元時期生活於中國境內的蒙古、色目人，也有部分並無漢人文化的學習傳統。不同背景的漢人以外族群，他們對於漢人學問會有不同程度的興趣與學習的表現。

像是汪古與西夏，兩地之人久知中原，西夏也是儒風鼎盛，來到中原後，汪古人與唐兀人（唐兀，即「党項」之蒙語漢字對音）便多延續漢人文化的學習，出現了不少的知名文士，汪古人馬祖常（一二七九－一三三八）與唐兀人余闕（一三〇三－一三五八）正爲代表。至於吐蕃與畏吾兒，該地原無漢人文化的學習傳統，卻有自己的知識菁英階層，他們對於漢學的認識程度就因人而異，落差頗大。有人極為熱中，如畏兀兒人廉希憲；有人興趣缺缺，如吐蕃人一般就對漢人文化興趣不大。

還有像是康里、欽察、阿速等部落之人，他們的原居地遠離中國，以往少有接觸漢人文化的機會，也缺乏知識菁英群體，來到中原後，雖然出現了像康里人巙巙（一二九五—一三四五）這樣的書法大家，但整體而言他們對於漢人文化的認識總是有限。最後，蒙古人原先與中亞世界的接觸較為頻繁，對於漢人文化的認識則較淡薄，進入中原後，政壇高層較有機會接觸漢人文化，部分深受影響，但在平民部分，較晚之時才能逐漸看到漢人學問的追隨者。

比較親近漢人文化，甚至能在漢人學問中達到一定成就的蒙古、色目人，他們能與漢人建立緊密的互動關係，這些關係又常表現在社會網絡的建立。根據研究，蒙古、色目士人，他們用以連結漢人社會網絡的互動關係約有幾種形態。第一種是同鄉關係。蒙古與色目人進入到漢地後，由於定居日久，將與「本鄉」，也就是現居地的漢人往來。如果具有漢學造詣，更是得以結識在地漢士。第二種是婚姻關係。蒙元不禁跨族通婚，擁有類似生活環境或共同人際關係網絡的家庭也常彼此聯姻，蒙古與色目的士人由於生活環境貼近漢人社會，交往日深後，與漢人通婚的現象更是常見。

第三種是師生關係。在各類的教育環境中，蒙古、色目人可以結識漢人師生。值得注意的是，蒙古、色目士人在師生關係中不僅只爲學生，他們也能透過開館授徒、擔任學官、分享學問的方式，成爲漢族學子的教師。如元書學大家巙巙，先是跟隨趙孟頫（一二五四—一三二二）學習書道，後將所學傳予危素與饒介，這些傳承使得巙巙在其生命的前後階段能夠兼具漢族士人的學生與教師的身分。

第四種是科舉考試中的師友關係。在科舉制度下，同場競試或同榜登科的考生常有緊密聯絡，對於該場的考官，考生也會敬爲「座師」而自稱「門生」。如能參與科舉，蒙古、色目士人便得機會結識眾多漢士。第五種則是同僚關係。步入官場後，或因公務聯絡，或因志趣相投，不分族群的士人官員常是彼此連結，政壇也是各族士人交往的重要場合。像是巙巙對於危、饒二人的書藝傳授，便是在三人同於江南行臺任職之時。

透過這些關係，各族士人的文化互動日深，他們常以同好聚會、詩文唱酬、書畫題跋、書序贈送等方式討論學問，分享感懷。在同好聚會中，雅集是種主要的互動方式。魏晉南北朝以來，中國士人以文會友的聚會場合常被稱爲「雅集」。雅集中，與會者談詩論文、欣賞字畫，所有的士人學問都可以是交流的對象；爲了助興，飲酒品茗、大宴小酌也是尋常；由於常在風雅之地相聚，遊覽園林、山水便爲活動之一。像是家境優渥的江南名士顧瑛（一三一〇—一三六九），他便將自家之地建爲園林，並以其中風景最美的「玉山草堂」作爲整座園林的名稱。顧瑛常在玉山草堂中舉辦雅集，元末名士多被邀請，其中便

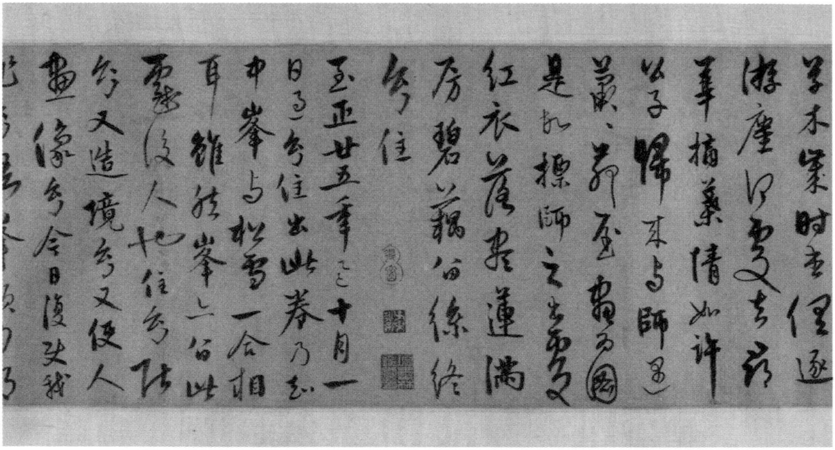

圖 9-1　巙巙〈致彥中尺牘〉。臺北國立故宮博物院提供。

有幾位當時富有盛名的蒙古、色目士人，像是至治元年（一三二一）右榜狀元的蒙古士人泰不華（一三〇四—一三五二），以及至正八年（一三四八）進士唐兀士人高昂吉（一三一七—一三六六）皆曾多次與會。相對於其他的互動方式，在這類的同好聚會中，由於能有大量的文士直接見面對話，與會者的群體認同感更能因此強化。

元代最為知名的大型雅集，可能是魯國大長公主祥哥剌吉在至治三年（一三二三）於大都南城天慶寺所舉辦的「天慶寺雅集」。祥哥剌吉是真金之孫、答剌麻八剌之女，武宗、仁宗為其兄弟，英宗、文宗為其姪，是當時蒙古貴族支持漢文化的領袖人物。她在這場雅集中，邀請了朝中高官一同觀覽書畫，多有知名文士共襄盛舉。祥哥剌吉是元代最重要的書畫收藏家，經由她的收藏而留存至今的藝術品仍多。臺北故宮博物院曾在二〇一六年舉辦特展，專門展示祥哥剌吉曾經收藏過的書畫，其中便有黃庭堅（一〇四五—一一〇五）的行楷名作〈自書松風閣詩〉。

有元一代，「多族士人圈」的規模雖然不大，卻一直擴張。蒙古、色目士人的加入壯大了士人群體的力量，他們認同士人文化，也在漢族士人需要支持時鼎力相助，從推動政府改革、興辦文教事業、乃至鼓吹儒家禮法，皆見他們的熱心投入。不過，至少在元朝滅亡以前，這些蒙古、色目士人並未忘記從何而來，依舊認同原有的族群身分，他們只是「士人化」，並未「漢人化」。

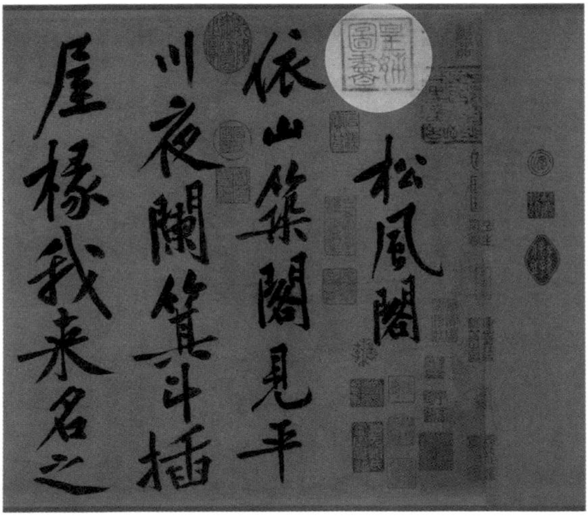

圖 9-2　大長公主祥哥剌吉藏黃庭堅〈自書松風閣詩〉。詩題上方「皇姊圖書」即其收藏印章。臺北國立故宮博物院提供。

漢人的蒙古化

在蒙古、色目士人出現的同時，也有漢人受到了蒙古文化的影響，蒙元時代也有「蒙古化」的漢人。漢人的「蒙古化」與漢人以外族群的「士人化」，這些現象都是蒙元時期文化互動的一面。

蒙古入主中原後，漢人開始接觸到蒙古人，認識了蒙古文化。接觸的場合很多，部分漢人淪爲驅口，成爲蒙古貴族的奴婢或投下戶，這些漢人長期生活在蒙古統治者所規劃的環境之下，他們有許多機會可以得知蒙古主人的風俗習慣。有些漢人被汗庭所用，或爲蒙軍的一員，或是擔任官吏，他們在與蒙古長官或同僚的互動中，認識到了蒙古人的思維及蒙古制度的內容與精神。又在一些民間的場合中，一般百姓也能透過蒙古官員的施政活動感受其風格。稍後，由於優勢的政治地位，蒙古文化遂能藉由蒙古人的引領與朝廷政策的宣傳四處散布。在以上的場合與過程中，漢人見識了蒙古文化，並在不同的動機考量下，部分漢人多少學到了不同層面的蒙古文化，這些學習成果隨後也將表現在他們的生活習慣與言行舉止之中。

漢人對於蒙古文化的學習，大約有兩方面的表現。第一種是蒙語與蒙文的學習。最初，絕大多數的蒙古人不懂漢語，他們在中原活動時，公私場合皆賴翻譯。能爲蒙古人翻譯，既可謀生，又能牟利，就有漢人自發學習蒙古語文。南宋官員徐霆曾在《黑韃事略》

中留下了出使蒙古的見聞，他提到了在燕京的市場中看到了許多蒙古語文的教學者，又說學了蒙古語文後，這些翻譯就會跟在蒙古人身旁「恣作威福」，向百姓索討錢財。此外，有些蒙古高層身旁的漢人，或是為奴，或是擔任隨員或幕僚，為了溝通，也要用心學習蒙古語文。

到了元代，父祖如已通曉蒙古語文，子弟也常跟著學習。此外，當時元朝設有蒙古字學，這是一種專門教導蒙古語文的官辦學校，及格學生可以擔任蒙古字學教官，也能進入官府充當翻譯。由於翻譯乃是吏職，其人能以吏員出職入仕，利祿所在，經由此途習得蒙古語文的漢人便也眾多。最終，蒙古語文的學習逐漸成為部分漢人的風尚。元末的福建，有書商出版了蒙漢對譯的小冊《至元譯語》，書中便提到通曉蒙文可以幫助溝通、瞭解蒙古，也可以作為人們「綺談」，即美好談論的好工具。《至元譯語》曾多次再印，看來市場不錯。蒙語的流行，使得漢語融入了蒙語的成分，現代中國北京話中用來稱呼巷道的「胡同」，其音就來自於蒙語中的「井」，當時的巷道多有水井，輾轉相傳，「胡同」便為巷道代稱。

第二種表現在於禮儀風俗的仿傚。首先，文獻中可以看到許多漢人有了蒙古名，甚至只取蒙古名，這些蒙古名或是自取，或由蒙古貴族賜名。取名的動機很多，改名後的姓名呈現方式也會有多種。自行取名的部分，如果想要刻意冒充蒙古人謀取只有蒙古人才能擔任的官職，這類的改名通常不會留下漢姓，改名者只會以蒙古名自稱。如果只是想要有個蒙古名，或是爲了跟上潮流，或是想讓眾人側目，或是希望得到蒙古同僚或高層的認同，這些人就不會隱藏漢姓，他們的姓名就會以「劉伯顏」、「李忙古歹」、「高塔失不花」等「蒙漢合璧」的形式呈現。

再者，有部分漢人會在服儀與生活習慣上受到蒙古文化的影響。草原上方便騎射的窄袖、短衣、長靴，便於禦寒的氈裘、氈帽，以及北方傳統的辮髮，這些衣冠髮式皆見漢人流行，蔚爲風尚。又在婚姻習俗中，北族流行的收繼婚，也就是男性可以續娶逝世家人的配偶，這種長期被中國視爲違背倫常的婚姻形式也被一些漢人所用。不過必須指出的是，漢人採行收繼婚的現象雖然令人注目，但並不普遍，也不單僅是有心學習蒙古習俗所致。或是不願婦女返回本家減少夫家的勞動人力，或是逝世丈夫的兄弟子姪想要承接亡者遺產，收繼婚也是一種有利於夫家的考量結果。在此情形下，也許可說漢人在北族的示範下多了一種婚姻形式的選擇，然而採行收繼婚與認同蒙古文化之間，就不一定存在著直接的關連。

受到蒙古文化影響的漢人，所得到的影響程度有著深淺不同的落差。有些漢人只是學到了一些行爲皮毛，家中成員也還是以漢式生活爲主。有些漢人則已經能夠理解蒙古文化的相關種種，家中也有學習蒙古文化的傳統。有些漢人不僅行爲舉止已類蒙古人，整個生活圈也都在蒙古風格濃重的環境中。另外，如就地域所見，各地漢人受到蒙古文化的影響也有不同的程度。由於原有北族統治的傳統，蒙古統治也較早，舊金之地的「漢人」所受的蒙古文化影響就較深較廣。至於舊宋之地的「南人」，沾染蒙俗的現象就較少，對於蒙古文化的認識也較浮淺。

對於深受蒙古文化影響的漢人，目前較難像是對於蒙古、色目士人一般去追探其內心的想法，因爲士人可有詩文表述自我，可是受到蒙古文化影響愈深的漢人，當他們的風格愈近蒙古傳統，就愈少透過文字留下自己的想法。於是對於表現上已近蒙古人的漢人，現今也就不清楚他們內心的「蒙古化」是否已經到達族群認同轉變，也就是自視爲蒙古人的程度。

西方文化的傳入及影響

在蒙元統治時期，西方人員大量東來，他們將各種西方知識帶進了中國。這些知識相當多元，有宗教教義、科學技術、以及對於天地萬物的各種研究成果。

伊斯蘭教於唐代傳入中國，直至兩宋，在中國境內的傳播一直有限。蒙元時期，由於大量的穆斯林前來中國，他們散居各地，加上也有如曾與成宗爭位的阿難答等蒙古高層改信伊斯蘭教，伊斯蘭教因而遍布全國。不過伊斯蘭教基本上不在漢人流行，信眾仍以西亞、中亞之人，以及少數的蒙古人爲主，因此影響層面總在漢人社會以外。

類似的傳播狀況也出現在基督教，影響層面又更小。聶思脫里教派與方濟各會是蒙元中國較爲流行的基督教派。聶思脫里教派很早便已東傳，中國稱之爲「景教」，草原上相當流行，大蒙古國建立後多有蒙古高層信仰。方濟各會則是在蒙古西征後，羅馬教廷派遣大量的傳教士前來東方，中國此後漸有流傳。基督教雖然也是全國遍布，然而信眾也是以西來之人，與汪古、乃蠻、克烈等舊有草原信眾的後裔爲主。此外，蒙元時期流傳於中國的西方宗教，規模更小者另有東正教、猶太教、摩尼教等。

蒙古高層對於外來技術頗爲重視，最初的引入動機在於提升征服的力道。以進攻襄陽爲例，在水戰中便用了從南方學來的水戰技法與船艦製作技術，在攻城時便用了從西方學來的拋石機。拋石機是一種用槓桿原理拋擲重物的機械，蒙古在進攻花剌子模時首次見識，印象很深。進攻襄陽時，世祖便遣使向伊兒汗國請求派遣工匠前來協助。約在至元九年（一二七二），旭烈（今阿富汗赫拉特）人亦思馬因與木發里（今伊拉克摩蘇爾）人阿老瓦丁等多名西域工匠抵達了大都，在他們的督造下，中國出現了西方形制的拋石機，並在征宋戰役中立下大功。

諸多的外來技術及其學問中，除了中國外，蒙元對於伊斯蘭文明或阿拉伯文化的成果最感興趣，朝廷招攬了許多來自於西方的技術人員與學者。這些西方人才陸續東來，將當時西方的各項新知，像是天文學、地理學、數學、醫學、乃至工藝技術等帶進了中國。這些來自今日中亞、西亞一帶的人、事、物，漢地常以「回回」稱之，像是進攻襄陽所用的拋石機，因是「回回」匠人所製，漢人便稱之為「回回砲」。

來到東方服務的西方人才，波斯人札馬魯丁是為代表。至元八年（一二七一），元朝創設回回司天臺，首任長官即為札馬魯丁。就任前，札馬魯丁已經根據伊斯蘭曆法編成了《萬年曆》，也曾製作七種觀測天文的「西域儀象」；在任時，札馬魯丁大力引進各項西方科學知識，有多種波斯、阿拉伯的天文學與數學著作因此傳到中國，埃及著名天文學家托勒密（Ptolemy）的著作集也在其中。至元二十二年（一二八五），札馬魯丁又建議世祖編修全國地理圖志。在這次工作的基礎上，再經多次增補，大德七年（一三〇三）終有《大一統志》（後世稱為《大元大一統志》）的成書。《大一統志》共六百冊、一千三百卷，是中國歷來篇幅最大的地理圖志，反映了元朝疆域的廣邈，也見元廷掌握全國民情風土的用心。

醫學是西來學問的重點之一，受到了朝野官民的重視。元朝曾於太醫院之下設立了專管回回藥物的廣惠司，由西來醫者主持，首任長官是拂菻人愛薛（一二二七—一三〇八）。愛薛是景教徒，在貴由汗時期來到蒙古，中統四年（一二六三）得忽必烈汗之命掌理西域星曆及醫藥等兩司之事，兩司後來改制為廣惠司。廣惠司也負責醫治「在京孤寒者」，民間頗受其惠。除了服務朝廷外，另有許多西來醫者在民間行醫，他們的醫術頗受漢人稱道，《南村輟耕錄》就在〈西域奇術〉的篇章中留下了這些西域醫者的神奇故事。

這些西方醫者引進了許多中原以外的藥方與藥物，開拓了漢人的視野。天曆三年（一三三〇），時任飲膳太醫的回回人（一說蒙古人）忽思慧編成了一本《飲膳正要》，書中分門介紹飲食禁忌、各種飲料，以及糧食、蔬果、肉品等食材，是一部說明飲食衛生與醫療保健的著作。書中介紹了

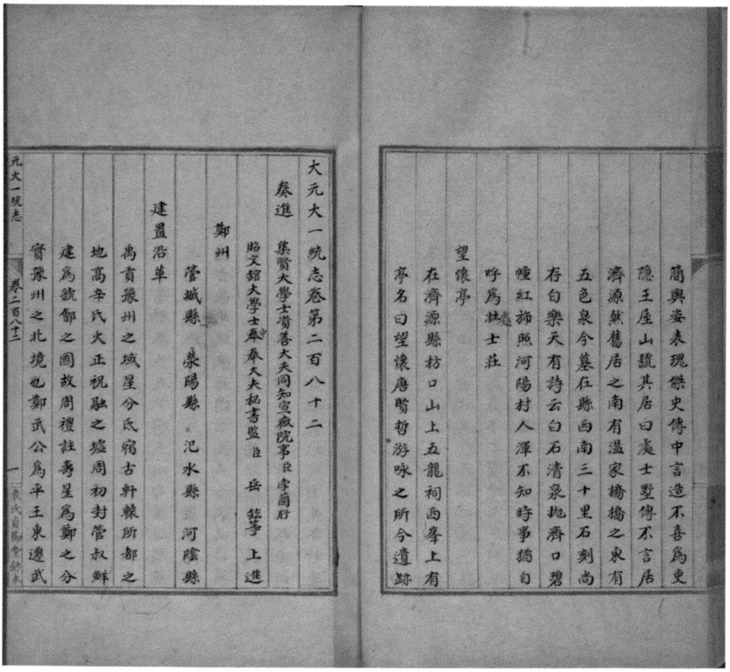
簡與姿表瑰傑史傳中言遺不喜為吏
隱王屋山號其居曰處士塋傳不言居
濟源然舊居之南有溫家橋橋之東有
五色泉今墓在縣西南三十里石刻尚
存白樂天有詩云白石清泉拋濟口碧
幢紅旆照河陽村人渾不知時事猶自
呼為壯士莊
望懷亭
在濟源縣枋口山上五龍祠西峯上有
亭名曰望懷唐賢哲游咏之所今遺跡

大元大一統志卷第二百八十二
奏進　集賢大學士資善大夫同知宣徽院事臣孛蘭肹
昭文館大學士中奉大夫祕書監臣岳鉉等上進
鄭州
管城縣　滎陽縣　汜水縣　河陰縣
建置沿革
禹貢豫州之域星分氐宿古軒轅所都之
地高辛氏火正祝融之墟周初封管叔鮮
建為虢鄶之國故周禮註壽星為鄭之分
實豫州之北境也鄭武公為平王東遷武

元大一統志　卷二百八十三　一　袁氏貞節堂鈔本

圖 9-3　《大元大一統志》書影，清袁氏貞節堂鈔本。臺北國家圖書館藏。

西方的藥材、藥方，以及藥物製法，部分內容後被李時珍（一五一八—一五九三）的《本草綱目》所引用，中國的醫學知識因而有所擴充。

《飲膳正要》曾經介紹一種「舍兒別」（又譯「舍里八」）的飲料。這種飲料在漢文文獻中有時也會譯爲「渴水」、「解渴水」，像是當時的民間居家常備用書《居家必用事類全集》就是稱爲「渴水」。「舍兒別」源於阿拉伯世界流行的冰果子露，其製法大約是以各種水果爲原料，在慢火熬煮果汁後，再將糖、蜜、香料等配方加入熬煮後的果露，最後適當調整其濃度便大功告成。「舍兒別」盛行於宮廷，權貴亦很喜愛，民間隨之仿傚流行，

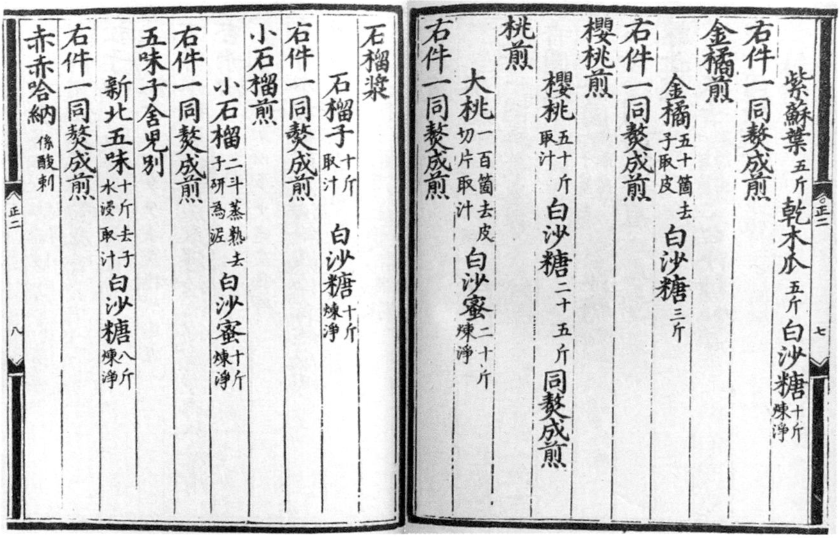

紫蘇葉五斤 乾木瓜五斤 白沙糖十斤煉淨
右件一同熬成煎
金橘煎
金橘五十箇去子取皮 白沙糖三斤
右件一同熬成煎
櫻桃煎
櫻桃五十斤取汁 白沙糖二十五斤 同熬成煎
桃煎
大桃一百箇去皮切片取汁 白沙蜜二十斤煉淨
右件一同熬成煎
正二 七

石榴漿
石榴子十斤取汁 白沙糖十斤煉淨
右件一同熬成煎
小石榴煎
小石榴二斗蒸熟去子研爲泥 白沙蜜十斤煉淨
右件一同熬成煎
五味子舍兒別
新北五味十斤去子水浸取汁 白沙糖八斤煉淨
右件一同熬成煎
赤赤哈納係酸刺
正二 八

圖 9-4　《飲膳正要》書影，上海涵芬樓景印中華學藝社借照日本岩崎氏靜嘉堂藏明刊本，收入四部叢刊續編子部。

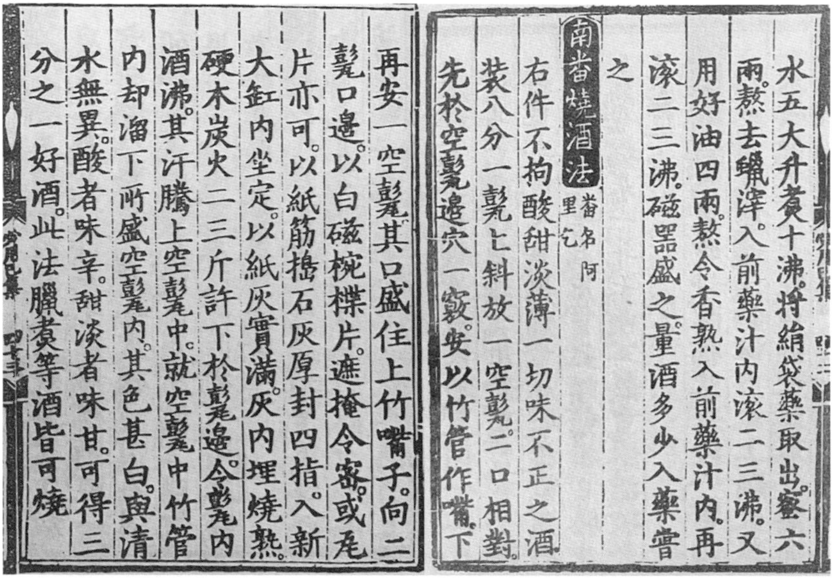
水五大升煮十沸。將絹袋藥取出。蜜六兩。熬去蠟滓。入前藥汁內滾二三沸。又用好油四兩。熬令香熟。入前藥汁內。再滾二三沸。磁器盛之。量酒多少入藥嘗之

南番燒酒法 番名阿里乞

右件不拘酸甜淡薄一切味不正之酒裝八分一甏。上斜放一空甏。二口相對。先於空甏邊穴一竅。安以竹管作嘴。下再安一空甏。其口盛住上竹嘴子。向二甏口邊。以白磁椀楪片。遮掩令密。或瓦片亦可。以紙筋搗石灰厚封四指。入新大缸內坐定。以紙灰實滿。灰內埋燒熟。硬木炭火二三斤許下於甏邊。令甏內酒沸。其汗騰上空甏中。就空甏中竹管內却溜下所盛空甏內。其色甚白。與清水無異。酸者味辛。甜淡者味甘。可得三分之一好酒。此法臘煮等酒皆可燒

圖 9-5　《居家必用事類全集》「南番燒酒法」書影。京都中文出版社影印日本寬文十三年松栢堂翻印之和刻本。

於是《居家必用事類全集》便留下了記載。

《居家必用事類全集》又記了一種「南番燒酒法」的製酒方法，所得之酒稱「阿里乞」，這在《飲膳正要》中稱「阿剌吉酒」。這種製法就是蒸餾製酒。中國過去主要是以釀造方式製酒，至於蒸餾，雖然更早之前已見相關記載，卻是元代以後才在民間流行，流行的背景應與西方技術的傳入有關。「阿剌吉」是阿拉伯語的音譯，原意爲「汗」、「出汗」，原是形容蒸餾時製酒容器上的凝結酒珠。由於《居家必用事類全集》稱此爲「南番燒酒法」，估計此法可能是從海上航

路傳入中國。有了蒸餾酒的加入，中國酒的類型日後將更加豐富。

不過，這些西方文化對於中國人的生活與文化，無論是對當代還是後世，整體的影響有限。西方科學知識的主要流傳範圍在於官方場合，罕見中國民間人士大力推廣，也未使中國的相關認識產生根本的變化。像是天文學、醫學的新知，雖然看到元朝官方的天文學者採用了回回天文儀器，也看到中國醫書已有西方醫學的記載，可是往後中國的天文曆算與醫學，其理論架構依舊維持傳統。西方宗教也多僅在蒙古、色目人族群中傳播，罕見漢人信眾，只有根基較深的伊斯蘭教能在明代以後繼續於中國流傳。中亞、伊斯蘭、歐洲等西方世界擁有自身的哲學與藝文之學，成就也是輝煌，唯於中國難見介紹，遑論能有具備西方風格的作品問世。這些情形使得雖有部分的飲食習尚在當時掀起了一些風潮，也有少數知識可以點滴留存，但這些外來文化在中國的傳布，整體而言還是流於表面，漣漪之後又歸平靜。

二、漢地的文化交流

理學北傳

以秦嶺淮河為界，在西元一一二七年至一二七六年間，中國北南於蒙元混一之前已經分隔長達一百五十年了。這段期間，北南文化並非完全隔絕，但畢竟受限於政治的對立格局，雙方仍是相對獨立地發展。蒙元的入主中國打破了原有的政治藩籬，北南文化再次頻繁交流。這些交流的成果，主要表現於理學北傳與戲曲南傳，另在詩、詞、書、畫等藝文活動上，北南之間也有互動。最終，中國文化再得統合。

外來文化之所以無法影響中國文化的深層思維，有些學者指出，可能是與當時中外之間的文化形態差距過大，科學技術仍無太大落差，以及中國學問的體系經由長期的發展後，在蒙元時期已經相對自足圓滿等背景有關。此時中國自成體系的各式學問中，理學乃是代表，這也是元代士人的主流學問。不過理學的地位在蒙元時期仍有一段發展歷程，要到元代中期左右才能成爲中國全體士人的主流學問。

就在理學逐漸受到南方士人普遍認同之際，同時間的北方士人，其學問依舊維持著較爲古樸的風格。金亡前夕，北方雖然已有部分士人能夠知曉朱熹等南宋理學家的成果，然而立願投身其中者仍罕。這種現象在金亡之後略有改觀，西元一二三五年是個契機，當時蒙古在進攻南宋的過程中，於德安（今湖北安陸）俘虜了人稱「江漢先生」的理學學者趙復。

進攻南宋前，窩闊台汗曾命楊惟中（一二〇五—一二五九）負責在軍前尋訪儒、釋、道、醫、卜等各式人才。得知了趙復的名儒身分後，就在楊惟中的安排下，趙復被帶到燕京，蒙古也爲之新建「太極書院」供其講學。在太極書院中，趙復整理了程朱著作，展開了他的北方傳道事業，往後有楊惟中與姚樞從其學，許衡、郝經（一二二三—一二七五）、劉因（一二四九—一二九三）等人透過他所帶來的書籍而認識理學。又有金亡之後南逃至宋的舊金儒士竇默，在趙復被俘之際也被楊惟中招攬北歸。竇默在宋地時開始用心學習理學，回到北方後則常與姚樞、許衡一起論學，他也是當時北方理學的重要傳播者。

在這些士人的帶動下，北方的理學聲勢逐漸浩大。在大蒙古國時期，理學仍非北方士人文化的主流，當時仍有一群在北方士人圈中勢力龐大的舊金遺士，他們或是重視詩文，或是強調文儒並重，就算是以儒學爲主要學問，也不會完全認同理學的說法。這批保留舊金學風的儒士，本身或家中長輩大約都有在金仕宦的資歷，曾是金代士人圈的核心群體或優勢階層之中的成員。相對而言，新興的理學儒士，其本身與家中長輩就比較遠離金代傳統的士人活動範圍，在金既未應舉入仕，長輩也常無從政經歷或足堪稱道的學術成就。於是這種新舊學風並立的現象，也是一種北方士人來源新舊交替過渡階段的呈現。

這兩類士人的學問各有所重，但是彼此的關係倒非涇渭分明，像是郝經就與舊金遺士的領袖元好問往來密切。郝經祖父郝天挺（一一六一—一二一七）是元好問早年的老師，元郝兩家世代深交，元好問逝後的祭文與墓誌銘就由郝經所撰。在這困頓的年代中，他們同爲延續中原文化命脈盡力。然而學風畢竟不同，在一些場合中，雙方終有歧見。世祖前期，開科之議再興，許多士人提出建言。但對取士辦法，士人內部爭議不斷，一派主張可以延續金制以詩賦取士，一派主張應要更重考生德行，要考儒家經典而罷除文學之試。前種主張來自舊金遺士及其傳人，後種主張則是理學儒士所發。本來在當時的政治環境中，開辦科舉已是困難重重，士人又未齊心合作，力分而散，開科之議遂寢。

北方士人內部的紛爭，將隨著時間的流逝而淡去。一是舊金學風已是末日餘暉，隨著遺士的陸續凋零，其影響逐漸消淡；理學卻是新興學問，主力學者多爲後起之秀，追隨者也愈來愈多，其中不乏舊金遺士的後人。二是在元朝征服宋朝後，南方的學術資源大量北上，這對理學在北方的流傳更是如虎添翼。此消彼長，到了元代中期，理學已爲中國士人群體的學術主流。理學的興盛反映在延祐首科的開辦上，此時的士人已有共識，遂能全力推動開科，並同意以朱熹的《四書章句集註》與道學相關注疏作爲經義答題的審卷標準。

當然，理學最大的挑戰不在士人間的歧見，而是整個蒙古統治的環境，這也是所有士人的挑戰。《南村輟耕錄》曾留下一則後世相當知名的故事。中統元年（一二六〇），許衡應世祖徵召前往面見，途中拜訪劉因，劉因問許衡是否不宜一被徵召就立即前往，許衡回答：「不如此，則道不行。」至元二十年（一二八三），換劉因被徵召，但他再三請辭，有人問劉因請辭道理，劉因就回答：「不如此，則道不尊。」在這則故事中，許衡與劉因各爲兩種選擇留下了一個經典的理由，出仕可以行道，退隱可以尊道，但也能看到，仕與隱的抉擇一直是蒙元漢族士人的難題。

既然蒙元環境已與過往大不相同，爲了行道，勢必權衡時勢斟酌因應。也能注意到，相較於兩宋理學，元代的理學已經不再特意追究天理，更要求人道的實踐，基本的風格也就趨簡避繁，關心的議題著重於現實的待人處世之道。這些變化，多少有點北方立場的改造，對北方士人而言，理學的義理需要認識，但更重要的學習目標應是找到安身立命的方法。研習理學的士人，稍後也要說動蒙古高層重視理學，此時也難用理氣心性、無極太極等複雜的道理加以勸誘，直接說以處世原則、人事規範，就像《大札撒》一般，蒙古高層就比較容易理解。直接具體的說明方式，也有助於在基層百姓之中推廣理學。另一方面，兩宋已經達到極致的道理討論也該適可而止了。在這些考量下，蒙元士人對於理學的思想內涵並無太多增益改造之處，但在如何實踐的部分則頗有發揮。

戲曲南傳

在元代，雜劇是戲曲表演的主流形式，也是此時文學的代表。元代以前，中國已有各種說唱藝術，金宋分治期間，北方持續發展，院本與諸宮調等戲曲表演相當興盛。大約從金末到元初這段時間中，北方戲曲的表演形式出現了調整，雜劇脫胎而出。

元代雜劇的樣貌，今日可從現存劇本窺知。雜劇的劇本結構通常分爲一楔子與四折，

「楔子」的篇幅較短，常置於整齣戲的開始，作用類似「序幕」，「折」常是一處場景的戲，四折戲便有四幕戲。這些安排可有變化，像是楔子能放在折與折之間或第四折之後，也能無楔子或一本用了兩個楔子，一折內也是可以有兩、三處的場景。表演中，演員藉由「唱」、「云」、「科」表現劇情。「唱」即是唱詞，其曲調與曲文用韻皆有嚴格規範；「云」即是口說，又稱「賓白」，有人認為兩人對說稱「賓」，一人獨說稱「白」；「科」即是表情與動作，劇本中有時稱為「介」。科介動作又分三種，一是平常動作，如打躬作揖，二是武打動作，像是「打筋斗」，三是歌舞動作。由於綜合了多種表演，雜劇極受時人歡迎。

雜劇的內容也很豐富，從忠孝節義到神鬼怪奇都有。如用現今習慣的分類來看，當時比較常見的大約有愛情劇、神仙劇、公案劇、社會劇、歷史劇等幾種故事類型。這些故事乃是迎合觀眾的喜好而創作，百姓的生活經驗、現實的悲苦喜樂、對於社會不公的批判都是故事的重點。雜劇作者有時也會將他們的情感投射到故事中，很多故事會以儒生作為主角，懷才不遇常是主題，這多少也是作者的自我寄懷。

各式各樣的故事，透露出此時的雜劇市場足以支持多元類型的創作，而市場規模的龐大又與元代城市經濟的繁榮有關。再者，文教的興盛使得士人數量大增，蒙元的政治環境卻是不利於士人從政，許多士人另覓他途謀生，撰寫劇本就是不錯的選擇。像是明代以後被推爲「元曲四大家」的關漢卿、白樸（一二二六—一三〇六）、馬致遠（一二五五—一三二一）、鄭光祖等四位雜劇作家，他們的生平雖然已難詳知，但從一些描述可見，他們都有類似一般士人的教養經歷或表現。士人的加入是促成元代雜劇興盛的重要動力之一，他們可以提供內容多元、數量眾多、品質更加完善的劇本。

雜劇在元初成形後，約於成宗年間進入了繁榮階段。由於源自金代院本，雜劇最初流行於北方，於是元代前期的重要作家皆以北方漢人爲主，創作與表演的中心則在大都。元朝平宋後，開始有北人作家與表演團體南下，南方也能欣賞到這種新興的表演藝術。元代中期以後，在新起的江南作家與南遷的北方作家的共同努力下，杭州開始崛起，逐漸取代大都成爲中國雜劇的新中心。此後雜劇流行於中國各地，形成一股風潮。

除了雜劇外，元代的散曲也有南傳的過程。散曲是種能夠搭配歌曲的韻文，具體的興起背景已經不明，或是來自兩宋民間的市井傳唱。由於源自民間，元代的散曲比起唐、宋的詩、詞，曲文更爲平易通俗，更是大量使用口語。在晚金時期，散曲已在北方盛行，也有元好問等知名文士加入創作，到了蒙元時期，原是民間的「俗謠俚曲」已被文壇認同，被視爲一種新的詩歌形式。

蒙元前期，散曲名家皆爲北人，創作中心位於大都。也如雜劇的發展，到了元代中期，散曲中心已經轉移到南方的杭州，當時的知名曲家也以江南作家及南遷的北方作家爲主。又有不少北族士人加入散曲創作的行列，最知名的作家即是貫雲石（一二八六—一三二四）。貫雲石，畏兀兒人，他的祖父乃是世祖名臣阿里海牙（一二二七—一二八六），其名原是小雲石海涯，後以父名「貫只哥」的首字爲姓。貫雲石的根腳極大，官途也很順遂，二十八歲時便任翰林學士，但他無意仕宦，稍後便稱疾辭官隱居杭州，悠游於藝文之中。貫雲石深通音律，精於散曲，所作豪放飄逸，朱元璋第十七子朱權（一三七八—一四四八）在他的戲曲評論《太和正音譜》中指出，貫雲石的作品可謂「天馬脫羈」。

雜劇與散曲在江南的流行，今日可由《錄鬼簿》與《青樓集》這兩部著作窺知。《錄鬼簿》的作者爲鍾嗣成，他的事蹟有點模糊，但已知原籍大梁（今河南開封），後居杭州，曾應科舉不第，後專職雜劇與散曲的創作。有感於當時的雜劇、散曲作家地位不高、名聲隱沒，鍾嗣成記下了這些作家的生平與作品。由於不滿於社會的輕視，他便嘲諷地稱呼這些作家與自己爲「鬼」，此即書名由來。《錄鬼簿》在文宗至順元年（一三三〇）成書後又經兩次修訂，最後一次的修訂約在惠宗至正五年（一三四五）後。書中按照年代記了一百五十二名作家的事蹟，也著錄了四百餘種作品名稱，這是目前研究元代雜劇與散曲最重要的史料。

《青樓集》的作者爲夏庭芝，其事蹟一樣模糊，但知他是華亭（今江蘇松江）人，應是富家子弟，年輕時喜好宴客與聽曲看戲。元末動亂，夏家窮途潦倒，夏庭芝追憶過往繁華，就寫了《青樓集》。「青樓」原指娼優所居之地，《青樓集》則記了各類的演藝工作者，其中主要的記錄對象是「女伶」，即女性表演者，共一百七十人，另記「末尼」，即男性表演者共三十五人，雜劇與散曲作家約四十餘人。這類表演人員，中國傳統原是難登大雅之堂，先前未見專書特別介紹，因此《青樓集》的記載便是中國戲曲史極爲珍貴的資料。

元朝統治期間，中國北南的經濟發展已有落差，南強北弱的格局已然確定，這導致了興起於北方的雜劇與散曲，其活動中心最終都要轉到江南，但是最初的傳播歷程，卻也看到北方文化在這段時間的中國文化發展中，仍是貢獻良多。加上理學北傳，這些中國北南文化的交流源自於元朝的統一，蒙元統治下的中國文化也有了新風貌。

交流與統合

在理學北傳與戲曲南傳的過程中，人的移動影響很大。蒙元時期中，各地人員的流動相當頻繁，有些是中國內外的移動，有些是中國內部的移動。中國內外的移動，有蒙古、色目人等北族人士的徙居中國，也有中國百姓的徙居草原，他們多長期定居他鄉。在中國百姓徙居草原的部分，其原因有被俘虜與被強制北徙，後者或如因有工匠技術而被徵調前往草原服侍蒙古高層，以及朝廷因爲各種考量而遷徙百姓入居草原。這些徙居草原的中國百姓，雖然不知具體數量，但人數應該眾多，他們的辛苦成就了當時草原的繁榮。也有因爲公務、經商等各項原因而需赴外工作，這種移動只是暫時，最終仍會回到中國，如全眞道士丘處機率領弟子前往中亞面見成吉思汗就屬於這類的移動。

中國內部的移動，在仍有戰爭的時代，動機主要在於逃難。由於蒙軍節節南逼，當時中國百姓的主要移動方向就是南逃。這些南逃的百姓，最初多爲黃河以北的居民，避難地點則是黃河以南，尤其是開封、洛陽一帶的河南地區。隨著蒙軍的進逼，當河南也受戰火波及時，部分百姓將會越過國境前往宋朝避難。當戰爭告一段落後，有些避難的百姓會重返故鄉，如竇默，他是河北人，貞祐南遷之後先是避地河南，再南奔江漢，金亡之後則返回河北。有些就定居在避難所在，不再回鄉。相對於中原，南宋百姓的逃難現象就無如此劇烈，人數規模與移動距離相對有限。在此大移動的時代，南方主要扮演的是接收北方難民的角色。隨著人群的頻繁移動與接觸，各地的學問與技藝能有交流的機會。以竇默爲例，他便是在宋地避難時，從孝感縣令謝憲子之處學到了理學。此外，竇默先前逃到河南時，先是在清流河之地入贅王家，從岳父之處學得醫術，稍後逃到蔡州（今河南汝南），再從儒醫李浩學得針灸之法。

戰事平歇後，逃難不再是人們移動的主要原因，然而元朝的征服全中國也促成了下一階段移動的新背景，北南文化繼續交流。至大二年（一三〇九），與許衡、劉因被後世合稱爲「元儒三大家」的南方大儒吳澄（一二四九—一三三三）北赴大都國子學講學。吳澄頗受學生愛戴，但與北方學風不合，兩年後便辭官返鄉，而據說他返鄉時有數十名北方學生隨他南下。吳澄先前在南方已有一些北方士人前來拜師習業，像是北方名士元明善（一二六九—一三二二）在與吳澄論學後便「終身執弟子禮」。北人南來求學，當時甚是普遍。

北方戲曲作家的南來是另一種北南文化的交流契機。「元曲四大家」中，關漢卿與馬致遠皆爲大都人，鄭光祖則爲襄陵（今山西襄汾）人，他們皆曾到過江南，關漢卿曾經遊歷杭州與揚州，馬致遠曾任職於江浙行省，鄭光祖則爲杭州路吏。至於白樸，他的後半生遷居南方。白樸在開封出生，幼年時，父親白華受金朝命令赴鄧州徵集援軍，後與鄧州節度使移剌瑗投宋，稍後又降蒙返回北方。在白華南北奔波之時，白樸由其父好友元好問照顧。金亡後，元好問帶著白樸返回元好問的老家忻州，至白華北歸後，父子終得重聚。白氏父子的離散奔波，就是一般金蒙之際北方士人遭遇的寫照。等到成年後，白樸周遊各地，五十歲後開始在江南生活，五十五歲後則定居建康。北南文化的交流，實是文化人南來北往的結果。

詩、詞、書、畫等藝文活動，漢地的北南風格在元代有了更多互相觀摩的機會，也將合流。北方詩風原有金代傳統，金詩原是崇尚壯美豪邁，遠紹漢唐風格。南方原以江西詩派最爲活躍，講究文字砥鍊，追求新奇硬險。南宋末年，南方出現了復古呼籲，認爲作詩應宗漢、魏、晉、唐之風。這種呼籲頗與北風暗合，入元之後，北南詩風逐漸融通，及至元末，中國詩歌風格已趨統合，「宗唐得古」已爲共識。詞風部分，北方詞人原宗蘇軾，稍後兼重辛棄疾，氣勢豪放；南方詞人多宗周邦彥、姜夔，風格婉約。入元之後，北南先是各自發展，而後對立漸少，彼此滲透日深，中元以後多見詞人已能兼有豪放與婉約之作。

書法部分，金宋亦是各領風采，入元之後，北南書家多有交流。與趙孟頫（一二五四—一三二二）並稱爲書法「二妙」的薊州（今天津薊縣）人鮮于樞在至元二十一年（一二八四）旅居杭州時，既將北方書風傳至南方，亦與好友趙孟頫共創法古風潮。趙孟頫對於元代書壇的影響極大，在他的呼籲下，回歸魏晉古法成爲元代書家主流想法，元代書法日有新風，北南之別亦漸消淡。繪畫部分，南宋畫壇的主流爲院體畫，風格雕琢濃豔。亦爲畫壇巨擘的趙孟頫，在至元二十三年（一二八六）應召北上大都後，經與北方畫壇交流的啓發，他放棄了南宋舊風，改倡「用筆簡率」的「古意」之說。此外，因應隱逸風氣盛行而生的江南畫風，也在元代晚期流行全國。

三、民間的生活

人口與經濟

十三世紀時，中國的人口分布與經濟發展，其北南表現急遽拉開，等到元朝統一中國時，北弱南強的局面已經極爲明顯。北南的落差，就人口所見，在兩宋時間已經浮現，但未明顯。遼宋統治時，兩國極盛期的人口，約是一一一〇年代，遼朝約有九百萬人，北宋約有一億一六〇〇萬人，遼宋總數約爲一億二五〇〇萬人。在宋金統治時，兩國極盛期的人口，約是一二一〇年代，金朝約有五六〇〇萬人，南宋約有八〇六〇萬人左右，宋金總數約爲一億三六六〇萬人。金朝的統治範圍包含了舊遼地區與北宋舊地，單就北宋舊地而言，該地人口約有四三八〇萬人。首先，遼宋與宋金的總人口，在十二世紀初與十三世紀初的高峰數量大致相當，這顯示在宋金戰爭過後，宋金兩國統治下的百姓生養已經回復到遼宋時期的盛況。再者，扣除掉舊遼地區，單就北宋舊地而言，金代的北宋舊地與南宋的人口，北南兩地各占北宋舊地人口總數一億二四四〇萬的三五%與六五%，相對而言，同樣的北南兩大區域，其人口在北宋時期分別占有三六%與六四%。如此，在十二到十三世紀時，宋金兩國統治下的中國人口分布，北弱南強的局面已經出現，但在這段時間中的北南占比情形並無明顯的消長。

到了西元一二一一年至一二七九年間，中國的人口數量及分布出現了急遽的變化。在這近七十年的歲月中，中國飽受戰爭肆虐，大量的百姓死亡離散。世祖年間，元朝曾有幾次大規模的人口調查，其中在至元二十七年（一二九〇）的調查結果爲，當時全國共有一三一九萬六二〇六戶，五八八三萬四七一一人。這個數量不及宋金極盛時期的半數。儘管學界多同意這些調查的結果無法全面涵蓋到驅口、投下戶等貴族所擁有的人戶，以及像是軍戶、匠戶等特定類型的戶計，因此所得數據應該少於現實的人戶數量，可是合理的推估，即便加上未在調查範圍內的百姓，直至元代初期，中國的人口應已大幅衰退，蕭條景象應可肯定。

在至元二十七年的調查中，又見舊金地區與舊宋地區的戶數各爲一三五萬餘戶與一一八四萬餘戶，北方僅占一成多，南方則有近九成。其中，江浙行省又有約六百萬戶，已占南方戶數五成多。這呈現了當時全國人口分布的相對不均，而北南落差已經大到極爲誇張的程度。雖然至元二十七年的調查重點著重於南方地區，北方人戶的數據可能是舊資料，或許是來自至元七年（一二七〇）的調查成果，這使得北方有二十年間的繁衍人口未被納入統計。此外，由於北方早受蒙元統治，百姓多被編爲特定戶計，淪爲驅口、投下戶的情形也很嚴重，這些戶計不在統計範圍，所得數據就比南方更易失眞。不過，考量到蒙古攻金時的屠殺遠比攻宋時慘烈，也有許多北方百姓或被虜到草原，或是逃到南方，北方人口

圖 9-6　元代景德鎮窯卵白釉印花番蓮紋碗。臺北國立故宮博物院提供。

的損失應該比較嚴重。於是即便現實上元初中國的北南人口分布沒有調查結果所顯示的差距程度，然而兩方人口應在蒙古征戰期間出現了一次劇烈的消長變化，差距也是明顯拉大。這些人口的大量減少與分布的嚴重落差，正是蒙元征伐所帶來的負面影響。

元朝統一後，對中國經濟帶來的正面影響是北南經濟的合流。合流之後產生了幾個效應。首先是去除了金宋國界管制的障礙後，北南貿易更加興盛，市場規模變大。再者，北南經濟得以互補，南方的糧食、絲綢、茶葉，北方的棉花、藥材，均能彼此運銷。最後，生產形態也有改變，市場的擴大與各地物資流通的便利使得部分地區出現了專業化現象，像是景德鎮的瓷器製造與江南的絲織生產。

元代專業化現象中的雇傭關係，可由元末明初士人徐一夔的〈織工對〉中略窺。〈織工對〉是一篇小故事，描述了有名織工向雇主爭取一般織工的兩倍薪資，在雇主得知該名織工技術出眾，「一工勝十工」，也有他家願以兩倍薪資雇用時，便同意爲這名織工加薪。

這則故事相當經典，是目前學界用以指出元明時期中國已有資本主義生產方式的重要例證。除了可從織工向雇主爭取薪資之事看到勞工的自主性與專業化外，先前描述雇主的經營時，也提到該名雇主在經營前先是找了處空屋，其中安置了四、五具織布機，再雇用十數名工人織布。根據這些描述，可以得知當時的絲織生產已經不僅只是家庭手工副業，也有專業作坊集體生產的形式。

過去曾有一種看法，認爲元朝的統治下，中國經濟一蹶不振，宋代出現的「商業革命」、「煤鐵革命」、「資本主義萌芽」無法繼續，此時乃是中國近世歷史上的黑暗時期，蒙元統治爲中國經濟發展帶來逆退的結果。這種說法，今日學界多已否定。經過檢查，不少過去用以說明元代經濟發展黯淡的史料，描述的內容常是戰亂時期的現象，這些史料不好拿來作爲評估有元一代的經濟情況。如果討論其他朝代的經濟成就乃以興盛時期的現象爲根據，討論蒙元統治下的中國經濟，理當也應以休養生息之後的發展爲根據。

如就休養之後的元代經濟情況所見，即便財經策略無法令人滿意，蒙古高層也是好於征求苛斂，但是元朝政府還是積極改善生產環境，實施了許多提振產業的措施。其中，重視工商的態度與因而擬定的管理策略，都振興了此時的工業生產與商業交易；依循漢人王朝的勸農措施，也使農業生產有所復甦。民間也在蒙元策略之下，繼續推進著各項產業的發展，農業技術提升、手工業製造更加發達、國內外貿易大幅成長。就能夠作爲觀察傳統時期經濟發展程度重要指標的人口數據所見，大約到了惠宗至正前期，元代的人口高峰期約為九千萬人左右，其中北方人口仍未到達金代極盛期的規模，南方人口則已接近南宋盛況。

但也必須承認，即便復甦，這些經濟成果卻未均勻地分配給所有的百姓。當時略有三種影響財富分配的社會經濟關係，分別是主奴關係、典雇關係、租佃關係。蒙元稱奴隸為驅口，意為「俘獲驅使之人」。蒙元驅口的基本來源有二，一是戰爭俘虜，二是自賣或強逼為奴。在蒙元前期，前者乃是主要來源，等到戰爭結束後，後者轉為主要來源。北方驅口較為普遍，南方也常見。驅口本身能在主人的同意下婚嫁，但所生子女永為奴婢。蒙元驅口頗為大量，皇室、貴族、官員、地主，乃至於寺院都能擁有驅口，相傳阿合馬便擁有七千名奴僕。由於數量龐大，主奴關係是元代重要的社會身分關係之一。常有百姓因為生活困頓無力償還債務，除了成為債主的驅口外，欠債者也有抵押自身、以工代償、定期贖身的做法，此舉即為「典身」，典身之人與債主的關係即為典雇關係。

最後，佃農普遍存在於元代社會，地主一般對佃農收取五成或以上的收穫，唯因地主常會巧立名目，佃農常需負擔更多。兩宋社會也常見典雇與租佃這兩種關係，然而相較於兩宋政府較常維護弱勢者的權益，元朝政府似乎相對放任權勢者的擴張，這使得元代民間的貧富差距更形擴大。元代的驅口現象極為嚴重，這是兩宋未見的情形，而此主奴關係中更是沒有財富分配的問題，因爲財富全屬主人所有。整體而言，由於這些不平等關係的存在，即便因爲經濟繁盛而有財富累積，但在民間，元代的財富恐怕比兩宋時期更易集中在少數人家，財富的分配與流動相對滯緩。

城市生活

隨著和平的到來，元代的城市生活恢復了熱鬧。元代時期，最重要的城市自是元朝國都，位於今日北京一帶的大都。大都的西南，原有金朝舊都中都。忽必烈即位後有意在漢地新建都城，由於中都位於草原與中原之間的地理位置甚佳，以之爲國家新都或可考慮。但因中都已受金蒙戰爭嚴重摧殘，局勢平和後，人戶雖然再次聚集，城市景觀卻已殘破。重建不易的情形下，忽必烈決定在中都東北新建國都，並命劉秉忠主持其事。至元四年（一二六七），新城正式動工；至元九年（一二七二），新城命名爲「大都」；至元十三年（一二七六），大都城建成；至元二十年（一二八三），城內建築基本完成，各處官署開始搬遷入內；至元二十二年（一二八五），元朝遷徙居民入內。經歷了近二十年的建設，大都正式登上了歷史舞臺。

元代的大都，可以僅指大都新城，也可以包含新城西南的舊中都地區，而前者常被稱爲「新城」或「北城」，後者常被稱爲「舊城」或「南城」。合併兩個城區，終元一代，大都共設一百三十八坊，城區總面積爲七一．五平方公里，人口可達九十至一百萬人。大都應該是十三、十四世紀之交，當時世界人口最多的城市。約於同時的歐洲，巴黎人口約爲二十四萬人左右，威尼斯人口則約十八萬人。

由於全新打造，大都新城的主要街道筆直寬敞、縱橫交錯，市容整齊壯闊，到訪的旅人皆有深刻印象。大都居民以漢人爲主，不過多族混居乃是特色，蒙古人、色目人居民的數量相當多。這些蒙古、色目居民，很多是高官權貴，而色目人又有許多僧侶、商人、匠人。又有來自世界各地的商人與使節，也爲大都增添了異國情調。

因爲居民的經濟能力不錯，國家也是全力扶持，大都的物資充沛，商業活動發達。城內的交易商品可分兩種，一種是居民日常生活用品，一種是奢侈品，如錦緞、珠寶、手工精品等。又有波斯、阿拉伯、高麗等外國商人的到來，其中高麗基於地緣關係，商人便以大都作爲在元貿易的據點。高麗商人帶來馬匹、人蔘、「毛施布」（一種高麗麻布），再從大都帶回各種日用品、紡織品、書籍。大都新城之內主要有兩大商業區，一處位於全城中心的鐘樓、鼓樓周圍，一處則位於西南部順承門附近的「羊角市」，兩處之中又有更小的商業聚落，像是「皮帽市」、「鐵器市」、「沙剌（珠寶）市」、「羊市」、「馬市」、「駱駝市」等。大都也有熱鬧的娛樂生活，除了雜劇演出外，城中常有說書、傀儡戲、雜耍特技等各式表演，也有摔角運動（時稱「相撲」）的公開比賽。

同爲元朝政治中心之地，另有位於今日中國內蒙古自治區中部偏東，地處草原南緣的上都。上都原爲忽必烈即位前的駐帳之地，其南有金蓮川，當時在該地聚集的忽必烈幕僚群體因此常被稱爲「金蓮川幕府」。在決定以漢地作爲全國的政治中心後，忽必烈並未放棄草原，仍是希望能有一處草原的統治據點。在此之前，大蒙古國乃以哈剌和林作爲首都，但該地位於今日蒙古國杭愛山西北部，位置實在過於偏北，原先生活物資由南方漢地供應，本有經營不易的問題，後在忽必烈對抗阿里不哥時又爲戰爭前線，時有烽火波及。最終，忽必烈選擇了更爲接近漢地的金蓮川之地營建草原新都，中統四年（一二六三），上都正式建立。

大都與上都的並立，元朝的政治中心因而呈現著兩都制的形態。一般而言，元朝君主每年都會在春天時前往上都，秋天時返回大都，隨行者有后妃、太子、蒙古宗王、中央重要官員，以及護衛部隊與權貴高官的服侍人員，陣容相當浩大。爲了供養君主與隨行者，上都城及其周遭地區安置了許多提供服務與生活物資的人戶，也有大量商人定居於上都或往來於兩都之間貿易牟利。目前估計，元代中後期的上都人口約有八萬人左右。

除了兩都外，元朝國內另有許多城市，它們是各地的政治與經濟中心。在舊長城以北，除了上都與哈剌和林等新建城市外，另有金代或西遼時期已有的舊城市，如西遼故地就有哈剌火州（今新疆吐魯蕃附近）、別失八里（今新疆昌吉回族自治州附近）等城市。

在中原，由於戰亂之後的恢復有限，除了舊中都之地因爲蒙元的經營而有進一步的發展外，其餘城市就未能再恢復舊金的盛況。至於南方城市，由於未受嚴重戰亂的侵擾，入元之後還是能夠維持一定的繁榮景象。整體而言，元代的城市如與前代相較也許未能更加發展，但在當時仍是相當繁榮；就地域的角度所見，南方城市保留了更多的舊日風華，北方城市則是大不如前。

個別的南方城市另有自身的消長情況。像是杭州，雖然仍爲元朝的第二大城市，但因已無國都的功能，人口一直衰減，估計於世祖至元末年時有六十萬人左右，至惠宗至正初年時則減少到三十萬人左右。也有在入元之後已回南宋盛況的城市，像是鎮江城，該地於南宋嘉定（一二〇八—一二二四）年間約有六萬三千七百人，元代至順（一三三〇—一三三三）年間則有六萬五千七百六十七人，差距不大。

有些城市更加繁榮，像泉州的興盛就爲時人津津樂道，吳澄便說泉州是「番貨遠物異寶珍玩之所淵藪，殊方別域富商巨賈之所窟宅，號爲天下之最」。穆斯林學者伊本・巴杜達（Ibn Battuta, 1304-1377）曾經周遊世界，到過阿拉伯半島、波斯、小亞細亞、欽察汗國、印度等地，最後於元末來到中國。返回家鄉摩洛哥後，他在一三五〇年代留下了《伊本・巴杜達遊記》。對於中國，伊本・巴杜達記載了杭州、廣州、泉州、大都等城市，以及旅遊沿途的各地景象。對於泉州，他認爲將「刺桐港」看成是全世界最大的港口也無不可。「刺桐港」是當時西方旅人對於泉州的別稱，其名源自當地種有大量的刺桐樹。伊本．巴杜達見識甚廣，此一評語應有根據。

交通與貿易

蒙元對於交通建設相當用心，民間貿易也得受惠。依據使用的環境，蒙元的交通建設可分爲陸路與水路兩大類型。陸路部分，從大蒙古國時期開始，蒙古便在全國廣設站赤，興修驛道系統。到了元代，全國大約設置了一千五百座的站赤。站赤串連的驛道系統以大都爲中心向外輻射，既遍及全國串連了各大城鎭，也延伸到各大汗國與高麗、安南等周邊鄰國。諸驛道中，最重要的即是連通大都與上都之間的驛道。站赤與驛道本爲官方之用，但是蒙元對於驛道的維護與周邊地區治安的維持，也令民間商旅往來各地更爲方便。

相對於陸路交通的較早成形，水路交通約是元代之後開始發達。國內部分，南方本有河川之利，水路航運因應而生，站赤中也有水站設置。由於大都需要大量資源挹注，但是此時中國的經濟中心已在南方，元朝因此需要利用漕運運送大量南方資源前來北方。依據運輸環境，漕運可分河漕與海漕兩種。河漕利用河流運輸，因中國大河多爲東西向，不利南糧北送，如果只是恢復隋代修築的南北向運河，在以大都作爲南方物資運送終點的情況下，不少地方需要轉爲陸運，路線較爲崎嶇。因此，元朝開始興修運河，企圖貫通從大都到江南的水路交通。至元十三年（一二七六）起，元朝陸續分段興修，到了至元二十八年（一二九一）在郭守敬（一二三一—一三一六）的主持下打通了大都到通州的河道後，著名的「大運河」便大功告成了。這條元代運河，南起杭州，北至大都，總里程比隋代運河減少了九百公里，民間商旅亦得利用，對於元代北南的物資交流甚有助益。

運河雖已連通，可是礙於河道的深度與寬度有其先天局限，加以水量易受天候影響，河漕仍無法滿足元朝的需求。連同陸運也有運量有限的問題，爲了提升運輸效能，元朝留意到了海路漕運。元朝分於至元十九年（一二八二）、二十九年（一二九二）、三十年（一二九三）開闢了三條海漕航道，這三條航道的南方起點皆爲太倉劉家港（今江蘇省太倉縣瀏河鎮），北方終點則爲直沽（今天津）。前一條航道的路線貼近海岸，但因路線崎嶇、距離較遠，近海也有淺灘危險，後兩條航道便改成遠離海岸直線航行，也是日後元代海漕的主要航線。海漕可用更多、更大的船隻，其運量大增，第三條航道在順風時航程僅十日，相當便利，海漕於是取代了河漕成爲元朝最重要的漕運形式。除了劉家港到直沽外，元朝另有從福建到江浙、廣東，以及從直沽到遼東、高麗等航道。

海漕運輸的構思與當時興盛的海外貿易有關。從劉家港到直沽的航道，最初是來自於朱清（一二三七—一三〇三）與張瑄的建議。朱、張兩人原爲海盜，降元之後負責海運管理。降元前，兩人已有大批船隻，《南村輟耕錄》曾記朱清降元時有「巨艦五百艘」。他們擁有豐富的航海知識，於是當元朝需要更好的漕運辦法時，他們就規劃出適合的航道，而後亦繼續受命主持海漕事務。除了負責海漕外，朱、張兩人同時以太倉爲據點，經營自己的海上貿易事業。太倉原爲荒涼之地，在朱、張的經營下，數年間便「湊集成市，番漢間處，閩廣混居」，「當時謂之六國碼頭」。

爲了管理興盛的海外貿易，元朝比照漢人王朝設置市舶司負責其事。元代最多曾設七處市舶司，不久便合併爲泉州、慶元、廣州三處，而泉州地位最爲重要。元代的海外貿易分成政府興辦與私人經營兩種方式。政府主持的海上貿易，主要有朝貢貿易、朝廷遣使購物，以及「官本船」等三種形式。「官本船」即是由政府出資造船，再委交民間商人經營，所得利益政府分七成，商人分三成。

雖然政府多有參與，元代的海外貿易仍以私人經營爲主。當時較爲知名的海商，除了朱清、張瑄外，另有沙不丁、合不失兄弟，以及澉浦楊氏、泉州蒲氏等家族。其中蒲氏來自阿拉伯，沙不丁兄弟應是回回人，他們的活躍可以看到元代中國的海上貿易多有外族參與。泉州蒲氏的祖先很早就來到中國，該家可能經海路東來，先住廣州，後居泉州。入元之前，蒲氏已爲泉州海商大族。元軍南下，族人蒲壽庚降元，後獲元朝重用，仕至福建行省中書左丞。另有部分海商因爲財力不足，他們就會合資經營。此外，元朝曾爲諸王、駙馬、權貴，以及僧、道、也里可溫、答失蠻等特殊人物制訂了一些海外貿易的管理規則。元朝在規定中對於宗教人員的特別指明，透露出他們在當時參與海外貿易的眾多。

海外貿易的地點，主要是東亞的日本與高麗，以及東南亞、印度、阿拉伯世界等地，最遠可達非洲東部。有一部《島夷志略》，是元末海商汪大淵（一三一一—一三五〇）留下來的行商見聞報導，書中記載了近百處國家與地方的名稱，內有極遠之地，如「天堂」（今麥加）、層搖羅（《南海志》稱「層拔」，今坦尚尼亞尚吉巴）等，這些記載反映了元商的活躍與貿易範圍的寬廣。元商的成就自是日積月累所致。像是「層搖羅」，此地極遠，是元商成就的代表，不過就在距離《島夷志略》成書的百餘年前，也就是南宋寶慶元年（一二二五），便有任職泉州市舶司提舉的趙汝适（一一七〇—一二三一）編寫了一部匯集海外消息的《諸蕃志》，其中已經提到了「層拔」。於是在南宋，即便「層拔」並非宋商可以直接抵達之地，但至少已在宋人貿易的範圍中，而該地的消息因此輾轉傳入了中國，成爲後世元商前往該地的知識準備。

元代又有《南海志》，此書因爲成於大德八年（一三〇四），於是又被稱爲《大德南海志》。《南海志》是部元朝廣州路的地方志，全書已經散佚，今日僅能看到卷六至卷十等五卷的內容。在卷七的〈舶貨〉之處，《南海志》分別地域，逐地記下了在廣州可見而來自「異國」、「諸蕃」的遠方物產。這些「異國」、「諸蕃」主要分布在亞洲南部一帶，《南海志》又用了「小西洋」、「大東洋」、「小東洋」等三名描述了這些地方。目前看來，「東洋」與「西洋」約以今日巽他海峽（Sunda Strait）爲界，以西爲「西洋」，以東爲「東洋」。「東洋」中，加里曼丹（Kalimantan）北部至菲律賓爲「小東洋」，「小東洋」以南之地則是「大東洋」。在《南海志》之前，對於亞洲南部，中國文獻多以「西洋」稱之，《南海志》不但有「東洋」之稱，還仔細地分出大小東洋。分類的細緻，反映了元人需要更爲講究的知識系統來包容這些快速增加的海外消息。

在海外貿易中，元朝輸出的商品主要爲紡織品與陶瓷器，另有各式農產品、生活用品、金屬製品。關於主要的進口商品，元朝從東、西洋進口香料、藥材、珍寶，從日本進口硫磺、木材、水銀、倭金（黃金）、倭銀（白銀），以及摺扇等各式工藝品，從高麗進口人蔘、茯苓、松子，以及新羅漆、高麗銅器等各類工藝用品。對於元朝，旺盛的出口活絡了手工業生產與產銷通路的相關行業，多樣的進口商品則使上層社會能有更多的消費選擇。

元代海外貿易的興盛，既是來自於兩宋以來中國海外貿易的發展，也是得利於蒙元政策的支持。這些成果強化了中國與世界的聯繫，也奠下了日後明清時期中國海上活動的基礎。

參考書目

一、專書

中文

王明蓀，《元代的士人與政治》，臺北：臺灣學生書局，一九九二。
王明蓀，《含英咀華：遼金元時代北族的漢學》，新北：花木蘭文化出版社，二〇一二。
王明蓀，《遼金元史論文稿》，新北：槐下書肆，二〇〇五。
王明蓀，《遼金元史學與思想論稿》，新北：花木蘭文化出版社，二〇〇九。
王明蓀，《遼城：中國北方草原城市的興起》，新北：花木蘭文化事業，二〇一七。
王善軍，《世家大族與遼代社會》，北京：人民出版社，二〇〇八。

王錦屛著，陸騏、劉云軍譯，《蒙古征服之後：十三—十七世紀華北地方社會秩序的變遷》，上海：上海古籍出版社，二〇二三。
加藤繁著，吳杰譯，《中國經濟史考證》，臺北：稻鄉出版社，一九九一。
史鳳春，《遼朝后族諸問題研究》，北京：人民出版社，二〇一七。
史懷梅（Naomi Standen）著，曹流譯，《忠貞不貳？：遼代的越境之舉》，南京：江蘇人民出版社，二〇一五。
札奇斯欽，《蒙古史論集》，臺北：學海出版社，一九七一。
申萬里，《元代教育研究》，武漢：武漢大學出版社，二〇〇七。
石守謙、葛婉章主編，《大汗的世紀：蒙元時代的多元文化與藝術》，臺北：國立故宮博物院，二〇〇一。
吉川幸次郎著，李慶等譯，《宋元明詩概說》，鄭州：中州古籍出版社，一九八七。
吉川幸次郎著，鄭清茂譯，《元雜劇研究》，臺北：藝文印書館，一九八七。
吳宗國主編，《中國古代官僚政治制度研究》，北京：北京大學出版社，二〇〇四。
吳松弟，《中國人口史》，第三卷「遼宋金元時期」，上海：復旦大學出版社，二〇〇〇。
吳松弟，《中國移民史》，第四卷「遼宋金元時期」，福州：福建人民出版社，一九九七。
吳松弟，《北方移民與南宋社會變遷》，臺北：文津出版社，一九九三。

李治安，《元代分封制度》，天津：天津古籍出版社，一九九二。
李治安，《元代行省制度》，北京：中華書局，二〇一一。
李治安，《忽必烈傳》，臺北：臺灣商務印書館，二〇一七。
李治安、薛磊，《中國行政區劃通史・元代卷》，上海：復旦大學出版社，二〇一七。
李治安等著，《元代華北地區研究：兼論漢人的華夷觀念》，天津：南開大學出版社，二〇〇九。
李清泉，《宣化遼墓：墓葬藝術與遼代社會》，北京：文物出版社，二〇〇八。
林鵠，《南望：遼前期政治史》，北京：生活・讀書・新知三聯書店，二〇一八。
邱靖嘉，《《金史》纂修考》，北京：中華書局，二〇一七。
姚大力，《蒙元制度與政治文化》，北京：北京大學出版社，二〇一一。
姜一涵，《元代奎章閣及奎章人物》，臺北：聯經出版事業公司，一九八一。
洪麗珠，《肝膽楚越：蒙元晚期的政爭（一三三三—一三六八）》，新北：花木蘭文化出版社，二〇一一。
苗潤博，《《遼史》探源》，北京：中華書局，二〇二〇。
桑原　藏著，陳裕菁譯訂，《蒲壽庚考》，北京：中華書局，二〇〇九。
高橋弘臣著，林松濤譯，《宋金元貨幣史研究：元朝貨幣政策之形成過程》，上海：上海古籍出版社，二〇一〇。
張帆，《元代宰相制度研究》，北京：北京大學出版社，一九九七。
張博泉等著，《金史論稿》，第二卷，長春：吉林大學出版社，一九九二。
張廣保，《全眞教的創立與歷史傳承》，北京：中華書局，二〇一五。
許凡，《元代吏制研究》，北京：勞動人事出版社，一九八七。
許守泯，《戰亂中的日常：金末元初士人的生活》，臺北：新文豐出版公司，二〇二一。
陳昭揚，《金初漢族士人的政治參與》，新北：花木蘭文化出版社，二〇一一。
陳述，《契丹社會經濟史稿》，北京：生活・讀書・新知三聯書店，一九六三。
陳述，《契丹政治史稿》，北京：人民出版社，一九八六。
陳高華，《元史研究論稿》，北京：中國社會科學出版社，二〇二〇。
陳智超、陳高華主編，《中國古代史史料學（修訂版）》，天津：天津古籍出版社，二〇〇六。
陳學霖，《宋金史論叢》，香港：中文大學出版社，二〇〇三。
陶晉生，《女眞史論》，臺北：稻鄉出版社，二〇〇三。
陶晉生，《宋代外交史》，臺北：聯經出版事業公司，二〇二〇。
陶晉生，《宋遼金史論叢》，臺北：聯經出版事業公司，二〇一三。

陶晉生，《宋遼關係史研究》，臺北：聯經出版事業公司，一九八四。
陶晉生，《金海陵帝的伐宋與采石戰役的考實》，臺北：國立臺灣大學文學院，一九六三。
陶晉生，《邊疆史研究集：宋金時期》，臺北：臺灣商務印書館，一九七一。
傅海波（Herbert Franke）、崔瑞德（Denis Twitchett）編，史衛民等譯，陳高華等審稿，《劍橋中國遼西夏金元史：九〇七—一三六八年》，北京：中國社會科學出版社，一九九八。
傅樂煥，《遼史論叢》，北京：中華書局，一九八四。
程妮娜，《金代政治制度研究》，長春：吉林大學出版社，一九九九。
飯山知保著，鄒迪譯，《另一種士人：金元時代的華北社會與科舉制度》，杭州：浙江大學出版社，二〇二一。
黃清連，《元代戶計制度研究》，臺北：國立臺灣大學，一九七七。
黃寬重，《南宋時代抗金的義軍》，臺北：聯經出版事業公司，一九八八。
楊志玖，《陋室存稿》，北京：中華書局，二〇一五。
楊若薇，《契丹王朝政治軍事制度研究》，臺北：文津出版社，一九九二。
解丹、張玉坤、李嚴，《金長城防禦體系與軍事聚落》，北京：中國建築工業出版社，二〇二〇。

趙琦，《金元之際的儒士與漢文化》，北京：人民出版社，二〇〇四。
劉浦江，《正統與華夷：中國傳統政治文化研究》，北京：中華書局，二〇一七。
劉浦江，《宋遼金史論集》，北京：中華書局，二〇一七。
劉浦江，《松漠之間：遼金契丹女真史研究》，北京：中華書局，二〇〇八。
劉浦江，《遼金史論》，瀋陽：遼寧大學出版社，一九九九。
鄧紹基主編，《元代文學史》，北京：人民文學出版社，一九九一。
鄭素春，《全眞教與大蒙古國帝室》，臺北：臺灣學生書局，一九八七。
蕭啓慶，《九州四海風雅同：元代多族士人圈的形成與發展》，臺北：聯經出版事業公司，二〇一二。
蕭啓慶，《元代史新探》，臺北：新文豐出版公司，一九八三。
蕭啓慶，《元代的族群文化與科舉》，臺北：聯經出版事業公司，二〇〇八。
蕭啓慶，《元朝史新論》，臺北：允晨文化，一九九九。
蕭啓慶，《蒙元史新研》，臺北：允晨文化，一九九四。
韓光輝，《宋遼金元建制城市研究》，北京：北京大學出版社，二〇一一。
韓儒林主編，《元朝史》，北京：人民出版社，二〇〇八。

英文

Chen, Hoh-lam（陳學霖）, *Legitimation in Imperial China: Discussions under Jurchen-Chin Dynasty*. Seattle: University of Washington Press, 1984.

Rossabi, Morris, ed., *China among Equals: The Middle Kingdom and Its Neighbors, 10th-14th Centuries*. Berkeley & Loa Angels, California: University of California Press, 1983.

Tillman, Hoyt C.（田浩）& Stephen H. West, ed., *China under Jurchen Rule*. New York: State University of New York Press, 1995.

Wittfogel, Karl A.（魏復古）& Feng Chia-Sheng（馮家昇）, *History of Chinese Society: Liao (907-1125)*. Philadelphia: American Philosophical Society, 1949.

日文

外山軍治，《金朝史研究》，京都：同朋社，一九六四。

窪德忠，《中國の宗教改革：全眞教の成立》，京都：法藏館，一九六七。

三上次男，《金代女眞社会の研究》，東京：中央公論美術出版，一九七二。

三上次男，《金代政治・社会の研究》，東京：中央公論美術出版，一九七三。

三上次男，《金代政治制度の研究》，東京：中央公論美術出版，一九七〇。

島田正郎，《遼制之研究》，東京：汲古書院，一九七三。

二、論文

中文

包弼德（Peter K. Bol）著，林巖、杜斐然譯，〈尋求共識：女真統治下的漢族士人〉，《中外論壇》，二〇一九年第二期，武漢，二〇一九年十二月，頁九一—一五六。
田浩（Hoyt C. Tillman），〈金代儒教：道學在北部中國的印跡〉，文收《中國哲學》編輯部編，《中國哲學》，第一四集，北京：人民出版社，一九八八，頁一〇七—一四一。
杉山正明，〈忽必烈政權與東方三王家〉，文收劉俊文主編，《日本中青年學者論中國史・宋元明清卷》，上海：上海古籍出版社，一九九五，頁二三三—二九七。
周清澍，〈蒙元時期的中西陸路交通〉，文收氏著，《元蒙史札》，呼和浩特：內蒙古大學出版社，二〇〇一，頁二三七—二七〇。
柏清韻（Bettine Birge）著，蔡京玉譯，〈遼金元法律及其對中國法律傳統的影響〉，文收柳立言編，《中國史新論・法律史分冊》，臺北：聯經出版事業公司，二〇〇八，頁一四一—一九一。

洪金富，〈元代監察制度的特色〉，《成功大學歷史學系歷史學報》，第二期，臺南，一九七五年七月，頁二二九—二七六。
洪金富，〈元代漢人與非漢人通婚問題初探〉（上）、（下），《食貨月刊復刊》，第六卷第一二期，臺北，一九七七，頁六四七—六六五，第七卷第一、二，臺北，一九七七，頁一一—六一。
洪金富，〈元代的收繼婚〉，文收中央研究院歷史語言研究所出版品編輯委員會編，《中國近世社會文化史論集》，臺北，中央研究院歷史語言研究所，一九八八，頁二七九—三一四。
洪麗珠，〈寓制衡於參用：元代基層州縣官員的族群結構分析〉，《中國文化研究所學報》，第六二期，香港，二〇一六年一月，頁八三—一〇六。
孛地正憲著，鄭樑生譯，〈北宋與遼的貿易及其歲贈〉，《食貨月刊》，第四卷第九期，臺北，一九七四年十二月，頁四〇〇—四一五。
苗潤博，〈「青牛白馬」源流新論——一種契丹文化形態的長時段觀察〉，《北京大學學報（哲學社會科學版）》，第五九卷第三期，北京，二〇二二年五月，頁一〇二—一一二。
徐秉愉，〈金世宗時期女眞民族的危機——金世宗女眞政策的背景〉，《漢學研究》，第一九卷第二期，臺北，二〇〇一年十二月，頁二四九—二七九。
徐秉愉，〈金代女眞進士科制度的建立及其對女眞政權的影響〉，《臺大歷史學報》，第三三期，臺北，二〇〇四年六月，頁九七—一三二。
康鵬，〈遼道宗朝懿德后案鉤沉〉，文收黃正建主編，《隋唐遼宋金元史論叢》，第五輯，上海：上海古籍出版社，二〇一五年六月，頁一二七—一四〇。
許正弘，《元朝的太后、官署與政治》，新竹：清華大學歷史研究所博士論文，二〇一八。
陳世松，〈試論蒙古取蜀時間長達半世紀的原因〉，文收中國蒙古史學會編，《中國蒙古史學會論文選集（一九八一）》，呼和浩特：內蒙古人民出版社，一九八六，頁一二二—一四一。
陳榮捷著，萬法先譯，〈元代之朱子學〉，文收氏著，《朱學論集》，臺北：學生書局，一九八八，頁二九九—三二九。
陶晉生，〈金代的政治結構〉，《中央研究院歷史語言研究所集刊》，第四一本四分，臺北，一九六九，頁五六七—五九三。
陶晉生，〈金代的政治衝突〉，《中央研究院歷史語言研究所集刊》，第四三本一分，臺北，一九七一，頁一三五—一六一。
陸峻嶺、何高濟，〈從窩闊臺汗到蒙哥汗的蒙古宮廷鬥爭〉，《元史論叢》，第一輯，北京：

中華書局，一九八二，頁三〇—四六。
傅斯年，〈中國歷史分期之研究〉，文收傅孟眞先生遺著編輯委員會，《傅孟眞先生集》，第一冊，臺北：國立臺灣大學，一九五二，頁五四—六一。
黃寬重，〈山城與水寨的防禦功能——以南宋、高麗抗禦蒙古的經驗爲例〉，文收氏著，《南宋地方武力：地方軍與民間自衛武力的探討》，臺北：東大圖書公司，二〇〇二，頁三〇七—三二八。
楊志玖，〈定宗征拔都〉，文收氏著，《元史三論》，北京：人民出版社，一九八五，頁六七—七六。
熊鳴琴，〈欽哀后家族與遼道宗朝黨爭考論〉，《中國史研究》，二〇一三年第二期，北京，二〇一三年五月，頁一〇九—一二〇。
劉迎勝，〈蒙哥即位風波中的察合台、窩闊台系諸王〉，文收氏著，《蒙元帝國與一三—一五世紀的世界》，北京：生活・讀書・新知三聯書店，二〇一三，頁一八七—二一一。
劉靜貞，〈蒙古帝國汗位帝系移轉過程中的三位女性——脫列哥那、莎兒合黑塔泥、海迷失〉，文收李又寧、張玉法編，《中國婦女史論文集》，第二輯，臺北：臺灣商務印書館，一九八八，頁一八三—二〇二。

蔡美彪，〈遼代后族與遼季后妃三案〉，《歷史研究》，一九九四年第二期，北京，一九九四年四月，頁四三—六一。
蕭功秦，〈英宗新政與「南坡之變」〉，《元史論叢》，第二輯，北京：中華書局，一九八三，頁一四五—一五六。
蕭功秦，〈論元代皇位繼承問題：對一種舊傳統在新的歷史條件下的蛻變過程的考察〉，《元史及北方民族史研究集刊》，第七期，南京：南京大學歷史系元史研究室，一九八三，頁二二—三九。
羅賢佑，〈從拖雷、貴由和阿里不哥的死因論大蒙古國的分裂〉，《民族研究》，二〇〇六年第四期，北京：二〇〇六年七月，頁八四—九四。
藤枝晃撰，辛德勇譯，〈李繼遷的興起與東西交通〉，文收劉俊文主編，《日本學者研究中國史論著選譯》，第九卷「民族交通」，北京：中華書局，一九九二，頁四四三—四六二。

英文

Henry Serruys, “Remains of Mongol Customsin China duringthe Early Ming Period,” *Monumenta Serica* 16:1 and 2 (1957), pp. 137-190.

日文

船田善之，〈元朝治下の色目人について〉，《史學雜誌》，第一〇八編第九號，東京，一九九九年九月，頁四七—五五。

聯經中國史

北南角力中的新秩序：遼金元史

2024年2月初版 定價：新臺幣550元

著者	陳昭揚
主編	王汎森
叢書編輯	陳胤慧
特約編輯	方清河
內文排版	菩薩蠻
封面設計	廖韡

出版者	聯經出版事業股份有限公司
地址	新北市汐止區大同路一段369號1樓
叢書編輯電話	(02)86925588轉5317
台北聯經書房	台北市新生南路三段94號
電話	(02)23620308
郵政劃撥	帳戶第0100559-3號
郵撥電話	(02)23620308
印刷者	文聯彩色製版有限公司
總經銷	聯合發行股份有限公司
發行所	新北市新店區寶橋路235巷6弄6號2樓
電話	(02)29178022

副總編輯	陳逸華
總編輯	涂豐恩
總經理	陳芝宇
社長	羅國俊
發行人	林載爵

行政院新聞局出版事業登記證局版臺業字第0130號

本書如有缺頁，破損，倒裝請寄回台北聯經書房更換。 ISBN 978-957-08-7254-5 (平裝)
聯經網址：www.linkingbooks.com.tw
電子信箱：linking@udngroup.com

國家圖書館出版品預行編目資料

北南角力中的新秩序：遼金元史/陳昭揚著．王汎森主編．
初版．新北市．聯經．2024年2月．436面．14.8×21公分（聯經中國史）
ISBN 978-957-08-7254-5（平裝）

1.CST：遼史 2.CST：金史 3.CST：元史

625.4 112018180